외우는 영단어
vs
외워지는 영단어

외우는 영단어 vs
외워지는 영단어

초판 1쇄 인쇄 2013년 04월 05일
초판 1쇄 발행 2013년 04월 10일

지은이	권 오 수(Sundaq)
펴낸이	손 형 국
펴낸곳	(주)북랩
출판등록	2004. 12. 1(제2012-000051호)
주소	서울시 금천구 가산디지털 1로 168, 우림라이온스밸리 B동 B113, 114호
홈페이지	www.book.co.kr
전화번호	(02)2026-5777
팩스	(02)2026-5747

ISBN 978-89-98666-28-6 53740

이 책의 판권은 지은이와 (주)북랩에 있습니다.
내용의 일부와 전부를 무단 전재하거나 복제를 금합니다.

2달동안 **20번**이상의 **다양하고 체계적인 반복**으로 잘 외워지고 안까먹는

외우는 영단어
외워지는 영단어

sundaq 지음

초중등 통합본

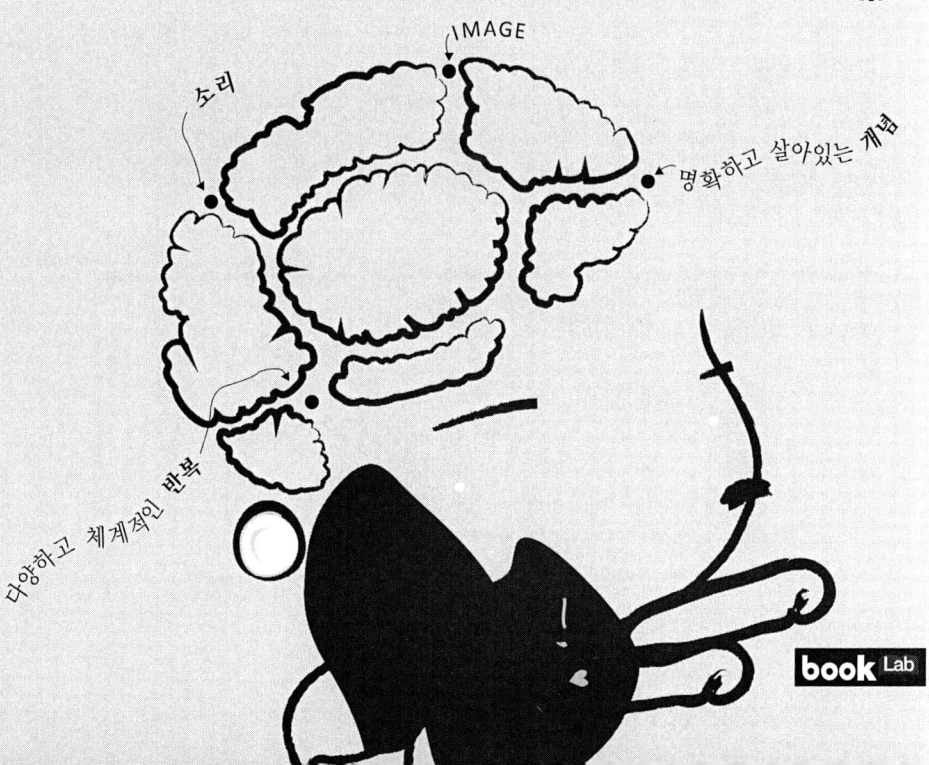

book Lab

1 영단어 공부에 대한 〈학생〉들의 고민들

"외우는 것도 오래 걸리고 또 제일 고민인게 외워도 금방 다 까먹어버려요 ㅠ.ㅠ"
 "20번씩 써두 안외워져요. 근데 학원 시험에서 또 많이 틀려서 벌칙으로 30번씩 써야 해요"
"저는 몇시간동안 계속 외우거든요? 근데 시험만 시작하면 외운 것을 다 까먹구요. 정말 저 자신에게 짜증나고 화가 납니다. 정말 화가 나서 어제는 학원에서 울었습니다. 제발 저 좀 도와주세요."
 "전 수학, 과학같이 이해를 요구하는 과목은 어느정도 하는데…ㅠ.ㅠ 영단어는 봐도 얼마 안 있으면 잊어버리고… 당장 단어시험 맞을려고 하는게 아니고 좀 지속적으로 기억에 남을려면 어떻게 외우면 좋을까요?"
"전 기억력이 별로 안좋아요… 단어 하나하나 써봐도 한 몇십분지나면 잊어버리거든요 ㅠ.ㅠ 뭐 암기장 같은 걸 손에 쥐고 다니고 싶은데 저희집 주변이 차가 많이 다녀서 위험해서 암기장도 못 가지고 다니고. 헷갈리는 것도 많고, 한 단어에도 여러가지 뜻도 있어서 ㅠ.ㅠ"
 "단어 빨리 외우는 방법 / 오래 기억할 수 있는 방법 / 제가 티비를 넘 좋아해서요… 집중력 좀 키울 수 없나요?"
"단어를 외우면 다음날 되면 까먹습니다. 이거 바보도 아니고 정말 할 의욕이 안나고요 ㅠ.ㅠ"
 "단어외울려고 하면 귀찮고 외워지지가 않아요"
"외우면 또 까먹고 ㅠ.ㅠ 외우면 까먹어요 ㅠ.ㅠ 다른 애들은 다 잘하는데 저만 못하니까. 영어가 싫어지고 자신이 없네요 bb"
 "전 중3 올라가는 학생입니다. 학원에서 하루에 60개씩 단어시험이 있는데요. 일단 외울려고 하면 머리에 온갖 잡생각도 나고 잘 안외워지더라고요. 시험을 못쳐서 남고 엄마한테 잔소리 듣고 ㅠ.ㅠ 맨날 3시간씩 이렇게 외울려고 하는데 시간만 낭비하고 결국 못외우고.."
"6학년인데요. 학원에서 단어 시험 19개를 쳐요. 갯수는 적지만 외위기가 너무 어려워요. 그리고 단어 시험 외울 시간도 없구요. 들고 다니면서 외우기는 한데 괜히 시간만 빼앗고 한가지 일에 집중을 못하니… 저도 단어 시험 틀린 거 없고 선생님 기쁘게 해드리고 싶단 말이에요. 저도 열심히 해서 100 점 맞고 싶어요.ㅠ.ㅠ 제발 방법 좀 가르쳐 주세요"

학생들의 영어단어 문제 종합 정리

① 잘 안외워지고, 외워도 금방 까먹음
② 시험을 통과하기는 하지만, 밑빠진 독에 물붓듯이 순간 외워진거 같으나 장기기억이 안됨
③ 언제, 어디서나 쉽게 단어를 공부할 수 있는 방법이 필요함
④ 집중력을 갖고 영어 단어를 빠르고 쉽게 공부할 있는 방법이 필요함
  => **쉽고, 빠르고, 확실하게 외워지고 / 장기간 안 까먹는 단어 공부**

2 영단어 공부에 대한 〈교사/강사〉들의 고민들

"매일 단어장으로 단어 30개, 숙어 20개 총 50개씩 단어 시험을 보는데요. 학생들이 그냥 그때그때 외워서 때운다는 생각이 듭니다. 생각 같아선 독해나 리스닝,문법 교재에 나오는 단어들을 문장과 연계시켜서 보게 하고 싶은데 저도 문제 출제하느라 시간보내야지, 채점해야지…ㅠ.ㅠ"

"뭐니뭐니 해도 가장 중요한 것은 제대로 된 발음으로 암기하는 것이라 봅니다. 무조건 발음을 할 줄 알도록 가르치는 것이 제 경험을 통해 모든 영어 공부의 기본이라는 결론을 내렸습니다."

"중등부의 경우 읽을 줄 몰라 엉터리로 단어 발음을 하게 되는데 수업시간에 단어를 읽어주면서 단어만 가지고 시간을 20분씩 끌 수도 없고, 한번 읽어주면 금방 까먹고…"

"단어 영어/뜻 단순 암기 100개, 200개씩 한다고 며칠 가나요? 하루만 지나도 반은 잊어먹을 텐데…"

"잘하는 애들은 15개를 매일 쳐도 1~2개 틀리기 때문에 재시험을 안보는데 하위반 애들 경우는 반 정도는 아예 안 외워오거나 맞는 개수가 너무 적어요. 제가 수업이 쭉 있어서 재시험 치고 가라고 할 수도 없는 노릇이고요… 단어시험은 어떤 형태로 치시는지, 채점 방식과 사후 관리는 어떻게 하시나요?"

"채점을 일일이 하고, 잔소리하고 숙제검사하면 못하는 반의 경우 수업시간의 20분이 소요가 되요. 수업시간 45분에 이거 하다보면 다른 진도 나가기도 부족해요..ㅠ.ㅠ"

"사실 영어는 단어가 생명 아니겠습니까? 그런데 아이들이 단어 외우기를 죽을만큼 싫어합니다. 그렇다고 매를 들 수도 없고, 깜지를 쓰라 할 수도 없고…"

교사/강사의 문제 종합 정리

① 학생들이 쉽고 재밌고 확실하게 단어를 공부하게 하는 방법이 필요함
② 영어/뜻 test, 단순 암기의 비효율성
③ 듣기, 말하기, 영어단어 암기에 발음 소리를 충분히 연습하게 하는 것이 필요한데 시간이 부족함
④ 시험 출제/채점/확인을 간편하고 확실하게 하는 방법이 필요함

=> 말하기, 듣기, 쓰기, 읽기 등 영어의 4대 영역을 커버하면서 간편하고 확실한 test와 확인 방법이 필요함

3. 현재 영어교육의 방향과 흐름

neat / 영어 개정교과서의 방향 / 수능의 초점이…〈말하기, 듣기, 쓰기〉 등 실용영어로 진행되고 있음
특히 듣기, 말하기는 갈수록 중요하나, 학원/학교의 시간부족, 교사의 역량으로 잘 진행되지 못하고 있음
이 결과 어학연수, 어렸을때의 교육등으로 잘하는 아이들은 매우 잘하나, 대부분의 학생들이 못하고 있음
듣기, 말하기의 핵심인 '발음+구사력'을 비용은 싸게, 간편하고, 확실하게 키워주느냐?가 관건임

이 책의 특징

영단어 = 명확하고 살아있는 〈개념〉 + image + 소리 + 다양하고 체계적인 〈반복〉

1. 〈잘 외워지고 금방 까먹지 않는〉 이유
   - 단어의 개념을 떠오르기 쉬운 한글 개념을 설명하고 / 적절한 이미지 / 소리 / 9단어 이내의 짧고 명쾌한 의미구 또는 문장 등을 책에 담고 / 블로그에 있는 mp3엔 개념설명 + 영단어 2번 + 한글문장 해석 1번 + 영어문장 2번 + 최종 영단어 2번 녹음으로 <u>정보 습득유형인 시각형 학습자 + 청각형 학습자 + 운동감각 학습자를 다 통합함</u>
   =〉 책을 보면서, mp3의 영어를 6~8번 정도 영어 따라읽기만 하면 됨
       total 학습으로 잘 외워지기도 하고, 금방 까먹지 않음

2. test를 통과하고, 금방 까먹는 즉 〈밑빠진 독에 물붓기가 되지 않는〉 이유
   - 단어 공부를 1일차에 소리만 공부,확인점검하고 / 2일차에 무작위 영작 test를 진행하고 / 1주일 후에 전체 범위의 무작위 영작 test를 진행하고 / 이것이 다끝나면 쉽고 빠른 최종 복습을 통해 단어가 자기것이 되는 기준인 <u>2달, 20번이상의 다양하고 체계적인 반복이 이루어지기에…장기기억이 됨</u>.

3. 〈언제, 어디서나〉 쉽게 단어를 공부할 수 있는 이유
   - 작은 크기의 요약 정리집을 이용할 수 있지만, 그것을 보다가 교통 사고의 위험도 있고,
   더욱 중요해지는 듣기와 말하기 훈련도 할 수 있도록 하는 것이 좋다고 봐서…
   대략 50개 단위로 개념설명 1번, 영단어 2번, 한글문장 해석 1번, 영어문장 2번, 영단어 2번녹음된 mp3 를 듣고 따라읽는 것이 안전에도 좋고 / 듣기, 말하기에도 좋다고 봄

4. 〈집중력〉을 키울 수 있는 이유
   - 이 부분을 위해서 **좌,우뇌를 통합하고,편안한 학습 상태**를 위해 집중력 훈련(원) + 단전호흡 방법을 넣었음

5. 영어단어 / 뜻 〈단순 암기의 비효율성〉을 극복할 수 있는 이유
   - test 방식을 기존의 영어 단어 / 뜻 이나 영어 단어 뜻 / 영어 단어가 아닌 <u>짧은 영어문장을 한글 문장 뜻 / 영작하기 형태로 진행함.</u>

6. 〈발음, 소리〉를 충분히 연습하고,〈영어 구사력/쓰기〉를 키울 수 있는 이유
   - 공부 진행표를 보면 알겠지만, 〈발음 훈련표〉를 통해 조음구조 훈련을 하고
   위 **1번 과정**에서 강사/교사가 충분히 학생들이 영어를 읽는지를 무작위로 확인함
   학생들은 블로그에서 내려받은 mp3을 최소 6~8번 이상 듣고 따라읽어야 함.
   test를 준비할때 학생들은 구사력의 핵심인 〈떠올려 말하기〉를 스스로 진행하고, 영작 연습을 하게 됨

7. 〈시험출제/채점/확인〉을 간편하고 확실하게 할 수 있는 이유

① 원리는 성과의 80%는 20%가 결정한다는 원리로, 전체 test범위의 20%를 test로 진행하기에 이것이 가능함.
② 시험자료는 책에 안내된 블로그에 50개 단위로 수정가능한 파일 형태로 제공하니 그것을 이용하면 됨
③ 채점은 강사/교사가 다 하지 않고, 학생들이 바꿔서 진행하고 최종확인을 위해 강사/교사가 10~20% 정도의 학생들의 시험지를 sample식으로 처음부터 끝까지 제대로 점검함
④ 한편 일정 커트라인(80점)을 넘지 못하는 경우
 재시험을 보지 않고, 한글문장 뜻 1번 / 영어 문장 3번 쓰기의 숙제로 커버함.
 이렇게 해도 되는 이유는 단계별로 나눠서 확인,점검하고 / 누적 반복학습이 진행되어 큰 문제가 없고 / 통계의 법칙의 활용 등을 통한 효과적이고 생산적인 시간 활용을 위해서임

이 책의 특징 mind map

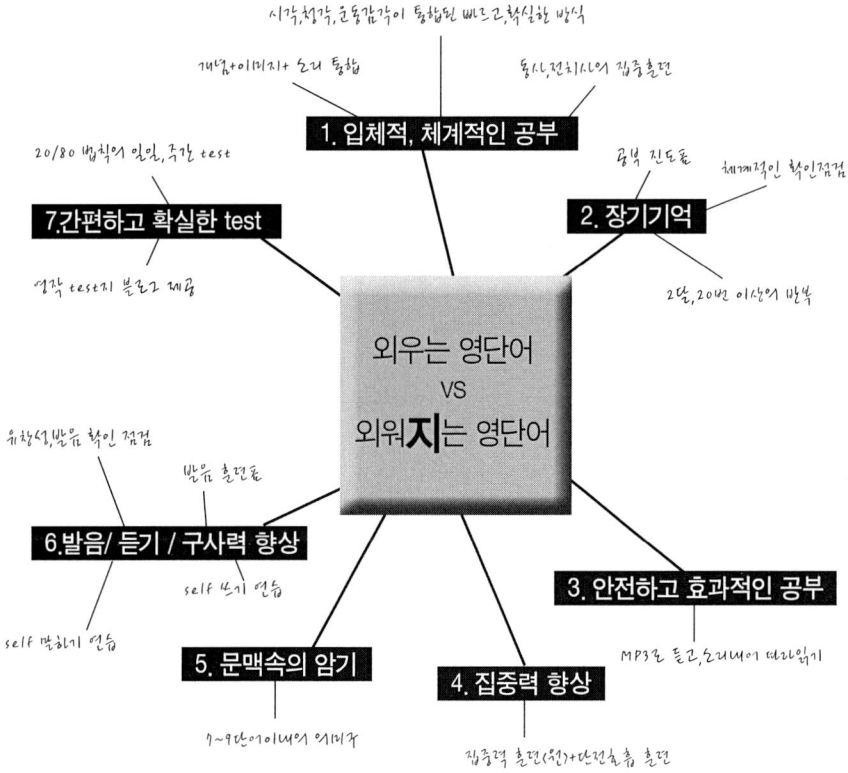

contents

1 정신집중훈련 …………………………………………… 011

2 단어 공부 진행표 / 독학용 ………………………………… 012
　단어 공부 진행표 / 교사 - 학생용 ………………………… 014

3 발음 훈련표 ……………………………………………… 017

4 전치사 몸동작 훈련 ……………………………………… 018

5 전치사 스토리 …………………………………………… 026

6 동사 (44번 ~395번 끝까지) …………………………… 032

　　　6 일 : 44 번 ~ 93 번까지 ＿＿ 032
　　　7 일 : 94 번 ~ 143 번까지 ＿＿ 042
　　　8 일 : 144 번 ~ 193 번까지 ＿＿ 052
　　　9 일 : 194 번 ~ 243 번까지 ＿＿ 062
　　　10 일 : 244 번 ~ 293 번까지 ＿＿ 072
　　　11 일 : 294 번 ~ 343 번까지 ＿＿ 082
　　　12 일 : 344 번 ~ 395번, 동사 끝까지 ＿＿ 092

7 조동사, 대명사, 접속사(396번 ~542 번까지) ………………… 103

　　　13 일 : 396 번 ~ 445 번까지 ＿＿ 103
　　　14 일 : 446 번 ~ 495 번까지 ＿＿ 110
　　　15 일 : 496 번 ~ 542 번, 접속사 끝까지 ＿＿ 119

8 내용어(명사, 형용사, 부사등 : 543번 ~ 1819 번까지) ………… 126

　　　16 일 : 543 번 ~ 592 번까지 ＿＿ 126
　　　17 일 : 593 번 ~ 642 번까지 ＿＿ 136
　　　18 일 : 643 번 ~ 692 번까지 ＿＿ 146
　　　19 일 : 693 번 ~ 742 번까지 ＿＿ 156
　　　20 일 : 743 번 ~ 792 번까지 ＿＿ 166
　　　21 일 : 793 번 ~ 842 번까지 ＿＿ 176

22 일 : 843 번 ~ 892 번까지 ____ 186
23 일 : 893 번 ~ 942 번까지 ____ 196
24 일 : 943 번 ~ 992 번까지 ____ 206
25 일 : 993 번 ~ 1042 번까지 ____ 216
26 일 : 1043 번 ~ 1092 번까지 ____ 226
27 일 : 1093 번 ~ 1142 번까지 ____ 236
28 일 : 1143 번 ~ 1192 번까지 ____ 246
29 일 : 1193 번 ~ 1242 번까지 ____ 256
30 일 : 1243 번 ~ 1292 번까지 ____ 266
31 일 : 1293 번 ~ 1342 번까지 ____ 276
32 일 : 1343 번 ~ 1392 번까지 ____ 286
33 일 : 1393 번 ~ 1442 번까지 ____ 296
34 일 : 1443 번 ~ 1492 번까지 ____ 306
35 일 : 1493 번 ~ 1542 번까지 ____ 316
36 일 : 1543 번 ~ 1592 번까지 ____ 326
37 일 : 1593 번 ~ 1642 번까지 ____ 336
38 일 : 1643 번 ~ 1692 번까지 ____ 346
39 일 : 1693 번 ~ 1742 번까지 ____ 356
40 일 : 1743 번 ~ 1792 번까지 ____ 366
41 일 : 1793 번 ~ 1819 번 끝까지 ____ 376

9 부록 : 기타 주제별 단어 / 불규칙 동사표 ·················· 382

① 숫자 ____ 382
② 달력(계절, 월, 요일) / 색깔 / 태양계의 행성 ____ 383
③ 방향 / 5대양 6대주 ____ 384
④ 나라, 국민, 언어 ____ 385
⑤ 몸의 부분 ____ 386
⑥ 외래어 ____ 387
⑦ 불규칙 동사표 ____ 391

부록 : 공부 진도표 ·································· 395

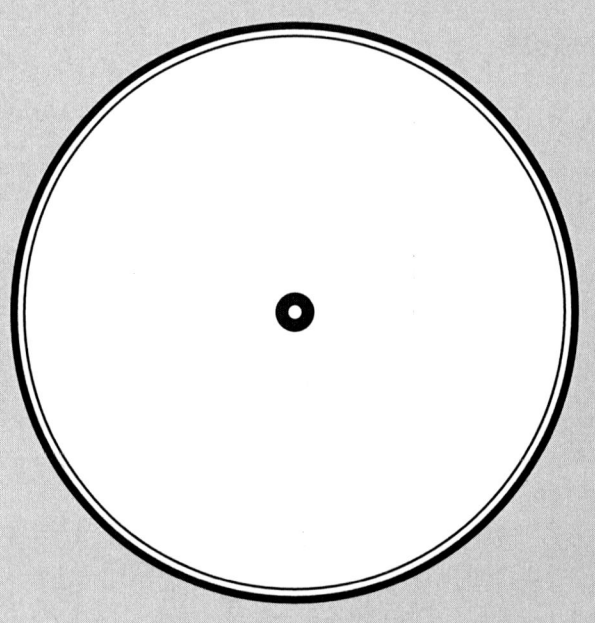

정신집중훈련

준비 단계

1. 편안히 호흡하면서 눈의 초점을 가운데 두고, 바깥 원으로 의식을 확장한다.
2. 바깥 큰 원의 굵은 선과 얇은 선이 분명히 구별되어야 한다.

진행 방법

3. 코로 호흡.. 들숨 3초, 코내쉼 3초 (5회) / 손가락을 접어 횟수를 센다.
   들숨 10초, 멈춤 10초,입으로 내쉼 10초 (5회)/손가락을 접어 횟수를 센다
   최대한 들숨,단전 힘 멈춤, 최대한 입으로 내쉼 (2회)
   코들숨 3초, 코내쉼 3초 (5회) / 손가락을 접어 횟수를 센다.

초중 통합 단어장 공부 진행표 〈독학용〉

* 모든 과정을 진행할때 맨 앞에 있는 〈정신 집중 훈련〉을 먼저 스스로 진행할 것

* 영어 따라 읽기 하기 전에 p16〈 발음 훈련표〉로 성대, 입술, 혀 등 발성기관을 풀어줄 것.

A. 〈 전치사 연습 〉

1 일째

책 : 전치사 몸동작

① 전치사 몸 동작 보고 연습하기
　(영어 부르면 1~2초안에 나올 수 있을 정도로)

2 일째

책 : 전치사 story

① 〈 1~38번 까지 소리 훈련 〉
　에코잉 - 영어문장을 메아리처럼, 단어를 듣자 마자 따라 읽기
　(6번 이상 / 책보고 술술 읽을 정도로)

3 일째

책 : 전치사 story

1번~17번 까지
순서대로 목표시간 안에 암기하기

4 일째

책 : 전치사 story

18번 ~ 38번까지
순서대로 목표시간 안에 암기하기

5 일째

책: 전치사 story

처음부터 ~ 38번 까지
순서대로 목표시간 안에 암기하기

B. 〈 공부, 암기 방법 〉

하루 50개~100개 단어를

1. 단어위의 기본 〈개념〉을 들으면서 〈이미지〉를 느껴본다.(개념 + 자기만의 이미지/느낌)
2. mp3에서 나오는 영어 단어/영어문장을 최소 6~8번이상 소리내어 따라 읽는다
 (개념 + 자기만의 이미지 /느낌 + 청각 이미지 + 다양하고 체계적인 반복학습)

--- 1일차

3. 영어 예문을 종이나 손으로 가리고, 한글 보면서 1-2초안에 떠올려 말하기를 5번 정도 해본다. 안 떠오르면 고민하지 말고 즉각 보고 확인한다. (말하기 훈련 + 다양하고 체계적인 반복학습)
  ① 책 〈영단어 괄호〉 단어 안보고 써보기 (쓰고 바로 확인)
  ② 영어 문장을 종이로 가리고,한글 해석 보면서 1~2초안에 영어 말하기
   (잘되는 것에 연필로, 영어문장 앞에 ○ 동그라미 그리기)
  ③ ○ 안쳐진 것만 공부하고, 그것만 ② 번처럼 진행함
  ④ ○ 안쳐진 것만 공부하고, 그것만 ② 번처럼 진행함
  ⑤ 영어 예문을 가리고 전체 한글보면서 영어 떠올려 말해보기 5번 연습함.

4. 한글만 보고 영어 예문을 연습장에 써본다.(영작+ 다양하고 체계적 반복 학습)
  ① 영어 문장 가리고, 한글보면서 연습장에 영어 써보기
   (틀린 영어 문장 앞의 ○에 / 표시하고 그것만 공부한 후 self test 함.
   또 틀린 것에 ＼ 표시하고 마지막으로 X 표시된 것을 공부 후 self test함)

--- 2일차

5. 150개~300개 단어가 끝나면 위 3번 방식으로 〈주간단위 복습〉한다 (다양하고 체계적인 반복학습)

C. 〈 최종 복습 〉

1. 하루 200 ~ 400개씩 영단어와 뜻을 읽으면서 외워진 느낌이 드는 단어에만 빨강 볼펜 / 형광펜으로 ○ 치기
2. 하루 500 ~ 900개씩 ○ 동그라미 안쳐진 단어만 공부 후 눈으로 단어,뜻을 읽으면서 외워진 느낌이 드는 단어에 형광펜/빨간색 볼펜으로 ○ 치기
3. 처음 ~ 끝까지 ○ 동그라미 안쳐진 단어만 공부 후 눈으로 단어,뜻을 읽으면서 외워진 느낌이 드는 단어에 형광펜/빨간색 볼펜으로 ○ 치기

이렇게 하면
- 영단어를 암기하는 것이 아니라, 저절로 암기가 된다.
- 다양하고, 체계적인 반복으로 전체적인 시간은 적게, 효과는 확실하게 안까먹는다.
- 개정 교육과정으로 중요해진 〈 말하기, 듣기〉를 단어공부를 하면서 함께 연습할 수 있다.

초중 통합 단어장 공부 진행표 〈교사 - 학생용〉

* 모든 과정을 진행할때 맨 앞에 있는 〈정신 집중 훈련〉을 먼저 스스로 진행할 것
* 영어 따라 읽기 하기 전에 p16〈 발음 훈련표〉로 성대, 입술, 혀 등 발성기관을 풀어줄 것.
* 〈test〉의 80%(5개 볼때 4개이상 / 10개일때 8개이상 /20개 일때 16개이상 /30개일때 24개 이상) 합격.
  그 미만일때 한글 1번, 영어 3번 쓰기 벌칙이나 숙제 있음

A. 〈 전치사 연습 〉

1 일째
책 : 전치사 몸동작
① 전치사 몸 동작 보고 연습하기
   (영어 부르면 1~2초안에 나올 수 있을 정도로)

2 일째
책 : 전치사 story
① 〈 1~38번 까지 소리 훈련 〉
   에코잉 - 영어문장을 메아리처럼, 단어를 듣자 마자 따라 읽기
   (6번 이상 / 책보고 술술 읽을 정도로)

3 일째
책 : 전치사 story
1번~17번 까지
순서대로 목표시간 안에 암기하기

4 일째
책 : 전치사 story
18번 ~ 38번까지
순서대로 목표시간 안에 암기하기

5 일째
책: 전치사 story
처음부터 ~ 38번 까지
순서대로 목표시간 안에 암기하기

B. 〈 숙제 /TEST 진행방식 〉

1

〈 단어 44번 ~ 1819 번 끝까지 〉

〈 단어 50개씩 〉 / 숙제

① 소리 훈련
　에코잉 - 영어문장을 메아리처럼, 단어를 듣자 마자 따라 읽기
　(6번 이상 / 책보고 술술 읽을 정도로 / 학생들 임의의 3문장 읽기 확인)

2

〈 단어 44번 ~ 1819 번 끝까지 〉

다음날 숙제로 낸 50단어 TEST

① 책 〈영단어 괄호〉 단어 안보고 써보기 (쓰고 바로 확인)
② 영어 문장을 종이로 가리고, 한글 해석 보면서 1~2초안에 영어 말하기
　(잘되는 것에 연필로, 영어문장 앞에 ○ 동그라미 그리기)
③ ○ 안쳐진 것만 공부하고, 그것만 ② 번처럼 진행함
④ ○ 안쳐진 것만 공부하고, 그것만 ② 번처럼 진행함
⑤ 영어 예문을 가리고 한글보면서 영어 떠올려 말해보기 5번 연습함.
⑥ 영어 문장을 가리고, 한글보면서 연습장에 영어 써보기
　(틀린 영어 문장 앞의 O에 / 표시하고 그것만 공부한 후 self test 함.
　또 틀린 것에 ＼ 표시하고 마지막으로 X 표시된 것을 공부 후 self test함)

〈TEST〉

교사/강사가 시험 범위의 영어 의미구 무작위로 5~10개 부르면, 영어와 해석 쓰기
or 한글 의미구 무작위로 5~10개 부르면 영어 의미구 쓰기

3

누적 복습 / 〈 지난 3일간의 150개 단어 주간 test

교사/강사가 시험 범위의 영어 의미구 무작위로 20~30개 부르면, 영어와 해석 쓰기
or 한글의미구 무작위로 20~30개 부르면 영어 의미구 쓰기
〈 공부방법 〉 시험범위의 영어문장 한글 가리고 영어 말해보기 3번~5번 정도 연습함
　　　　x 표시된 영어문장 -〉 / 표시된 영어문장 위주로 써보기 1~2번 연습함

C. 〈 최종 복습 〉

① 〈처음 ~ 끝 1819 번까지〉
단어 200개씩

책 처음부터 끝까지 단어 200개씩 눈으로 단어, 뜻을 읽으면서 외워진 느낌이 드는 단어에 형광펜/빨간색 볼펜으로 O 하기

② 〈처음 ~ 끝 1819 번까지〉
단어 400개씩

책 처음부터 끝까지 단어 400개씩 O 안 쳐진 단어들을 공부한 후, 눈으로 단어, 뜻을 읽으면서 외워진 느낌이 드는 단어에 형광펜/빨간색 볼펜으로 O 하기

③ 〈처음 ~ 끝 1819 번까지〉
단어 600개씩

책 처음부터 끝까지 단어 600개씩 O 안 쳐진 단어들을 공부한 후, 눈으로 단어, 뜻을 읽으면서 외워진 느낌이 드는 단어에 형광펜/빨간색 볼펜으로 O 하기

④ 〈처음 ~ 끝 1819 번까지〉
단어 900개씩

책 처음부터 끝까지 단어 900개씩 O 안 쳐진 단어들을 공부한 후, 눈으로 단어, 뜻을 읽으면서 외워진 느낌이 드는 단어에 형광펜/빨간색 볼펜으로 O 하기

⑤ 〈처음 ~ 끝 1819 번까지〉
처음부터 ~ 끝까지

책 처음부터 끝까지 O 안 쳐진 단어들을 공부한 후, 눈으로 단어, 뜻을 읽으면서 외워진 느낌이 드는 단어에 형광펜/빨간색 볼펜으로 O 하기

발 음 훈 련 표

앞자음

#		
1	[h]	ㅎ
2	[k]	(ㅎ)ㅋ
3	[g]	(으)ㄱ
4	[ŋ]	(으)ㅇ
5	[w]	(으)우
6	[ʃ]	(ㅎ)쉬
7	[tʃ]	(ㅎ)취
8	[dʒ]	(으)쥐
9	[t]	(ㅎ)ㅌ
10	[d]	(으)ㄷ
11	[s]	(ㅎ)ㅅ
12	[z]	(으)ㅈ
13	[n]	(으)ㄴ
14	[l]	(올)ㄹ
15	[r]	(우)ㄹ
16	[θ]	(ㅎ)ㅆ
17	[ð]	(으)ㄸ
18	[f]	(ㅎ)ㅍ
19	[v]	(으)ㅂ
20	[p]	(ㅎ)ㅍ
21	[b]	(으)ㅂ
22	[m]	(으)ㅁ

** 기본구강 구조는 스마일 하듯이
혀를 아랫잇몸뿌리에 대고,양쪽 입꼬리를 쫙 폄

모음

#		
1	애애	[æ]
2	아아	[ɑ]
3	에에	[e]
4	이이	[i]
5	아+어/아+어	[ʌ]
6	어어	[ə]
7	아+오/아+오	[ɔ]
8	오오	[o]
9	우우	[u]

- 5: 혀를 아래니 뿌리+'어'보다 입을 더 크게 함
- 6: 밥 먹었어? 대답 '어'할때의 느낌
- 7: 혀를 아래니 뿌리+'오'보다 입을 더 크게 함

뒷자음

#		
1	ㅎ	[h]
2	ㅋ	[k]
3	ㄱ	[g]
4	ㅇ	[ŋ]
5	우(으)	[w]
6	쉬	[ʃ]
7	취	[tʃ]
8	쥐	[dʒ]
9	ㅌ	[t]
10	ㄷ	[d]
11	ㅅ	[s]
12	ㅈ	[z]
13	ㄴ	[n]
14	ㄹ	[l]
15	(우)ㄹ	[r]
16	ㅆ	[θ]
17	ㄸ	[ð]
18	ㅍ	[f]
19	ㅂ	[v]
20	ㅍ	[p]
21	ㅂ	[b]
22	ㅁ	[m]

- 15: 입술 모양을 '우'모양으로 하고 혀의 뒤로 말아 당기는 느낌
- 16: 혀를 내밀어 윗니를 살짝 치는 느낌
- 17: 혀를 내밀어 윗니를 살짝 치는 느낌(성대를 울림)
- 18: 윗니로 아래 입술을 가볍게 누른다
- 19: 윗니로 아래 입술을 가볍게 누른다(성대를 울림)
- 21: 혀의 뒷부분을 뒤로 말아 당기는 느낌

〈 발음 훈련 순서 〉

1. m/n 음을 베토벤의 '합창'/'학교종' 리듬, p발음은 '산토끼'리듬에 맞춰 성대 강화훈련
   - m발음은 입술과 입술 마주치는 곳을 강하게 진동하면서 혀는 아래잇몸에 붙이고,양쪽 입술을 옆으로 쫙 폄.
   - n발음은 혀와 입천장이 만나는 곳을 강하게 진동함, 입술을 옆으로 쫙 폄
   - p발음은 보통 보다 강하게 터트리며,이때 혀는 아래잇몸에 붙이며, 입술을 옆으로 쫙 폄
2. 자음 아래순서로 쭉 발음함
3. 모음 아래 순서로 쭉 발음함 (모음을 크게 ,리듬있게 하는 것이 point임)
4. 앞자음+모음 (모음을 자음보다 크고, 리듬있게 할 것)
   예 : [k][a]일때 '(ㅎ)ㅋ 아아' 라고 함
5. 모음 + 뒷자음 (모음을 자음보다 크게, 리듬있게 할 것)
6. 앞자음 + 모음 + 뒷자음 (모음을 자음보다 크고, 리듬있게 할 것)

전치사 몸 동작

0001 **by** [bai]   연필 **by** 오른손

연필 (뭔가의 옆에서 영향을 받는 이미지) 오른손
연필을 왼손으로 잡고 오른손과 나란히 놓으세요
by는 **뭔가의 옆에서 영향을 받는 이미지**입니다.
about과 다른 점이라면 '전후좌우 사방'이라는 그림이 없다는 겁니다.

| 자명종이 내 **옆에서** 울린다 | An alarm clock rings/ ( )me |

0002 **beside** [bisáid]   연필 **beside** 오른손

연필 (뭔가의 바로 옆면에 있는 이미지) 오른손
왼손의 연필과 오른손을 좀더 가까이 접근해보세요
beside는 **뭔가의 바로 옆면에 있는 이미지**입니다.

| 나는 그녀옆에서 잠잔다 | I sleep ( ) her |

0003 **at** [ǽt]   연필 **at** 오른손바닥

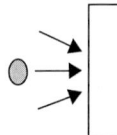

연필 (뭔가를 콕 찝는 이미지) 오른손바닥
연필로 오른 손바닥을 콕 찍어 보세요.
at은 **뭔가를 '콕' 찝는 이미지**입니다.

| 시간은 **정각** 6시다 | It's/ ( ) 6 |

0004 **out of** [áut][ʌ́v]   연필 **out of** 오른손 안

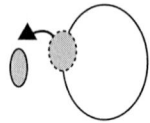

연필 (뭔가를 완전히 빠져 나오는 이미지) 오른손 안
오른손 안에 연필을 쥐고 왼손으로 꺼내 보세요
'이게 어디서 나왔지?'라고 물어보면 그에 대한 답이 out of입니다.
out of는 **뭔가를 완전히 빠져나오는 이미지**입니다.

| 나는 침대에서 **빠져나온다** | I get/ ( ) my bed. |

0005 **from** [frʌ́m]   연필 **from** 왼손

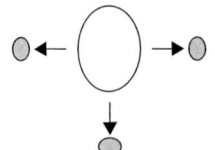

연필 (뭔가를 출발하는 이미지) 왼손
연필을 왼손에서 오른손으로 보내 보세요.
그때 출발점이 왼손이 됩니다
from은 **뭔가를 출발하는 이미지**이지요.

| 나는 침대**에서** 욕실로 간다 | I go/ ( ) my bed/ to the bathroom |

0006 **to** [túː]   연필 **to** 오른손

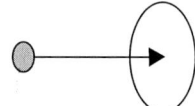

연필 (뭔가로 나아가 도착하는 이미지) 오른손
위에서 연필이 왼손에서 오른손으로 갈때 그 도착한 곳은 오른손이 됩니다.
to는 **뭔가로 나아가 도착하는 이미지** 입니다

| 나는 침대에서 욕실로 간다 | I go/ from my bed / ( ) the bathroom |

0007 **into** [íntu]   연필 **into** 오른손

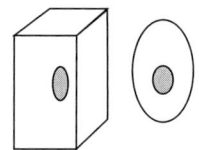

연필 (뭔가의 안으로 들어가는 이미지) 오른손
왼손에 연필을 잡고 오른쪽으로 움직이고,
주먹진 오른손 안에 연필을 넣어 보세요
into는 **뭔가의 안으로 들어가는 이미지**입니다.

| 나는 욕실**안으로** 들어간다 | I go/ ( ) the bathroom. |

0008 **in** [in]   연필 **in** 오른손

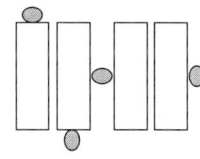

연필 (뭔가의 안에 있는 이미지) 오른손
주먹진 오른손에 공간을 두고 그 안에 있는 연필을 보세요.
in은 **뭔가의 안에 있는 이미지**입니다

| 나는 욕실 **안에** 있다 | I am/ ( ) the bathroom. |

0009 **on** [ɔ́ːn]   **upon** [əpán]   연필 **on** 오른손

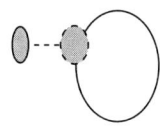

연필 (뭔가에 붙어있는 이미지) 오른손
오른손 아무쪽이나 연필을 세워 찰싹 붙여 보세요.
on은 **뭔가에 붙어있는 이미지**입니다
on의 그림에서 주의할 것은 '-위에'가 아니라는 겁니다.
on은 표면 어디에 붙건 on입니다.

| 거울이 벽위에 있다 | There is a mirror/ ( ) the wall. |

0010 **off** [ɔ́ːf]   연필 **off** 오른손

연필 (뭔가와 완전히 떨어지는 이미지) 오른손
오른손에 붙어 있던 연필을 아래로 떨어트려보세요
연필이 오른손에 붙어있다가 완전히 떨어진 상태죠?
off는 **뭔가와 완전히 떨어지는 이미지**입니다.

| 나는 수건으로 얼굴의 물을 닦는다 | I wipe the water/ ( ) my face/ with a towel. |

0011 **with** [wið]   연필 **with** 오른손

연필 (뭔가와 함께 있는 이미지) 오른손
다시 연필을 오른손과 함께 있게 해보세요. 연필과 오른손이 함께 있죠?
with는 **뭔가와 함께 있는 이미지**입니다.

나는 수건으로 얼굴의 물을 닦는다   I wipe the water/ off my face/ (   ) a towel.

0012 **outside** [áutsáid]   연필 **outside** 왼손

연필 (뭔가의 바깥쪽에 있는 이미지) 왼손
오른손안에 든 연필은 왼손의 입장에서 보면 바깥에 있습니다.
outside는 **뭔가의 바깥쪽에 있는 이미지**입니다

나는 개와 함께 집**바깥으로** 나간다   I go/ (   ) the house/ with my dog.

0013 **above** [əbʌ́v]   연필 **above** 오른손

연필 (뭔가의 위쪽에 떨어져 있는 이미지) 오른손
연필을 오른손 위로 약간 올려 들어 봅시다.
above는 **뭔가의 위쪽에 떨어져 있는 이미지**입니다.

태양이 산**위에서** 빛난다   The sun shines/ (   ) the mountain.

0014 **below** [bilóu]   연필 **below** 오른손

연필 (뭔가의 아래쪽에 떨어져 있는 이미지) 오른손
연필을 오른손의 약간 아래에 놓아보세요.
below는 **뭔가의 아래쪽에 떨어져 있는 이미지**입니다.

계곡이 산**아래에** 있다   There is a valley/ (   ) the mountain.

0015 **between** [bitwíːn]   연필 **between** 내 손들

연필 (어떤 2개 사이에 있는 이미지) 내 손들
연필을 오른손과 왼손 사이에 두어 보세요
between은 **어떤 2개 사이에 있는 이미지**입니다.

시냇물이 계곡 **사이로** 흐른다   The stream runs/ (   ) the valleys

0016 under [ʌ́ndər] 연필 under 오른손바닥

연필 (뭔가의 아래쪽에 덮혀 있는 이미지)오른손 바닥
오른손 바닥을 펴고 그 아래 연필을 두어 보세요.
under는 **뭔가의 아래쪽에 덮여 있는 이미지**입니다

| 물고기들이 시냇물 **아래에서** 헤엄친다 | Fishes swim/ ( ) the stream. |

0017 over [óuvər] 연필 over 오른손

연필 (뭔가를 위를 완전히 덮는 이미지) 오른손
연필을 포물선을 그리며 주먹진 오른손을 뛰어 넘어보세요.
over는 **뭔가의 위를 완전히 덮는 이미지** 입니다.
산건너, 물건너 건널때의 움직임도 포물선 그림입니다.

| 다리가 계곡 **위에** 있다 | There is a bridge/ ( ) the valleys |

0018 across [əkrɔ́ːs] 연필 across 오른손바닥

연필 (뭔가를 일직선으로 가로지르는 이미지) 오른손 바닥
연필을 오른손 바닥에서 일직선으로 왼쪽에서 오른쪽으로 움직여 보세요.
across는 **뭔가를 일직선으로 가로지르는 이미지** 입니다

| 나와 나의 강아지가 다리를 **가로지른다** | My dog and I go/ ( ) the bridge. |

0019 ahead [əhéd] 연필 ahead of 오른손

연필 (뭔가보다 앞서 나가는 이미지) 오른손
왼손에 연필을 쥐고 오른손과 움직이면서 연필을 앞쪽에 두세요.
토끼와 거북이 경주처럼 연필이 앞서 움직여야 합니다.
연필은 오른손과 비교하여 볼 때 ahead입니다.
ahead는 **뭔가보다 앞서 나가는 이미지**이지요.

| 나의 강아지가 내 **앞에** 간다 | My dog goes/ ( ) me. |

0020 along [əlɔ́ːŋ] 오른손 along 연필

오른손 (뭔가의 뒤를 따라 가는 이미지) 연필
오른손의 입장에서 보면 연필을 졸졸 따라가는 것이지요.
along은 **뭔가의 뒤를 따라 가는 이미지** 입니다.

| 나는 강아지를 **뒤따라** 간다 | I go/ ( ) my dog. |

0021 before [bifɔ́:r]   연필 before 오른손

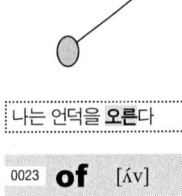

연필 (뭔가보다 위치나 순서가 앞서는 이미지) 오른손
오른손 앞에 연필을 놓아 두세요.
before는 **뭔가보다 위치나 순서가 앞서는 이미지**입니다.

| 언덕이 내 **앞에** 있다 | There is a hill/ (   ) me. |

0022 up [ʌ́p]   연필 up 오른손바닥

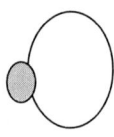

연필 (뭔가의 위로 움직이는 이미지) 오른손 바닥
연필로 오른손 바닥을 위로 긁으면서 올라가보세요
up은 **뭔가의 위로 움직이는 이미지**이지요

| 나는 언덕을 **오른**다 | I go/ (   ) the hill |

0023 of [ʌ́v]   연필 of 오른손 주먹

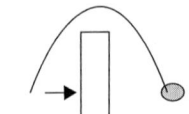

연필 (뭔가와 관련되는 이미지) 오른손 주먹
오른손의 주먹을 쥐고 그 안에 연필을 넣어보세요.
이것은 in의 이미지입니다. 그 상태에서 오른손 주먹을 '꽉' 쥐어 보세요…
오른손안에 연필이 밀접하게 연결되어 있죠?
of는 **뭔가와 관련되는 이미지**입니다.

| 나는 언덕의 정상에 선다 | I stand / at the top (   ) the hill. |

0024 beyond [bijánd]   연필 beyond 오른손

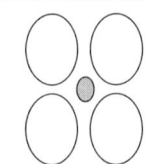

연필 (뭔가를 뛰어넘고 멀리 떨어져 있는 이미지) 오른손
연필을 오른손 앞쪽에 놓아 두세요
살며시 들어 오른손 위로 아예 넘겨 보세요.
beyond는 **뭔가를 뛰어넘고 멀리 떨어져 있는 이미지**입니다.

| 나는 강 **저멀리에 있는** 63빌딩을 본다 | I see the 63 building/ (   ) the river. |

0025 among [əmʌ́ŋ]   연필 among 많은 연필들

연필 (3개이상의 어떤 것들 가운데에 있는 이미지) 많은 연필들
연필을 많은 연필들이 들어 있는 연필통에 넣는다고 생각해보세요.
among은 **3개이상의 어떤 것들 가운데에 있는 이미지**입니다.

| 63빌딩이 많은 빌딩**사이에서** 우뚝 솟아 있다. | The 63 building shoots up/(   ) buildings. |

0026 down [dáun]   연필 down 오른손바닥

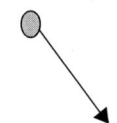

연필 (뭔가의 아래로 움직이는 이미지) 오른손 바닥
연필로 오른손 바닥을 위쪽에서 아래쪽으로 긁어 보세요.
down은 **뭔가의 아래로 움직이는 이미지**입니다

| 나는 언덕**아래로** 내려간다 | I go /(   ) the hill. |

0027 after [ǽftər]   연필 after 오른손

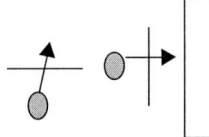

연필 (뭔가보다 위치나 순서가 뒤에 있는 이미지) 오른손
오른손 뒤에 연필을 놓아 두세요.
after는 **뭔가보다 위치나 순서가 뒤에 있는 이미지**입니다

| 언덕이 내 **뒤에** 있다 | The hill is/ (   ) me. |

0028 behind [biháind]   연필 behind 오른손

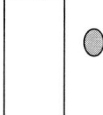

연필 (뭔가의 뒤에 있는 이미지) 오른손
연필을 오른손 뒤에 완전히 숨겨 보세요.
behind는 **뭔가의 뒤에 있는 이미지**이기도 합니다.

| 그 아이가 나무 **뒤에** 숨는다 | The child hides/ (   ) the tree. |

0029 for [fɔ́:r]   연필 for 오른손

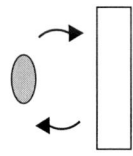

연필 (뭔가를 향하거나 서로 교환되는 이미지) 오른손
왼손에 쥔 연필과 오른손의 자리를 바꿔 보세요
for는 하나가 다른 하나의 자리를 메우는 교환의 그림입니다.
다르게 생각하면 연필을 그 자리에 놓은 '이유'는 오른손을 가져오기 위한 것입니다.
for는 **뭔가를 향하거나 서로 교환되는 이미지** 입니다.

| 나는 숲으로 **향한다** | I go/ (   ) the forest. |

0030 beneath [biní:θ]   연필 beneath 오른손

연필 (뭔가의 바로 아래에 있는 이미지) 오른손
연필을 오른손 바로 아래에 두어보세요
beneath는 **뭔가의 바로 아래에 있는 이미지**입니다.

| 나는 발아래에서 부드러운 잔디를 느낀다. | I feel the soft grass/ (   ) my feet. |

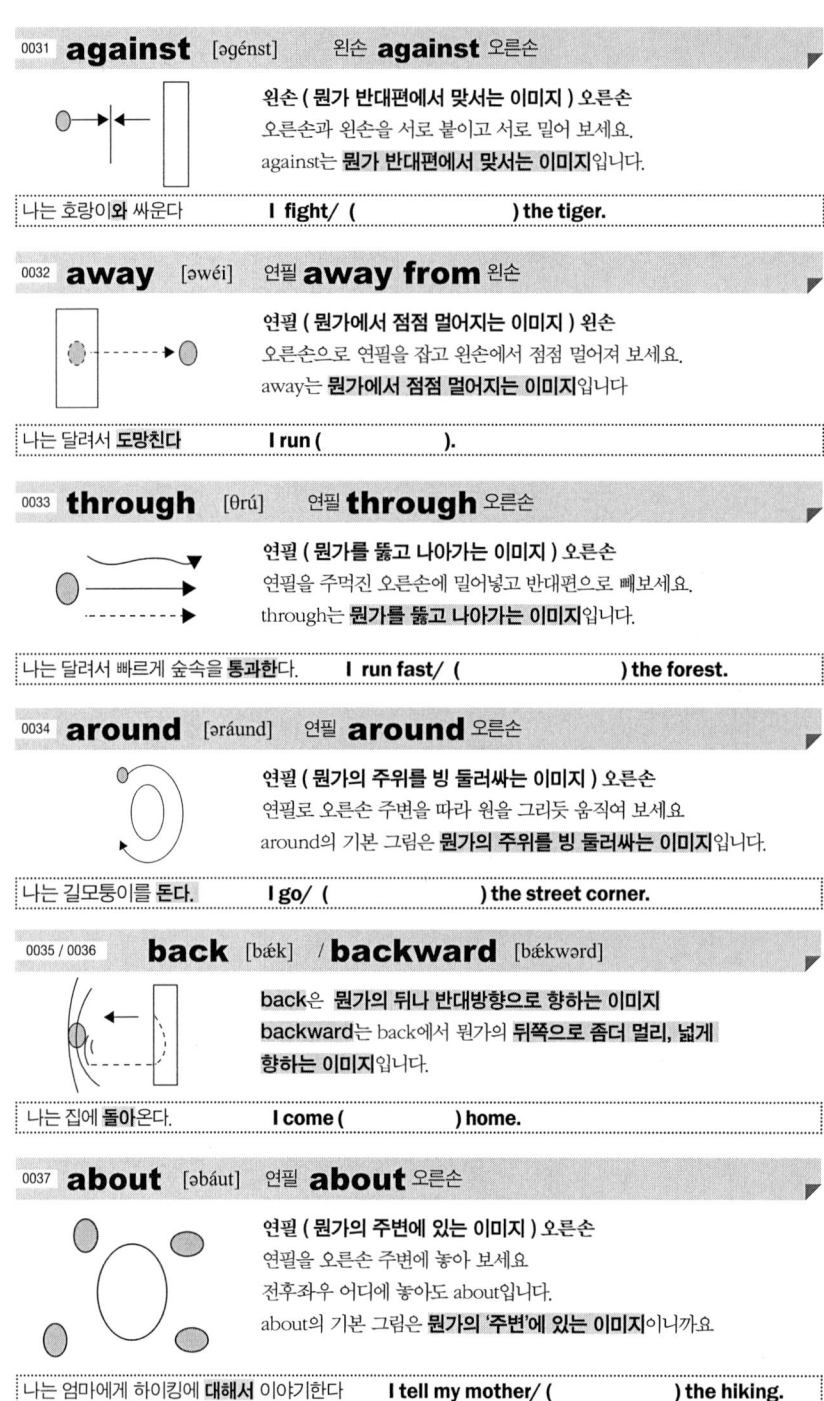

0038 **within** [wiðín]   연필 **within** 오른손

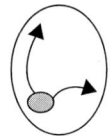

연필 (어떤 제한된 공간에서 움직이는 이미지) 오른손
오른손 안에 공간을 만들고 그 안에서 연필을 움직여 보세요.
일정한 공간안에서 움직이지요?
움직임이 제한적인 것이지요.
within의 **어떤 제한된 공간 속에서 움직이는 이미지**입니다.

나는 실내에 머무른다   I stayed/ (   ) doors.

0039 / 0040 **forth** [fɔ́:rθ] / **forward** [fɔ́:rwərd]

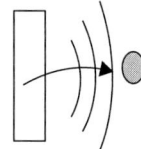

forth는 뭔가의 바로 앞쪽으로 향하는 이미지.
forward는 forth에 비해서 **뭔가의 앞쪽방향으로 좀더 멀리 향하는 이미지**

0041 **inside** [insáid]   연필 **inside** 오른손

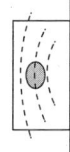

연필 (뭔가의 안쪽에 있는 이미지) 오른손
연필을 오른손안에 넣으면
연필은 안쪽에 있고 그 바깥 경계면은 오른손이 됩니다.
inside는 **뭔가의 안쪽에 있는 이미지**입니다.

나는 호주머니 **안쪽에** 지갑을 보관한다   I keep my wallet (   ) my pocket.

0042 **except** [iksépt]   양손 **except** 연필

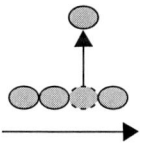

양손 (뭔가를 제외하는 이미지) 연필
연필을 아래에 내려 놓고 양손을 앞으로 움직여 보세요
연필은 제외되고 양손이 앞으로 나갑니다.
except는 **뭔가를 제외하는 이미지** 입니다.

나는 일요일을 **제외하고** 일찍 일어난다   I get up early/ (   ) Sunday.

0043 **without** [wiðáut]   오른손 **without** 연필

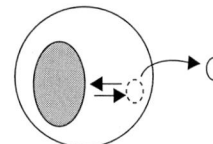

오른손 (뭔가가 없는 이미지) 연필
오른손안에 있던 연필을 왼손으로 빼 보세요
어라? 연필이 어디로 갔지?
오른손과 함께 있던 연필이 사라졌습니다.
without은 **뭔가가 없는 이미지** 입니다.

나는 아침에 운동이 **없으면** 기분이 찜찜하다   I feel unwell/ (   ) exercising/ in the morning.

전치사 스토리

목표 한글 -> 영어 순서로, 각 영어문장 목표시간내 암기 + 누적암기/

전체 1분 15초 안에 암기할 것

방법 ① 영어문장을 메아리처럼 따라 읽기 6~8번 이상

② 〈한글문장〉을 순서대로, 목표시간안에 암기한다

③ 한글 〈단어〉를 〈영어 순서〉데로 암기한다

   (이때 동작의 흐름을 머리속에 그려봄, 시간은 상관없음)

④ 〈영어 문장〉을 목표시간안에 암기한다.

01 자명종이 내 옆에서 울린다
자명종이 울린다 / **(뭔가의 옆에서 영향을 받는 이미지)** 나
An alarm clock rings / **by(beside)** me

02 시간은 정각 6시다
상황은 존재한다 / **(뭔가를 콕 찝는 이미지)** 6
It's / **at** 6

03 나는 침대에서 빠져나온다
나는 움직인다 / **(뭔가를 완전히 빠져 나오는 이미지)** 나의 침대
I get / **out of** my bed.

04 나는 침대에서 욕실로 간다
나는 간다 / **(뭔가를 출발하는 이미지)** 나의 침대 **(뭔가로 나아가 도착하는 이미지)** 그 욕실
I go / **from** my bed **to** the bathroom

05 나는 욕실안으로 들어간다
나는 간다 / **(뭔가의 안으로 들어가는 이미지)** 그 욕실
I go / **into** the bathroom.

06 나는 욕실 안에 있다
나는 존재한다 / **(뭔가의 안에 있는 이미지)** 그 욕실
I am / **in** the bathroom.

07 거울이 벽위에 있다
거기에 존재한다 / 하나의 거울 **(뭔가에 붙어있는 이미지)** 그 벽
There is / a mirror **on** the wall.

08 나는 수건으로 얼굴의 물을 닦는다
나는 닦는다 / 그 물 **(뭔가와 완전히 떨어지는 이미지)** 내 얼굴 **(뭔가와 함께 있는 이미지)** 수건
I wipe / the water **off** my face **with** a towel.

(목표시간 15초)

09 나는 개와 함께 집바깥으로 나간다
나는 간다 / (뭔가의 바깥쪽에 있는 이미지) 그 집 (뭔가와 함께 있는 이미지)나의 개
I go / outside the house with my dog.

10 태양이 산위에서 빛난다
태양이 빛난다 / (뭔가의 위쪽에 떨어져 있는 이미지) 그 산
The sun shines / above the mountain.

11 계곡이 산아래에 있다
거기에 존재한다 / 하나의 계곡 (뭔가의 아래쪽에 떨어져 있는 이미지) 그 산
There is / a valley below the mountain.

12 시냇물이 계곡 사이로 흐른다
그 시냇물은 빠르게 움직인다 / (2개의 어떤 것들 사이에 있는 이미지) 그 계곡들
The stream runs / between the valleys

13 물고기들이 시냇물 아래에서 헤엄친다
물고기들이 헤엄친다 / (뭔가에 아래에 덮혀 있는 이미지) 그 시냇물
Fishes swim / under the stream.

14 다리가 계곡 위에 있다
거기에 존재한다 / 하나의 다리 (뭔가를 위를 완전히 덮는 이미지) 그 계곡들
There is / a bridge over the valleys

15 나와 나의 강아지가 다리를 가로지른다
나의 강아지와 나는 간다 / (뭔가를 일직선으로 가로지르는 이미지) 그 다리
My dog and I go / across the bridge.

16 나의 강아지가 내 앞에 간다
나의 강아지가 간다 / (뭔가보다 앞서 나가는 이미지) 나
My dog goes / ahead of me.

17 나는 강아지를 뒤따라 간다
나는 간다 / (뭔가의 뒤를 따라 가는 이미지) 나의 강아지
I go / along my dog.

(목표시간 20초)

18 언덕이 내 앞에 있다
거기에 존재한다 / 하나의 언덕 (뭔가보다 위치나 순서가 앞서는 이미지) 나
There is / a hill before me.

19 나는 언덕을 오른다
나는 간다 / (뭔가의 위로 움직이는 이미지) 그 언덕
I go / up the hill

20 나는 언덕의 정상에 선다
나는 선다 / (뭔가를 콕 찝는 이미지) 그 정상 / (뭔가와 관련되는 이미지) 그 언덕
I stand / at the top of the hill.

21 나는 강 저멀리에 있는 63빌딩을 본다
나는 본다 / 63 빌딩 (뭔가를 뛰어넘고 멀리 떨어져 있는 이미지) 그 강
I see / the 63 building beyond the river.

22 63빌딩이 많은 빌딩사이에서 우뚝 솟아 있다
63빌딩이 쭉 나간다 / (위로) (3개 이상의 어떤 것들 가운데에 있는 이미지) 빌딩들
The 63 building shoots / up among buildings.

23 나는 언덕아래로 내려간다
나는 간다 (뭔가의 아래로 움직이는 이미지) 그 언덕
I go / down the hill.

24 언덕이 내 뒤에 있다
그 언덕이 존재한다 / (뭔가보다 위치나 순서가 뒤에 있는 이미지) 나
The hill is / after me.

25 나는 숲으로 향한다
나는 간다 / (뭔가를 향하거나 서로 교환되는 이미지) 그 숲
I go / for the forest.

(목표시간 20초)

26 나는 발아래에서 부드러운 잔디를 느낀다
나는 느낀다 / 그 부드러운 잔디 (뭔가의 바로 아래에 있는 이미지) 나의 발들
I feel / the soft grass beneath my feet.

27 호랑이가 나타난다
하나의 호랑이 -〉 나타난다
A tiger appears.

28 나는 호랑이와 싸운다
나는 싸운다 (뭔가 반대편에서 맞서는 이미지) 그 호랑이
I fight / against the tiger.

29 나는 달려서 도망친다
나는 달린다 (뭔가에서 점점 멀어지는 이미지)
I run / away.

30 나는 나무 뒤에 숨는다
나는 숨는다 / (뭔가의 뒤에 있는 이미지) 하나의 나무
I hide / behind a tree.

31 나무는 내 앞에 있다
그 나무는 존재한다 / (뭔가의 앞쪽에 있는 이미지) 나
The tree is / in front of me.

32 나는 달려서 빠르게 숲속을 통과한다.
나는 달린다 / 빨리 (뭔가를 뚫고 나아가는 이미지) 그 숲
I run / fast through the forest.

(목표시간 10초)

33 나는 길모퉁이를 돈다.
나는 간다 / (뭔가의 주위를 빙 둘러싸는 이미지) 길 모퉁이
I go / around the street corner.

34 나는 집에 돌아온다.
나는 온다 (뭔가의 뒤나 반대방향으로 향하는 이미지) / 집
I come back / home.

35 나는 한잔의 물을 마신다.
나는 마신다 / 한 잔 (뭔가와 관련되는 이미지) 물
I drink / a glass of water.

36 나는 엄마에게 하이킹에 대해서 이야기한다
나는 말한다 / 나의 엄마 (뭔가의 주변에 있는 이미지) 그 하이킹
I tell / my mother about the hiking.

37 나는 일요일을 제외하고 일찍 일어난다
나는 일어난다 / 일찍 / 매일 (뭔가를 제외하는 이미지) 일요일
I get up / early every day except Sunday

38 나는 아침에 운동이 없으면 기분이 찌뿌둥하다
나는 느낀다 / 불편한 상태 (뭔가가 없는 이미지) 운동하는 것 (뭔가의 안에 있는 이미지) 아침
I feel / unwell without exercising in the morning

(목표시간 10초)

동 사(verb)

6일 0044~93

0044 abuse
[əbjúːz]

범위를 벗어나 사용하는 이미지

그의 권력을 **남용하다** (　　　　) his power
약물을 **남용하다** **abuse** drugs

0045 accept
[æksépt]

제공된 것을 받아들이는 이미지

제의를 **받아들이다** (　　　　) the offer
충고를 **받아들이다** **accept** the advice
동아리에서 **받아주다** be **accepted** into the club

0046 act
[ækt]

행동하는 이미지

빠르게 **행동하다** (　　　　) fast
나는 아무것도 모르는 척 **행동하다** **act** I don't know anything
남자답게 **행동하다** **act** like a man

0047 add
[æd]

더하는 이미지

뜨거운 물을 약간 **첨가하다** (　　　　) some hot water
5와 4를 **더하다** **add** 5 and 4
편지에 추신을 **추가하다** **add** P.S on a letter

0048 admire
[ædmáiər]

뭔가에 대하여 감탄하며 우러러 보는 이미지

나의 부모님을 **존경하다** (　　　　) my parents
한복의 아름다움에 **감탄하다** **admire** the beauty of Hanbok
그녀의 기술에 **감탄하다** **admire** the skill of her

0049 **affect**
[əfékt]

뭔가에 영향을 주는 이미지

날씨는 기분에 **영향을 미친다**   The weather **(** 　　**)s** our mood
전 세계에 **영향을 끼치다**   **affect** the entire world
그들은 그 뉴스에 깊게 **영향을 받았다**
　　　　　　　They were deeply **affected** by the news

0050 **agree**
[əgríː]

동의하는 이미지

그의 계획에 **동의하다**   **(** 　　**)** to his plan
나는 너에게 **동의한다**   I **agree** with you

0051 **allow**
[əláu]

막았던 것을 풀어주는 이미지

그가 노는 것을 **허락하다**   **(** 　　**)** him to play
휴식을 위해 한시간을 **허락하다**   **allow** an hour for rest
기자는 여기에 있는 것이 **허락된다**   The reporter is **allowed** to be here

0052 **amuse**
[əmjúːz]

뭔가를 즐겁게 하는 이미지

농담으로 학생들을 **즐겁게 하다**   **(** 　　**)** students with jokes
몇 시간 동안 나혼자 **놀다**   **amuse** myself for a few hours

0053 **answer**
[ǽnsər]

뭔가에 필요한 반응을 보이는 이미지

질문에 **답하다**   **(** 　　**)** the question
전화를 **받다**   **answer** the phone

33

0054 **appear**
[əpíər]

어딘가에 나타나거나 보이는 이미지

20대 **인 듯하다** ( ) in 20's
갑자기 **나타나다** **appear** suddenly
영화에 **나오다** **appear** in the movie

0055 **applaud**
[əplɔ́ːd]

뭔가에 박수치며 환호하는 이미지

그들은 일어서서 연사에게 **박수를 쳤다**
　　　　　　　　　　They rose to ( ) the speaker
우리는 그녀의 결정에 **갈채를 보냈다** We **applaud** her decision

0056 **apply**
[əplái]

뭔가에 맞대고 짝 붙이는 이미지

아르바이트에 **지원하다** ( ) for a part-time job
얼굴에 썬크림을 **바르다** **apply** sunscreen on the face
이 규칙은 모두에게 **적용된다** This rule **is applied** to everyone
문제를 푸는 것에 **전념하다** **apply** one's mind to solving a problem

0057 **argue**
[áːrgjuː]

서로 강하게 논쟁하는 이미지

돈문제로 **말다툼하다** ( ) about money
그 문제에 대해 그와 **논쟁하다** **argue** with him about the matter

0058 **arrest**
[ərést]

강하게 멈추게 하는 이미지

그를 살인 혐의로 **체포하다** ( ) him for murder
그녀의 아름다움은 그의 시선을 **사로잡는다**
　　　　　　　　　　Her beauty **arrests** his eyes
회사의 몰락을 **막다** **arrest** the company's decline

0059 arrive
[əráiv]

목적하는 곳에 도착하는 이미지

역에 **도착하다** ( ) at the station
책이 **배달되었다** The book **arrived**
드디어 우리의 결혼식날이 **되었다** Our wedding day finally **arrived**

0060 ask
[əgrí:]

물어보는 이미지

질문하다 ( ) a question
그녀에게 사귀자고 **요청하다** **ask** her to be my girl friend
생일파티에 그를 **초청하다** **ask** him to the birthday party

0061 astonish
[əstániʃ]

뭔가를 깜짝 놀라게 하는 이미지

그 소식은 그녀를 **깜짝 놀라게 했다** The news ( )ed her
세계를 **깜짝 놀라게 하다** **astonish** the whole world

0062 attach
[ətǽtʃ]

뭔가에 붙이는 이미지

편지에 우표를 **붙이다** ( ) a stamp on a letter
내 셔츠에 이름표를 **붙이다** **attach** a name tag to my shirt
이번 연구에 큰 중요성을 **두다** **attach** great importance to this study
그녀가 그에게 **들러붙다** **attach** herself to him

0063 attack
[ətǽk]

뭔가를 공격하는 이미지

사람을 **공격하다** ( ) people
그 선수를 심하게 **공격하다** **attack** the player badly

35

0064 **attend**
[əténd]

뭔가에 몸이나 마음을 보내어 보살피는 이미지

결혼식에 **참석하다** ( ) the wedding
버스를 타고 학교에 **다니다** **attend** the school by bus
아픈 소년을 **돌보다** **attend** to an ill boy

0065 **attract**
[ətrǽkt]

뭔가를 끌어당기는 이미지

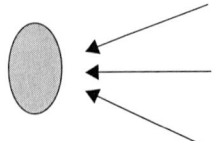

그 노래가 나를 **끌어당겼다** The song ( )ed me
수많은 방문객을 **끌어들이다** **attract** a number of visitors
그녀의 관심을 **끌다** **attract** her attention

0066 **avoid**
[əvɔ́id]

어떤 상황을 벗어나는 이미지

고통을 **피하다** ( ) the pain
나를 만나는 것을 **피하다** **avoid** meeting me

0067 **bake**
[béik]

열을 가해 어떤 상태가 되게 하는 이미지

빵을 **굽다** ( ) bread
열을 가해 땅을 딱딱하게 **굳게 하다** **bake** the ground hard

0068 **ban**
[bæn] banned -banned

금지시키는 이미지

흡연을 **금지하다** ( ) smoking
그가 운전하는 것을 **금지하다** **ban** him from driving a car

| 0069 | **bark** | 크고 거칠게 소리내는 이미지 |

[bɑːrk]

낯선 사람에게 **짖다** ( ) at a stranger
명령을 **빽 내지르다** **bark out** an order

| 0070 | **bat** | (배트로)치는 이미지 |

[bæt]

공을 **치다** ( ) a ball

| 0071 | **be**(am,are,is) | 어떤 상태로 존재하는 이미지 |

[ǽm] [ɑ́ːr] [iz]

나는 존재한다 학생으로.-> 나는 학생**이다**. I ( ) a student.
너는 존재한다,배고픈 상태로 -> 너는 배고프**다**. You **are** hungry.
그는 존재한다, 나의 친구로-> 그는 내 친구**다**. He **is** my friend.

| 0072 | **bear** | 떠받치는 이미지 |

[béər] bore -born/borne

고통을 **견디다** ( ) the pain
교육비를 **감당하다** **bear** the cost of education
좋은 사과를 **맺다** **bear** fine apples
4명의 아이를 **낳다** **bear** 4 children

| 0073 | **beat** | 강하고 짧게 치는 이미지 |

[bíːt]

적을 **물리치다** ( ) the enemy
북을 **치다** **beat** a drum
그것이 나를 **혼란하게 한다** 왜 그가 그것을 했는지
 It **beats** me why he did

37

0074 **become**
[bikʌ́m] became -become

어떤 상태에 도달하는 이미지

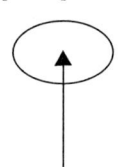

튼튼해 **지다** ( ) strong
의사가 **되다** **become** a doctor
그 안경이 너에게 **잘 어울리다** The glasses **becomes** you

0075 **beg**
[bég]

간청/구걸하는 이미지

그녀에게 돌아오라고 **간청하다** ( ) her to come back
음식을 **구걸하다** **beg** for food
당신의 용서를 **빌다** **beg** your pardon

0076 **begin**
[bigín] began-begun

어떤 것이 시작되는 이미지

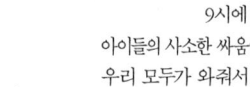

9시에 **시작하다** ( ) at 9
아이들의 사소한 싸움에서 **시작되다** **begin** as a small fight of children
우리 모두가 와줘서 고맙다고 말을 **시작하다**
begin by thanking us all for coming

0077 **believe**
[bilíːv]

어떤 것을 사실이라고 믿는 이미지

지구가 평평하다고 **믿다** ( ) that the earth is flat
그 개가 미쳤을 거라 **생각하다** **believe** that the dog may be crazy
신의 존재를 **믿다** **believe** in god

0078 **block**
[blák]

진행되지 못하게 막는 이미지

길을 **막다** ( ) the road
나무들이 창문 밖 풍경을 **막는다** Trees **block** the view from the window
슛을 **막다** **block** the shot

38

0079 blow
[blóu] blew -blown

강하게 공기를 날려보내는 이미지

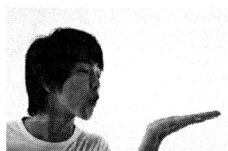

풍선을 **불다** ( ) up a balloon
바람이 세게 **불고 있다** It is **blowing** hard
폭탄으로 벽을 **날려 버리다** **blow** the wall with a bump

0080 boil
[bɔ́il]

열을 가해 부글부글 끓게 하는 이미지

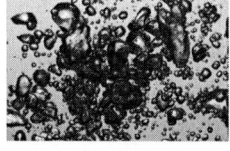

물은 일정온도에서 **끓는다**
Water ( )s at a certain temperature
물을 **끓이다** **boil** the water
그녀는 화가나 마음속이 **끓고 있다** She is **boiling** with anger.

0081 bow
[báu]

구부러지는 이미지

새해에 부모님께 **절을 하다**
( ) to the parents on New Year's day
부끄러워 그녀의 고개를 **숙이다** **bow** her head in shame
바람에 **휘어지다** **bow** in the wind

0082 break
[bréik] broke - broken

뭔가를 파괴, 중단하는 이미지

접시를 **깨다** ( ) a dish
내 핸드폰이 **고장났어** My mobile phone has **broken**
제한 속도를 **어기다** **break** the speed limit
10분만 **쉬자** Let's **break** for 10 minutues

0083 breathe
[bríːð]

공기 등을 내뿜고 들이키는 이미지

깨끗한 공기를 **호흡하다** ( ) clean air
어떤것에 새 기운을 **불어 넣다** **breathe** new life into something

39

0084 **bring**
[bríŋ] brought - brought

기준점으로 뭔가를 가져오는 이미지

학교에 책을 **갖고 가다**	( ) books to the school
엄청난 변화를 **초래하다**	**bring** a big change
열을 내리게 **하다**	**bring** the fever down

0085 **build**
[bíld] built - built

각각의 부분들을 모아 뭔가를 쌓아올리는 이미지

모래성을 **쌓다**	( ) a sand castle
보다 나은 삶을 **만들다**	**build** a better life
흥분이 점점 **증가했다**	The excitement **built** gradually

0086 **bump**
[bámp]

쿵 소리/ 쿵 부딪히는 이미지

가로수에 **부딪히다**	( ) against the street trees
덜컹거리며 길을 달리다	**bump** along the road
팀에서 **쫓겨나다**	be **bumped** from the team

0087 **burn**
[bə́ːrn]

(불 연료, 욕망등이) 타오르는 이미지

도시전역이 **불타오르고 있었다**	Fires were ( )ing all over the city
다른 사람보다 에너지를 더 빨리 **태우다**	**burn** the energy faster than others
그녀의 뺨은 부끄러워서 **화끈 거렸다**	Her cheek **burned** with shyness.

0088 **buy**
[bái] bought - bought

대가를 주고 뭔가를 획득하는 이미지

| 엄마가 나에게 청바지를 **사주셨다** | My mom ( ) jeans for me |
| 집을 지으려고 땅을 **사다** | **buy** land to build a house |

0089 call
[kɔ́:l]

소리내어 부르는 이미지

이름을 **부르다** ( ) the name
토마토를 채소라고 **여기다** **call** a tomato vegetable
경찰에 **전화하다** **call** the police
그녀를 보려고 **들르다** **call** to see her

0090 care
[kéər]

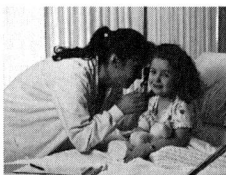

마음을 쓰는 이미지

그를 다시 못 봐도 난 **신경쓰**이지 않아
I don't ( ) if I never see him again
다른 사람들을 **신경 쓰다** **care** about others

0091 carry
[kǽri] carried - carried

뭔가를 갖고 함께 이동하는 이미지

많은 돈을 **갖고 다니다** ( ) much money
병을 **옮기다** **carry** disease
무거운 물건을 **운반하다** **carry** heavy things
회사 전체를 **책임지다** **carry** the whole company
청중의 마음을 **움직이다** **carry** the audience

0092 catch
[kǽtʃ] caught - caught

쫓아가서 잡는 이미지

입으로 공을 **잡다** ( ) the ball in its mouth
그녀가 화장실에서 담배피는 것을 **발견하다**
catch her smoking in the bathroom
버스를 **잡아 타다** **catch** the bus
네가 말하는 것을 **이해하다** **catch** what you say

0093 celebrate
[séləbrèit]

함께 즐거운 뭔가를 하면서 축하, 기념하는 이미지

내 친구의 생일을 **축하하다**
( ) my friend's birthday

7일 0094 change
94~143 [tʃéindʒ]

부분 또는 전체를 완전히 바꾸는 이미지

사람들이 일하는 방식을 **변화시키다**
( ) the way people work
나뭇잎들이 가을엔 그 색을 **변화시킨다** Leaves **change** colour in fall
옷을 **갈아입다** **change** clothes
왕자를 개구리로 **변하게 하다** **change** a prince into a frog

0095 chat
[tʃǽt]

서로 가볍게 대화하는 이미지

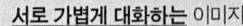

친구와 **잡담하다** ( ) with friends
인터넷에서 **채팅하다** **chat** on the internet

0096 check
[tʃék]

진행되던 것을 멈추게 하고, 확인, 점검하는 이미지

답안지를 **점검하다** ( ) the answer sheet
눈물을 **참다** **check** tears
귀중품을 카운터에 **맡기다** **check** one's valuables at the counter

0097 chew
[tʃúː]

잘근잘근 씹는 이미지

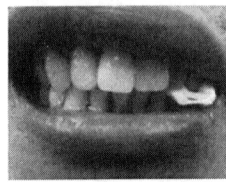

고기를 **씹다** ( ) meat
문제를 **곰곰이 생각하다** **chew** the matter over

0098 choose
[tʃúːz] chose - chosen

가능한 것들 중에서 자기가 원하는 것을 고르는 이미지

둘 사이에 **선택하다** ( ) between the two
결혼하지 않기로 **결심하다** **choose** not to marry

0099 clap
[klǽp]

손바닥을 뭔가에 부딪치는 이미지

박수 치다 ( ) one's hands
그녀의 입위에 손을 **갖다 대다**　**clap** a hand over her mouth

0100 climb
[kláim]

기어오르는 이미지

산에 **오르다** ( ) a mountain
금가격이 **오르고 있다**　The price of gold has been **climbing**
4위에 **올라서다**　**climb** to fourth place

0101 close
[klóuz]

열려있는 것을 닫거나 / 진행되던 것을 끝내는 이미지

문을 **닫다** ( ) the door
책을 **덮다**　**close** a book
그 가게는 어제 문을 **닫았다**　The store **closed** yesterday.
수업은 오후 4시에 **끝난다**　The class **closes** at 4 o'clock p.m

0102 collect
[kəlékt]

어떤 목적에 맞는 것만을 선택적으로 모으는 이미지

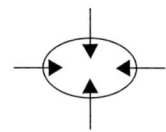

자료를 **모으다** ( ) data
우표를 **모으다**　**collect** stamps
정신을 **모으다**　**collect** oneself
어려운 이웃을 위해 **모금하다**　**collect** for the neighbors in need

0103 come
[kʌ́m]　came - come

기준점으로 움직이는 이미지

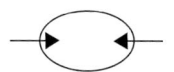

부엌에 **가다** ( ) to the kitchen.
안좋은 성적이 **나오다**　**come** into a bad test grades
경상도 **출신이다**　**come** from Kyongsangdo
꿈들이 실현**되다**　Dreams **come** true

43

0104 **communicate**
[kəmjú:nəkèit]

서로 생각이나 정보등을 교류하는 이미지

이메일로 **연락하다**	( ) by e-mail
영어로 **의사소통하다**	**communicate** in English
공기를 통해 **전염되다**	be **communicated** through the air

0105 **compare**
[kəmpéər]

서로 동등한 상태에 두고 비교, 비유하는 이미지

엄마친구 아들과 나를 **비교하다**
( ) me with the son of mother's friend
가격을 **비교하다** **compare** prices
여자를 꽃에 **비유하다** **compare** a woman to a flower

0106 **complain**
[kəmpléin]

강하게 불평하는 이미지

시험문제가 잘못되었다고 **불평하다**
( ) that the test question was wrong
음식에 **불평하다** **complain** about the food

0107 **complete**
[kəmplí:t]

뭔가를 완전히 끝내는 이미지

작업을 **끝내다**	( ) the work
설문지를 **빠짐없이 기입하다**	**complete** the survey
그림을 **완성하다**	**complete** the painting

0108 **connect**
[kənékt]

서로 연결시키는 이미지

그 길들은 2마을을 **연결한다** The roads ( ) two towns
MP3에 이어폰을 **연결하다** **connect** the earphone to MP3
환경문제와 **관련되다**
   be **connected** with environment problem
그 마을버스들은 지하철과 **연결된다**
   The shuttle buses **connect** with the subway

0109 cook
[kúk]

뭔가를 요리하는 이미지

불을 피우고 뭔가 **요리하자**   Let's make a fire and ( ) something
스파게티를 **요리하다**   **cook** spaghetti
뭔가 **작당하다**   **cook** something

0110 copy
[kápi] copied - copied

본래의 것과 똑같은 것을 만드는 이미지

공책에 **베끼다**   ( ) into a notebook
파일을 **복사하다**   **copy** a file
큰 형이 하는 모든 것을 **따라하다**   **copy** everything big brother does

0111 count
[káunt]

세면서 계산하는 이미지

10까지 **세다**   ( ) to 10
돈을 **세다**   **count** money
나는 그를 나의 가장 가까운 친구로 **여긴다**
   I **count** him among my closest friends

0112 cover
[kávər]

뭔가를 덮는 이미지

아이에게 담요를 **덮어 주다**   ( ) the child with a blanket
얼굴을 **가리다**   **cover** the face
많은 것을 **다루다**   **cover** a lot of things
용돈을 **충당하다**   **cover** pocket money

0113 create
[kriéit]

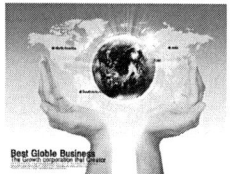

지금까지 없었던 새로운 것을 만들어내는 이미지

6일만에 세상을 **창조하다**   ( ) the world in 6 days
따뜻한 느낌을 **불러일으키다**   **create** a feeling of warmth
3명의 노벨상 수상자를 **배출하다**   **create** 3 Nobel prize winners

0114 **cross**
[krɔ́ːs]

십자가처럼 서로 교차하거나 가로지르는 이미지

길을 **건너다**	( ) the road
다리를 **꼬다**	**cross** the legs
사랑에 **배신당하다**	be **crossed** in love

0115 **cry**
[krái]

크게 소리내며 우는 이미지

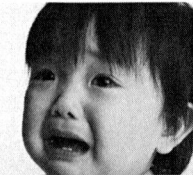

엄마를 찾으며 **울다**	( ) for the mother
도와달라고 **울면서 외치다**	**cry** for help
기뻐서 **울다**	**cry** with joy

0116 **cut**
[kʌ́t]   cut-cut

자르거나 잘라내는 이미지

유리조각에 손가락을 **베다**	( ) the finger on a piece of glass
차가 **잘라져** 2조각이 되다	be **cut** the car in 2
친구들에게 생일 케이크를 각각 **잘라주다**	**cut** my friends a piece of birthday cake
이 칼은 잘 **잘라지지** 않는다	This knife doesn't **cut** well

0117 **dance**
[dǽns]

리듬에 맞춰 경쾌하게 움직이는 이미지

음악에 맞춰 **춤추다**	( ) to the music
탱고를 **추다**	**dance** the tango
파도가 **춤추듯이 움직였다**	The wave **danced**

0118 **decide**
[disáid]

깊이 생각하고 결정하는 이미지

무엇을 입을지 **결정하다**	( ) what to wear
당신에게 불리하게 **판결하다**	**decide** against you
열심히 공부하기로 **결심하다**	**decide** to study hard

0119 **deliver**
[dilívər]

떨어트려 풀어놓는 이미지

24시간이내에 **배달하다** ( ) in 24 hours
연설하다 **deliver** a speech
더 나은 성적을 **산출하다** **deliver** the better test grades
일격을 **가하다** **deliver** a blow

0120 **describe**
[diskráib]

구체적으로 표현하는 이미지

사람을 **묘사하다** ( ) a person
말로는 그녀의 아름다움을 **표현할** 수 없다
Words cannot **describe** her beauty

0121 **die**
[dái]

죽거나 움직임이 없는 이미지

젊어서 **죽다** ( ) young
굶주림으로 **죽다** **die** of hunger
그녀가 차를 몰고 가는중 갑자기 차가 **멈췄다**
Her car suddenly **died** on her.

0122 **dip**
[díp] dipped-dipped

아래로 살짝 담그는 이미지

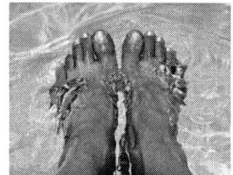

야채들을 끓는 물에 **살짝 데치다**
( ) vegetables into the boiling water.
나의 발을 시원한 물에 **담그다** **dip** my feet in the cool water
태양이 바다 아래로 **졌다** The sun **dipped** below the sea

0123 **discount**
[dískaunt]

보통보다 낮게 계산하거나 생각하는 이미지

10%까지 **할인하다** ( ) by up to 10 percent
가능성을 **낮게 평가하다** **discount** the chance

0124 **discover**
[diskÁvər]

감춰있던 뭔가를 발견하는 이미지

아메리카를 **발견하다** (　　　) America
죽은채로 **발견되다** be **discovered** dead
이 게임이 재밌다는 것을 **알게 되다**
　　　　　　　　discover that this game is funny

0125 **discuss**
[diskÁs]

뭔가에 대하여 세세하게 논의/검토하는 이미지

문제를 **논의하다** (　　　) the problem
주제를 **논하다** **discuss** the topic
무엇을 할지 **상의하다** **discuss** what to do

0126 **do**
[dúː] did - done

일반적으로 기대되는 뭔가를 하는 이미지

설거지 **하다** (　　　) the dishes
큰 손실을 **끼치다** **do** great damage
사업이 잘 **진행된다** The business **does** well
이 방은 3명이 잠자기에 **충분하다**
　　　　　　　This room **does** for 3 persons to sleep

0127 **draw**
[drɔ́ː] drew - drawn

뭔가를 잡고 어떤 쪽으로 함께 움직이는 이미지

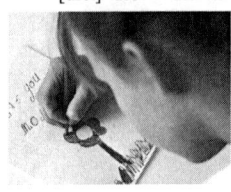

그림을 **그리다** (　　　) a picture
내 의자를 책상에 더 가까이 **당기다** **draw** my chair up closer to the desk
많은 사람들을 TV앞으로 **이끌다** **draw** many people in front of TV
우물에서 물을 **퍼올리다** **draw** water from the well

0128 **dress**
[drés]

바깥 표면 위에 뭔가를 입거나 입히는 이미지

검은색으로 **옷을 입다** (　　　) in black
베인 상처를 **치료하다** **dress** the cut
샐러드에 **양념을 치다** **dress** a salad

0129 drink
[dríŋk] drank - drunk

액체를 입안에 넣고 삼키는 이미지

충분한 물을 **마시다** ( ) plenty of water
술을 마시고 운전하지 마세요 Don't **drink** and drive

0130 drive
[dráiv] drove - driven

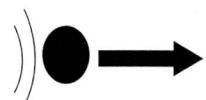

뭔가에 힘을 가해 움직이게 하는 이미지

버스를 **운전하다** ( ) a bus
그녀를 집까지 **태워다주다** **drive** her home
그 게임들은 나를 미치**게 한다** The games **drive** me crazy
벽에 못을 박아 **넣다** **drive** a nail into the wall

0131 drop
[dráp] dropped-dropped

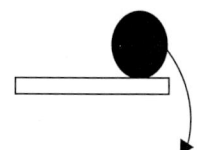

아래로 떨어트리는 이미지

접시를 **떨어트리다** ( ) a dish
기온이 갑자기 **떨어졌다** The temperature **dropped** suddenly
그녀의 예전 친구들과 관계를 **끊다** **drop** her old friends
나쁜 습관들을 **버리다** **drop** bad habits

0132 earn
[ə́:rn]

노력해서 뭔가를 얻는 이미지

가족을 위해 돈을 **벌다** ( ) money for family
그 팀에서 위치를 **확보하다** **earn** a place on the team
그의 학생들의 존경을 **받다** **earn** the respect of his students

0133 eat
[í:t] ate - eaten

씹어서 먹는 이미지

고기를 **먹다** ( ) meat
시내의 레스토랑에서 **식사하다** **eat** at a restaurant in town

0134 **encourage** 용기있게 만드는 이미지
[inkə́:ridʒ]

다시 해보라고 그를 **격려하다** (　　) him to try again
사람들이 대중교통을 이용하라고 **권장하다**
　　　　　　　encourage people to use public transport
어린 아이들에게 폭력적인 행동들을 **부추기다**
　　　　　　　encourage violent actions in young children

0135 **end** 진행되던 것이 끝나는 이미지
[énd]

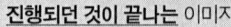

이 도로는 여기서 **끝난다** The road (　　)s here
마지막 수업은 4시에 **끝난다** The last class **ends** at 4 o'clock.
그들은 그 연극을 노래로 **끝냈다** They **ended** the play with a song

0136 **enjoy** 푹빠져 즐기는 이미지
[indʒɔ́i]

책 읽는 것을 **즐기다** (　　　) reading a book
건강을 **누리다** **enjoy** good health
너 자신을 **즐겨라** **Enjoy** yourself

0137 **enter** 뭔가의 안에 들어가는 이미지
[éntər]

중학교에 **들어가다** (　　　) middle school
들어오기 전에 노크를 하시오 Knock before you **enter**
전쟁에 **돌입하다** **enter** a war
시험에 **응시하다** **enter** for the exam
이름을 **기입하다** **enter** a name

0138 **examine** 세밀하게 살펴보는 이미지
[igzǽmin]

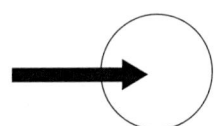

제안을 **검토하다** (　　　　) a proposal
아픈 아기를 **진찰하다** **examine** a ill baby

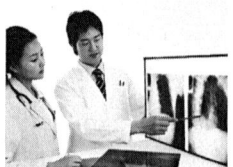

0139 **exchange**
[ikstʃéindʒ]

서로 바꾸는 이미지

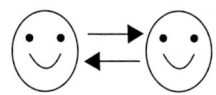

전화 번호를 서로 **교환하다**   ( ) telephone numbers each other.
인사를 **주고받다**   **exchange** greetings
이 옷을 다른 옷으로 **교환하다**   **exchange** this clothes for another

0140 **excite**
[iksáit]

감정, 관심등을 불러일으키는 이미지

그 게임은 우리를 **흥분시켰다**   The game ( ) us.
관심을 **불러일으키다**   **excite** the interest

0141 **excuse**
[ikskjú:z]

비판, 책임에서 벗어나게 하는 이미지

작은 실수들을 **용서하다**.   ( ) little mistakes
너의 시험을 **면제해** 주겠다.   We will **excuse** you from the test
그녀는 **양해를 구하고** 회의를 일찍 떠났다.
  She **excused** herself and left the meeting early

0142 **exercise**
[éksərsàiz]

몸이나 힘 등을 사용하는 이미지

매일 **운동하다**.   ( ) every day
소년들에게 달리기 **연습을 시키다**.   **exercise** boys in running
묵비권을 **사용하다**.   **exercise** the right to remain silent

0143 **exhibit**
[igzíbit]

바깥으로 내어 보이는 이미지

유명 그림들을 **전시하다**.   ( ) some famouse pictures
부끄러워하다.   **exhibit** shame

8일 0144 explain
144~193 [ikspléin]

누군가에게 분명하게 설명하는 이미지

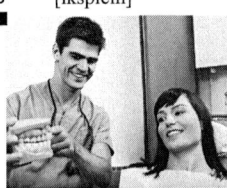

그에게 이유를 **설명하다**. ( ) the reason to him
왜 그 일을 했는지 **해명하다**. **explain** why I did the work
나의 입장을 **설명하다**. **explain** my position

0145 explode
[iksplóud]

밖으로 폭발하는 이미지

폭탄을 **폭파시키다**. ( ) a bomb
분노로 **폭발하다**. **explode** with anger
세계 인구가 **폭발적으로 증가했다**. World population **exploded.**

0146 express
[iksprés]

눌러서 뭔가를 바깥으로 나오게 하는 이미지

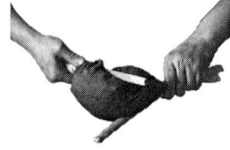

영어로 내 생각을 **표현하다**. ( ) myself in English
음악으로 그 자신의 감정을 **표현하다**. **express** himself in music
오렌지에서 즙을 **짜내다**. **express** the juice out of oranges

0147 fail
[féil]

필요나 기대를 달성하지 못하는 이미지

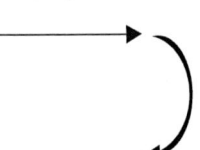

시험에 **실패하다**. ( ) in the exam
그의 건강이 **약해졌다**. His health **failed.**
물공급이 **끊어졌다**. Water supply **failed.**
그는 마지막 순간에 나를 **실망시켰다**. He **failed** me at the last minute
폭중에 전기가 **나갔다**. The electricity **failed** during the storm.

0148 fall
[fɔːl] fell - fallen

아래로 떨어지는 이미지

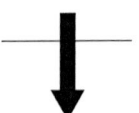

땅에 **떨어지다** ( ) to the ground
0도 아래로 **떨어지다** **fall** below zero
TV보다가 **잠들다** **fall** asleep watching TV
그녀와 사랑에 **빠지다** **fall** in love with her

0149 **feed**
[fi:d] fed - fed

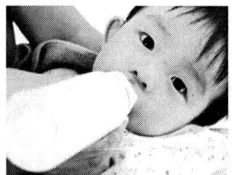

필요한 것을 채워주는 이미지

공원에서 새에게 **먹이를 주다** ( ) a bird in the park
가족을 **부양하다** **feed** a family
거짓 소문들이 인터넷으로 우리에게 **전달된다**
False rumors are **fed** to us by the internet

0150 **feel**
[fi:l] felt - felt

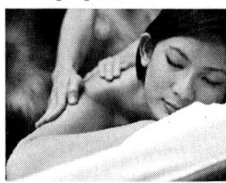

어떤 자극을 몸과 마음으로 느끼는 이미지

행복함을 **느끼다** ( ) happy
그녀는 어깨위에 누군가 손을 얹는 것을 **느꼈다**
She **felt** a hand on her shoulder
비가 올거 **같다** It **feels** like rain
그의 피부가 얼마나 부드러운지 **만져보다** **feel** how soft his skin is

0151 **fill**
[fil]

어떤 공간을 가득 채우는 이미지

공백을 **채우다** ( ) in the blanks
연기가 방을 가득 **채웠다** Smoke **filled** the room
질 높은 교육욕구를 **채우다** **fill** the need for high-quality education
그녀의 눈은 눈물로 **가득찼다** Her eyes **filled** with tears.

0152 **find**
[fáind] found - found

뭔가를 찾거나 발견하는 이미지

직업을 **구하다** ( ) a job
길에서 동전을 **발견하다** **find** a coin on the street
그가 그렇게 나쁜 사람이 아니라는 것을 **알다**
find that he is not so bad person
자연은 언제나 평평한 상태를 **찾으려고** 한다
Nature will always **find** its own level

0153 **finish**
[fíniʃ]

뭔가를 끝내는 이미지

내 숙제를 **끝내다** ( ) my homework
그 콘써트는 10시에 **끝났다** The concert **finished** at 10 p.m
고기를 다 **먹어치우다** **finish** all the meat

0154 **fit**
[fít] fitted - fitted

딱 맞춰 고정시키는 이미지

이 신발은 나에게 안 **맞는다**	This shoes doesn't ( ) me.
열쇠가 자물쇠에 안 **맞는다**	The key doesn't **fit** the lock.
천장에 연기 감지기를 **설치하다**	**fit** a smoke alarm to the ceiling
퍼즐 조각을 **맞추다**	**fit** the piece of the puzzle

0155 **fix**
[fíks]

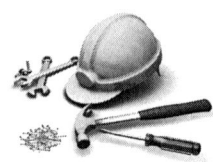

흐트러진 것을 고정시키는 이미지

컴퓨터를 **고치다**	( ) a computer
거울을 벽에 **고정시키다**	**fix** a mirror to a wall
결혼식의 날짜를 **정하다**	**fix** the date of a wedding
한 여자에게 그의 시선을 **고정시키다**	**fix** his eyes on a woman

0156 **float**
[flóut]

둥둥 떠다니며 움직이는 이미지

한 마리 백조가 물 위를 **떠가고 있다**.	A swan is ( )ing by
한 가지 생각이 내 마음속에 **떠올랐다**.	An idea **floated** into my mind
그 회사는 주식 시장에 **상장되었다**.	The company was **floated** on the stock market

0157 **fly**
[flái] flied - flied

하늘 등으로 날라가는 이미지

하늘로 **날다**	( ) to the sky
음속의 속도로 **비행하다**	**fly** at the speed of sound
깃발을 **휘날리다**	**fly** a flag

0158 **fold**
[fóuld]

뭔가를 포개는 이미지

종이의 반을 **접다**	( ) the paper in half
이불을 **개다**	**fold** a bed
손을 **깍지 끼다**	**fold** one's hands
아기를 담요로 **감싸다**	**fold** the baby in a blanket

0159 follow
[fálou]

뭔가의 뒤를 따르는 이미지

그 건물에 그를 **뒤따라 들어가다**　(　　　) him into the building.
만찬 뒤에 후식이 **뒤따른다**　Dessert **follows** the dinner.
그녀의 충고를 **따르다**　**follow** her advice
내 말 **이해되니?**　Do you **follow** me?
많은 사람들이 TV의 시합을 **지켜봤다**
　　　Many people **followed** the game on TV.

0160 forget
[fərgét]　forgot - forgotten

기억에서 사라지는 이미지

그의 얼굴은 알지만 이름을 **잊다**　know his face but (　　　) his name.
편지에 답장하는 것을 **잊다**　**forget** to answer the letter
내가 뭐라고 한 것은 **잊어버려**　**Forget** that I said anything.

0161 form
[fɔ́:rm]

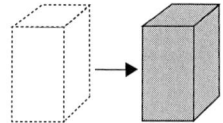

구체적인 어떤 형태가 이루어지는 이미지

먹구름이 하늘에 **형성되고 있다**　Dark clouds are (　　)ing in the sky
2명씩 그룹을 **이루다**　**form** groups of 2
내 머리속에서 하나의 계획이 **구체화 되었다**
　　　A plan **formed** in my head
밴드를 **결성하다**　**form** a band

0162 gather
[gǽðər]

흩어져 있는 것들을 한곳으로 모으는 이미지

많은 사람들이 광장에 **모였다**.　Many people ( )ed in the square.
정보를 **모으다**.　**gather** information.
그 경주용 차가 속도를 **냈다**.　The racing car **gathered** speed.
그는 마음을 **가다듬기** 위해 눈을 감았다.
　　　He closed his eyes to **gather** himself.

0163 get
[gét]　got - got

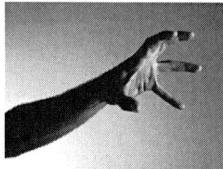

움직여 뭔가를 잡거나 어떤 상태가 되는 이미지

좋은 점수를 **받다**　(　　) a good score
친구를 위한 선물을 **마련하다**　**get** a present for my friend
손님을 위해 마실 것을 **가져오다**　**get** a drink for the guest
점심 식사 후 **졸리다**　**get** sleepy after lunch
그가 좋은 사람이라는 것을 알게 **되다**　**get** to know that he is a good person.
서울에 7시에 **도착하다**　**get** to Seoul at 7 o'clock.
버스를 **타다**　**get** a bus

0164 give
[gív] gave - given

뭔가를 주는 이미지

친구에게 생일 선물을 **주다**   ( ) a birthday present to my friend.
큰 박수를 쳐**주다**   **give** a big hand
내가 전화**줄게**   I'll **give** you a call
그녀에게 키스를 **주다**   **give** her a kiss

0165 go
[góu] went - gone

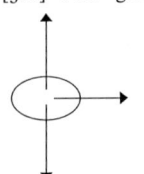

기준점을 떠나가는 이미지

떠날 시간이다.   It is time to ( ).
그 우유는 **상했다**.   The milk **went** bad
모든 일이 순조롭게 **진행된다**.   Everything **goes** smoothly.
할아버지가 어젯밤에 **돌아가셨다**.   My grandfather is **gone** last night
이 길은 그녀의 집으로 **연결된다**.   This road **goes** to her house

0166 greet
[grí:t]

뭔가에 다가가 맞이하는 이미지

그녀는 내게 미소 지으며 **맞이했다**   She ( )ed me with a smile
웃으며 죽음을 **맞이하다**   **greet** death with laugh

0167 grow
[gróu]

점점 커지거나 변화하는 이미지

점점 더 걱정이 많아**지다**   ( ) more and more worried
식물을 **키우다**   **grow** plants
머리를 **기르다**   **grow** the hair
하늘이 어두워**지더니** 비가 오기 시작했다
   The skies **grew** dark and it began to rain.

0168 guess
[gés]

추측으로 판단하는 이미지

그녀의 나이를 **추측하다**   ( ) her age
이유를 **짐작할** 수 있겠니?   Can you **guess** why ?

0169 **guide**
[gáid]

어떤 쪽으로 이끌면서 안내하는 이미지

여행객을 **안내하다** ( ) a tourist
선수들에게 훈련을 **지도하다** **guide** players in their trainings

0170 **hang**
[hǽŋ] hung - hung hanged - hanged

위에 고정시키고 아래로 늘어뜨리는 이미지

그림을 벽에 **걸다** ( ) a picture on the wall
부끄러워 고개를 **숙이다** **hang** a head in shame
살인죄로 그를 **교수형**에 **처하다** **hang** him for murder
그녀의 머리카락이 허리까지 **내려왔다**
Her hair **hung** down to her waist
그의 목숨이 이 결정에 **달려있다** His life **hangs** on this decision

0171 **happen**
[hǽpən]

어떤 일이나 사건이 발생하는 이미지

그녀에게 무슨 일이 **생겼니**? What ( )ed to her ?
아무 일이 **발생하지** 않은 것처럼 행동하다.
act as if nothing **happened**
우리가 방문했을때 그는 **마침** 외출중 **이었다**
He **happened** to be out when we called

0172 **hate**
[héit]

매우 싫어하는 이미지

나는 월요일 아침이 **정말 싫다**. I ( ) Monday mornings
그 부부는 서로를 **증오했다**. The couple **hated** each other
나는 담배피는 것을 **싫어한다**. I **hate** smoking

0173 **have/has**
[hǽv] [haz] had - had

뭔가를 가지고 있는 이미지

나는 많은 돈을 **갖고** 있지 않다 I don't ( ) much money
그 방에는 2개의 창문이 **있다** The room **has** 2 windows
그녀는 파란 눈을 **갖고 있다** She **has** blue eyes.
디저트로 케이크와 커피를 **먹다** **have** cake and coffee for dessert
그것은 그에게 **시키겠다** I will **have** him do it

0174 **hear**
[híər] heard - heard

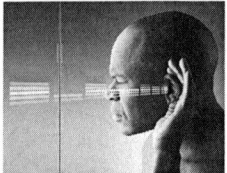

들려오는 소리를 듣는 이미지

알람이 울리는 소리를 **듣다**　(　　　) the alarm ringing
내가 하는 말을 못 **들었니?**　Didn't you **hear** what I said?
그에게서 그 소식을 **듣다**　**hear** the news from him

0175 **help**
[hélp]

적극적으로 돕는 이미지

그녀가 박스를 드는 것을 **돕다**　(　　　) her lift the box
문제 해결이 **도움이 되다**　**help** to solve the problem
샐러드를 더 **드세요**　**Help** yourself to some more salad

0176 **hide**
[háid] hid - hidden

뭔가를 숨기는 이미지

나무 뒤에 **숨다**　(　　　) behind the tree
그녀의 나이를 **숨기다**　**hide** her age
진실을 **감추다**　**hide** the truth

0177 **hit**
[hít] hit - hit

크게 때리는 이미지

자로 학생들의 손바닥을 **때리다**　(　　　) students' palms with a ruler
자동차가 다리를 **들이받았다**　A car **hit** the bridge
적을 **공격하다**　**hit** the enemy
한 가지 생각이 내게 **떠올랐다.**　An idea **hit** me.

0178 **hold**
[hóuld] held - held

뭔가를 계속 잡고 있는 이미지

그 연인들은 서로 꼭 **껴안고** 있었다.　The lovers (　　　) each other close
머리를 똑바로 **하다.**　**hold** the head straight
이 방에는 7명 **들어갈** 수 있다.　This room can **hold** 7 people.
나는 그가 친절하다고 **생각하고 있다.**　I **hold** that he is kind
회의를 **개최하다.**　**hold** a meeting
10분이상 숨을 **참다.**　**hold** one's breath over 10 minutes

0179 hug
[hʌ́g] hugged-hugged

껴안는 이미지

그녀가 그를 꽉 **껴안았다**. She **(   )ged** him tightly
아기를 **껴안고** 뺨에 뽀뽀하다 **hug** a baby and kiss its cheek
귀여운 강아지를 **껴안다** **hug** a cute puppy

0180 hunt
[hʌ́nt]

추적하여 잡는 이미지

사슴을 **사냥하다** **(   )** deer
새로운 직장을 힘들게 찾다 **hunt** for a new job

0181 hurt
[hə́:rt] hurt - hurt

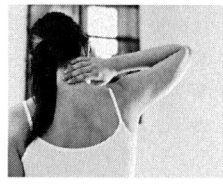

다치게 하거나 아픈 이미지

그의 손을 **다치다** **(   )** his hands
그녀의 감정을 **상하게 하다** **hurt** her feelings
등이 아직도 **아프다**. My back still **hurts**

0182 imagine
[imǽdʒin]

마음속에 떠올리며 상상하는 이미지

우주공간에 있다고 **상상하다** **(   )** (that) I am in the space
그가 적이라고 **생각하다** **imagine** him to be an enemy
그녀가 아기를 갖고 있다고 **상상하다** **imagine** that she has a baby

0183 interview
[íntərvjùː]

서로 얼굴을 보면서 대화하는 이미지

그 직업을 위해 5명을 **면접보다** **(   )** 5 people for the job
그 스캔들에 대해서 유명스타와 **인터뷰하다**
interview a famous star about the scandal

0184 **introduce**
[ìntrədjúːs]

어떤 쪽으로 뭔가를 이끄는 이미지

그녀에게 남자친구를 **소개하다** ( ) a boyfriend to her
먼저 저희 가족을 **소개하겠습니다** Let me first **introduce** my family
새로운 상품을 **내놓다** **introduce** a new product
법안을 **제출하다** **introduce** a bill

0185 **invent**
[invént]

의도적으로 뭔가를 만들어내는 이미지

새로운 방법을 **발명하다**. ( ) a new method
변명거리를 **만들다**. **invent** an excuse

0186 **invite**
[inváit]

안에 불러들이는 이미지

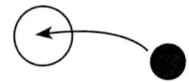

그녀를 나의 집에 **초대하다** ( ) her to my house
조언을 **구하다** **invite** an advice
골치 아픈 일을 **초래하다** **invite** trouble

0187 **jog**
[dʒág]

천천히 오랫동안 달리는 이미지

나는 매일 아침 **조깅하러** 간다 I go ( )ging every morning

0188 **join**
[dʒóin]

서로 맞닿아 연결되는 이미지

두 개를 하나로 **합치다** ( ) two things together
우리랑 점심 **함께 할래요?** Will you **join** us for lunch?
영어 수업을 **등록하다** **join** an English class

0189 jump
[dʒʌmp]

기뻐서 **점프하다** ( ) with joy
장벽을 **뛰어 넘다** **jump** the fence
의자에서 **벌떡 일어나다** **jump** up out of the chair
김치 가격이 지난 가을에 **폭등했다** The price of Kimchi **jumped** last fall
하나의 화제에서 다른 것으로 **급히 바꾸다** **jump** from one topic to another

0190 keep
[kíːp] kept - kept

어떤 장소나 상태에 계속 있는 이미지

젊음을 **유지하다** ( ) young
그를 **계속** 기다리게 **하다** **keep** him waiting
일기를 **쓰다** **keep** a diary
비밀을 **지키다** **keep** a secret
그의 가족을 **부양하다** **keep** his family

0191 kick
[kík]

발로 차는 이미지

운동장에서 공을 **차다** ( ) a ball on the playground
골을 **차 넣다** **kick** a goal

0192 kill
[kíl]

뭔가를 죽이는 이미지

군인들이 많은 시민들을 **죽였다** Soldiers ( )ed many citizens
게임을 하면서 시간을 **죽이다** **kill** time playing a game
tv가 가족간의 대화를 **망친다** TV **kills** talk between the family
그 재미있는 얘기가 나를 **엄청 웃겼다** The funny story **killed** me.

0193 knock
[nák]

뭔가를 두드리는 이미지

문을 2번 **두드리다** ( ) on the door 2 times
그를 **쳐서** 뻗게 만들다 **knock** him flat
벽에 못을 **두드려 박다** **knock** a nail into the wall

9일 194~243

0194 know
[nóu] knew - known

뭔가를 알고 있는 이미지

나는 그녀가 거짓말쟁이임을 **알고 있다**	I ( ) her to be a liar
네가 어떻게 느끼는지 **안다**	I **know** how you feel
나는 그녀가 돌아올 거라 **확신한다**	I **know** that she will come back
옳고 그름을 **분간하다**	**know** right from wrong

0195 laugh
[lǽf]

소리 내어 웃는 이미지

그 아기가 나를 **웃게** 만든다	The baby makes me ( )
그녀를 **웃겨서** 더 좋은 기분으로 돌리다	**laugh** her into a better feeling
내 실수를 **비웃지** 마라	Don't **laugh** at my mistake

0196 lay
[léi] laid - laid

뭔가를 수평면에 내려놓는 이미지

아기를 살며시 **내려놓다**	( ) the baby down gently
폭풍이 나무들을 **쓰러트렸다**	The storm **laid** the trees
둥지에 알을 **낳다**	**lay** an egg in the nest
여행에 대한 계획을 **세우다**	**lay** a plan for the trip

0197 lead
[líːd] led - led

뭔가를 이끄는 이미지

말을 강으로 **이끌다**	( ) a horse into the river
모든 길은 로마로 **통한다.**	All roads **lead** to Rome.
조용한 삶을 **살다**	**lead** a quiet life
소금을 너무 많이 먹으면 건강문제가 **생길 수 있다**	Eating much salt can **lead** to heath problem

0198 leak
[líːk]

좁은 틈으로 뭔가 조금씩 나오거나 들어가는 이미지

| 지붕이 **물이 새고 있다** | The roof is ( )ing |
| 비밀이 **누설되었다** | The secret **leaked** out |

0199 **learn**
[lə́:rn]

경험, 훈련 등으로 알게 되는 이미지

실수를 통해서 **배우다** ( ) from one's mistakes
춤추는 법을 **배우다** **learn** how to dance
100개의 단어를 **암기하다** **learn** 100 words by heart

0200 **leave**
[lí:v] left - left

남겨두고 떠나가는 이미지

부산을 향해 **떠나다** ( ) for Pusan
그녀의 직장을 **그만두다** **leave** her job
택시에 내 핸드폰을 **두다** **leave** my mobile phone in the taxi
문을 열린 채로 **두다** **leave** the door open
그에게 그것을 **맡기다** **leave** it to him

0201 **lend**
[lénd] lent - lent

돌려 받기로 하고 무상으로 빌려주는 이미지

책을 **빌려주다** ( ) a book
그에게 약간의 돈을 **빌려주다** **lend** some money to him

0202 **let**
[lét] let - let

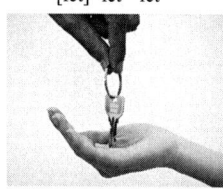

막지 않고 허용하는 이미지

그것을 그냥 **냅두다** ( ) it be
그가 그 나라를 떠나는 것을 **허락하다** **let** him leave the country
그것을 내가 **해줄게** **Let** me do it
집에 **가자** **Let**'s go home

0203 **lie**
[lái] lay - lain(눕다)

길게 말하거나(거짓말하거나)/ 길게 누워있는 이미지

그녀는 자기 나이를 **속였다** She ( )d about her age
그에게 **거짓말을 하여** 그의 돈을 빼앗다 **lie** him out of his money
침대에 **눕다** lie in bed
책들이 책상 위에 펼쳐진 채 **놓여 있다** Books **lie** open on the desk
그 집은 절벽 위에 **있다** The house **lies** on the cliff

0204 **lift**
[líft]

뭔가를 위로 들어 올리는 이미지

팔을 머리위로 **들어올리다** ( ) arms above the head
내가 읽던 책에서 눈을 **들다** **lift** my eyes from my book
금지를 **해제하다** **lift** a ban
봄이 되어 그녀의 기분이 **좋아졌다** Spring **lifted** her feeling

0205 **like**
[láik]

뭔가를 좋아하는 이미지

나는 그녀를 **좋아하**지만 그녀는 나를 안 좋아한다
 I ( ) her, but she doesn't like me
어떤 색을 **좋아하니**? What color do you **like** ?

0206 **link**
[líŋk]

독립된 2개를 연결하는 이미지

그 뉴스는 이 싸이트에 **연결되어 있다** The news is ( )ed to this site
그의 이름이 스캔들에 **연루되다** **link** his name with a scandal
그녀와 팔짱을 **끼다** **link** my arm in hers

0207 **listen**
[lísn]

의식적으로 귀 기울여 듣는 이미지

음악을 **듣다** ( ) to music
조언을 **듣다** **listen** to advice
그녀의 이야기에 주의 깊게 **귀 기울이다**
 listen carefully to her story

0208 **live**
[lív]

살거나 살아있는 이미지

넌 어디에 **사니**? Where do you ( ) ?
음식 없이 40일동안 **생존하다** **live** for 40 days without food
평화로운 삶을 **살다** **live** a peaceful life
그 순간은 우리의 기억 속에 **남아있다**
 The moment **lives** in our memory

0209 **look**
[lúk]

시선을 돌려 보는 이미지

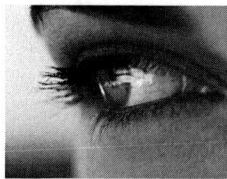

그가 나를 **보고** 웃었다	He ( )ed at me and smiled
직장을 **구하다**	**look** for a job
너 피곤해 **보인다**	You **look** tired
그 집은 남쪽을 **향하고 있다**	The house **looks** south

0210 **lose**
[lúːz]   lost - lost

갖고 있거나 갖을 수 있던 것을 잃어버리는 이미지

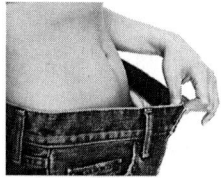

거리에서 자신의 아이를 **잃어버리다**	( ) her child in the street
그의 직장을 **잃다**	**lose** his job
몸무게를 **줄이다**	**lose** weight
전쟁에서 **지다**	**lose** a war
우리는 어둠 속에서 길을 **잃었다**	We **lost** our way in the dark

0211 **love**
[lʌ́v]

뭔가를 사랑하는 이미지

서로 **사랑하다**	( ) each other
여자들은 가방을 매우 **좋아한다**	Women **love** bags
나는 **정말** 거기에 가고 **싶다**	I'd **love** to go there

0212 **make**
[méik]   made - made

여러 가지를 모아서 뭔가를 만들어 내는 이미지

엄마가 우리에게 간식을 **만들어주신다**	My mom ( )s us some snacks
실수를 **하다**	**make** a mistake
그는 나를 행복하게 **만든다**	He **makes** me happy
상사가 **강제로** 그녀가 술을 마시게 **했다**	The boss **made** her drink
그녀는 좋은 엄마가 **될** 것이다	She will **make** a good mother

0213 **manage**
[mǽnidʒ]

뭔가를 다루는 이미지

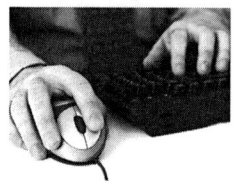

어떻게 해서든 시간 안에 **대다**	( ) to be in time
핸드폰 없이 **지내다**	**manage** without a mobile phone
가게를 **운영하다**	**manage** a shop
아이를 잘 **다루다**	**manage** a child

0214 mark
[máːrk]

뭔가를 표시하는 이미지

선생님이 그를 결석이라고 **표시했다**   The teacher ( )ed him absent
시험지를 **채점하다**   **mark** exam paper
그녀가 하는 말을 **잘 듣다**   **mark** what she says

0215 match
[mǽtʃ]

서로 대등하게 존재하는 이미지

넥타이를 셔츠색깔과 **조화시키다**   ( ) a tie with a shirt color
미래의 요구에 **부응하다**   **match** the future needs
수학에 있어서는 그에 **필적할** 자가 없다
   No one **matches** him in math
이 팀과 저팀을 **경기시키다**   **match** this team against that team

0216 mean
[míːn]

마음속에 뭔가를 의도하는 이미지

그것은 무슨 **의미죠**?   What does it ( )?
네가 무슨 **말하는지** 알아   I know what you **mean**
네 맘을 상하게 하려는 **의도는** 아니었어   I didn't **mean** to hurt you
그들의 아이들은 그들에게 미래를 **의미한다**
   Their children **mean** the future to them

0217 meet
[míːt] met - met

서로 만나는 이미지

부인을 어디서 **만나셨죠**?   Where did you ( ) your wife?
공항에 손님을 **마중 가다**   **meet** the guest at the airport
여기서 강과 바다가 **합류된다**   The river **meets** the sea here
오직 사랑만이 우리의 마음을 **충족시킨다**
   Only love **meets** our mind

0218 melt
[mélt]

부드럽게 녹는 이미지

얼음이 **녹아** 물이 된다   Ice ( )s into water
불로 눈을 **녹이다**   **melt** the snow with a fire
그녀의 미소가 그의 마음을 **누그러지게 했다**
   Her smile **melted** his heart

0219 **mention**
[ménʃən]

뭔가에 대하여 간단하게 언급하는 이미지

쉬운 예를 **들다** ( ) an easy example
그 일에 그의 이름이 **언급되었다** His name was **mentioned** to the job
당신 앞에서 그것을 다시 **언급하지** 않을게요 I won't **mention** it again before you

0220 **mind**
[máind]

마음에 담아두고 신경 쓰는 이미지

나는 스타일은 **신경쓰지** 않는다   I don't ( ) my style
그가 한 말은 **신경 쓰지** 마   Never **mind** what he said
발 **조심해**   **Mind** your step
내가 담배 피우면 **신경 쓰일까요**?   Do you **mind** if I smoke ?

0221 **miss**
[mís]

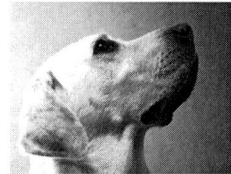

서로 연결이 안되거나 없어서 그리운 이미지

마지막 버스를 **놓치다**   ( ) the last bus
기회를 **놓치다**   **miss** a chance
사고를 **모면하다**   **miss** an accident
나는 네가 **그리울** 꺼야   I will **miss** you

0222 **mix**
[míks]

서로 섞는 이미지

빨간색을 흰색과 **섞다**   ( ) red with white
기름은 물과 **섞이지** 않는다   Oil doesn't **mix** with water
일과 가족을 **조화시키다**   **mix** work with family

0223 **move**
[múːv]

움직이거나 움직이게 하는 이미지

몸을 **움직이다**   ( ) my body
달은 지구주위를 **움직인다**   The moon **moves** round the earth
새 집으로 **이사하다**   **move** into a new house
그 영화는 그들의 마음을 **움직여** 울게 만든다
   The **movie** moves them to tears

0224 need
[níːd]

뭔가를 필요로 하는 이미지

나는 정말로 네가 **필요해**	I really ( ) you
이 옷은 세탁이 **필요하다**	This clothes ( )s washing
이 옷은 세탁이 **필요하다**	This clothes **needs** to be washed
그는 지금 가야 **한다**	He **needs** to go now

0225 offer
[ɔ́ːfər]

뭔가를 앞으로 내놓는 이미지

일자리를 **제공하다**	( ) a job
그 일을 하겠다고 **하다**	**offer** to do the job
나에게 주스 한잔을 **권하다**	**offer** me a glass of juice
유용한 충고를 **해주다**	**offer** a useful advice

0226 open
[óupən]

닫힌 것을 여는 이미지

문을 **열다**	( ) a door
눈을 **뜨세요**	**Open** your eyes
그녀를 안으려고 팔을 활짝 **벌리다**	**open** his arms wide to hug her
그 책 11쪽을 **펴다**	**open** the book at page 11
그 가게는 9시에 **시작한다**	The shop **opens** at 9

0227 owe
[óu]

빚지고 있는 이미지

나는 그 가게에 1만원의 **외상이 있다**	I ( ) 10,000 won to the store
그의 성공을 운으로 **돌리다**	**owe** his success to good fortune
나는 그녀에게 모든 것을 **빚지고 있다**	I **owe** her everything

0228 own
[óun]

자신의 것으로 갖고 있는 이미지

| 많은 집을 **소유하다** | ( ) many houses |
| 그 자신이 그것을 했다고 **인정하다** | **own** that he did it himself |

0229 paint
[péint]

색칠하면서 그리는 이미지

벽을 파랑색으로 **칠하다**	( ) the wall blue
유화로 **그리다**	**paint** in oils
그 책은 평온한 삶을 **그리고 있다**	The book is **painting** a peaceful life

0230 pardon
[páːrdn]

벌하지 않고 덮어주는 이미지

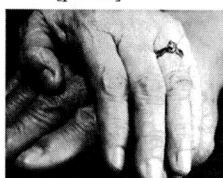

| 늦은 것을 **용서해주세요** | ( ) me for being late |
| 물어보는 것을 **용서하세요** | **Pardon** my asking. |

0231 pass
[pǽs]

통과하거나 옆을 지나가는 이미지

그녀는 인사 없이 나를 **지나갔다**	She ( )ed me without saying hello
그에게 공을 **패스하다**	**pass** the ball to him
2주가 **지나갔다**	2 weeks **passed**
운전 면허 시험을 **통과하다**	**pass** the driving test
시간을 **보내기** 위해 노래하다	sing a song to **pass** the time

0232 pay
[péi] paid - paid

댓가를 지불하는 이미지

그 청바지에 5만원을 **지불하다**	( ) 50,000 won for the jeans
음식값은 내가 **낼게**	I'll **pay** for the food
그 거래로 그녀는 1만달러의 **이익을 봤다**	The deal **paid** her 10,000 dollars
그 직업은 **보수가** 좋다	The job **pays** well

0233 perform
[pərfɔ́ːrm]

정해진 절차데로 잘 수행하는 이미지

과제를 **수행하다**	( ) a task
연극을 **공연하다**	**perform** a play
그 기계는 잘 **돌아가고 있다**	The machine is **performing** well

0234 **pick**
[pík]

뭔가를 뽑거나 뜯는 이미지

1에서 10까지 수 중에서 하나를 **선택하다**
( ) a number from one to ten
사과를 **따다**   **pick** apples
이쑤시개로 내 이를 **쑤시다**   **pick** my teeth with a toothpick
공항에서 그를 차에 **태우다**   **pick** him up at the airport

0235 **plan**
[plǽn] planned - planned

미래에 할 것을 구체적으로 정하는 이미지

미래를 **계획하다**   ( ) for the future
런던에 갈 **생각이다**   **plan** to go to London
집을 **설계하다**   **plan** a house

0236 **play**
[pléi]

즐거움을 위해 뭔가를 하는 이미지

장난감을 갖고 **놀다**   ( ) with a toy
축구를 **하다**   **play** soccer
피아노를 **치다**   **play** the piano
왕의 **역할을 하다**   **play** a king
죽은 **척하다**   **play** dead

0237 **pollute**
[pəlúːt]

뭔가를 오염시키는 이미지

공기를 **오염시키다**   ( ) the air
정신을 **타락시키다**   **pollute** the mind

0238 **pour**
[pɔ́ːr]

쏟아져 나오는 이미지

유리잔에 물을 **따르다**   ( ) water into a glass
3일동안 비가 **퍼붓고 있다**   It's **pouring** for 3 days
사람들이 지하철에서 **쏟아져** 나왔다   People **poured** out of the subway
눈물이 그녀의 뺨에 **흘러** 내렸다   Tears **pour** down her cheeks

0239 practice
[præktis]

반복적으로 어떤 행동을 하는 이미지

매일 춤을 **연습하다** ( ) the dance every day
그가 말한 것을 **실천하다** **practice** what he says
변호사 **일을 하다** **practice** law

0240 prepare
[pripéər]

미리 준비하는 이미지

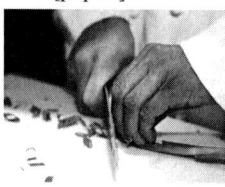

식사를 **준비하다** ( ) a meal
아침을 **준비하다** **prepare** breakfast
시험을 **준비하다** **prepare** for an exam
최악을 **대비하다** **prepare** for the worst

0241 print
[prínt]

눌러서 뭔가를 찍어내는 이미지

보고서 복사본 10부를 **인쇄하다** ( ) 10 copies of the report
그 이름은 그의 기억에 깊이 **새겨졌다**
　　　　　　The name was **printed** on his memory
그 사진은 모든 신문에 **게재되었다**
　　　　　　The photo was **printed** in all newspapers

0242 produce
[prədjú:s]

뭔가를 앞으로 이끌어내는 이미지

그 회사는 자동차를 **생산한다** The company ( )s cars
어제 우리집 개가 5마리 새끼를 **낳았다** Our dog **produced** 5 puppies last night
꽃을 **피우다** **produce** flowers
그 약은 흥분감을 **초래한다** The drug **produces** a feeling of anger
호주머니에서 동전 몇 개를 **꺼내다** **produce** some coins from my pocket
연극을 **상연하다** **produce** a play

0243 promise
[prámis]

앞으로 뭔가 하기로 약속하는 이미지

그는 그것을 하겠다고 그녀에게 **약속했다** He ( )d her to do it
그녀는 그에게 다시는 늦지 않겠다고 **약속했다**
　　　　　　She **promised** him that she won't be late again
먹구름을 보니 비가 **올 거 같다** The dark clouds **promise** rain

10일 0244 **pronounce** 앞으로 소리내어 말하는 이미지
244~293 [prənáuns]

그의 이름을 정확하게 **발음하다** ( ) his name correctly
당신들을 이제 부부로 **선언합니다**.
　　　　　　　　　　　I now **pronounce** you husband and wife
그녀는 잘 **발음한다**　　She **pronounces** well

0245 **protect** 앞에서 막는 이미지
[prətékt]

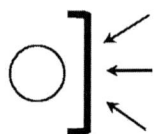

위험으로부터 대통령을 **보호하다** ( ) the president from danger
자연을 **보호하다**　　**protect** nature
가족을 **지키다**　　**protect** the family

0246 **pull** 힘을 가해 끌어 당기는 이미지
[púl]

여자애들의 머리카락을 **잡아당기다** ( ) girls' hair
의자를 책상 쪽으로 **잡아당기다**　**pull** a chair towards a desk
플러그를 **뽑다**　　**pull** the plug out
사과 나무에서 사과 1개를 **따다**　**pull** an apple from an apple tree
차를 왼쪽으로 **틀다**　　**pull** a car to the left

0247 **push** 힘을 가해 미는 이미지
[púʃ]

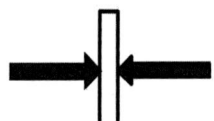

네가 **밀면** 내가 끌어당길게　You ( ) and I'll pull.
문 쪽으로 갈려고 서로 **밀다**　**push** each other to get to the door
엘리베이터 버튼을 **누르다**　**push** the button on the elevator
나를 **강요하여** 그것을 하게 하다　**push** me to do it

0248 **put** 뭔가를 어떤 장소나 상황으로 이동시키는 이미지
[pút] put - put

박스를 의자 밑에 **두다**　( ) a box under the chair
니 자신을 내 입장에 **놔봐**　**Put** yourself in my position
TV에 세금을 **부과하다**　**put** a tax on TV
나는 그 종이에 서명**했다**　I **put** my sign to the paper
영어를 한국어로 **번역하다**　**put** English into Korean
그 강은 바다로 **흐른다**　The river **puts** into the sea

0249 puzzle
[pʌ́zl]

혼란스러움을 느끼는 이미지

뭐라고 대답해야 할지 **난처했다**	I was ( )d what to answer
그 문제는 나를 **곤혹스럽게 한다**	The problem **puzzles** me
문제를 해결하려고 **머리를 짜내다**	**puzzle** over a problem

0250 race
[réis]

경주하듯이 매우 빠르게 움직이는 이미지

차를 빨리 몰다	( ) a car
토끼는 거북이와 **경주했다**	A rabbit **raced** with a turtle
오늘은 시간이 **빨리 지나가는** 거 같다	Time seems to **race** past today

0251 raise
[réiz]

뭔가를 위쪽으로 올리는 이미지

손을 **들다**	( ) a hand
우물에서 물을 **길어 올리다**	**raise** water from a well
가격을 **올리다**	**raise** prices
그녀를 매니저로 **승진시키다**	**raise** her to manager
그녀의 마음에 의심을 **불러 일으키다**	**raise** a doubt in her mind
고양이를 **키우다**	**raise** a cat

0252 reach
[ríːtʃ]

어딘가로 향하고 도달하는 이미지

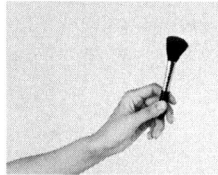

책상 위에 있는 책을 **손을 뻗어 잡다**	( ) a book on the desk
책상 위의 책을 잡으려고 **손을 뻗다**	**reach** for a book on the desk
그 소리가 우리의 귀에 **들어왔다**	The sound **reached** our ears
트럭이 길모퉁이에 **이르렀다**	A truck **reached** the corner
합의에 **이르다**	**reach** an agreement
이 전화번호로 그녀와 **연락하다**	**reach** her with this phone number

0253 react
[riǽkt]

반응하는 이미지

그는 그 소식에 기분 좋게 **반응했다**	He ( )ed cheerfully to the news
약에 **반응하다**	**react** to a drug
당신은 내가 어떻게 **반응하길** 바래?	How would you like me to **react**?

0254 **read** 읽고 이해하는 이미지
[ríːd] read[red]- read[red]

책을 **읽다** ( ) a book
당신은 이 상황을 어떻게 **이해합니까**? How do you **read** this situation ?
그 표지판에는 '금연'이라고 **적혀있었다** The sign **read** "No smoking"
그 표에는 " 서울 - 파리 행" 이라고 **씌어 있다**
　　　　　　　　　　　　　　　　The ticket **reads** " From Seoul to Paris"
매일 밤 그의 아이에게 **책을 읽어준다** He **reads** to his child every night

0255 **receive** 누군가가 주거나 보낸 것을 받는 이미지
[risíːv]

선생님으로부터 내 성적표를 **받다** ( ) my report card from the teacher
전화를 **받다** **receive** a call
따뜻한 환영을 **받다** **receive** a warm welcome
나는 그의 제안을 **받았지만**, 수락하지는 않았다
　　　　　　　　　　I received his offer but didn't accept it

0256 **record** 기록하여 보관하는 이미지
[rikɔ́ːrd]

그 이야기를 책에 **기록하다** ( ) the story in books
TV 프로그램을 **녹화하다** **record** a TV program

0257 **recycle** 다시 활용하는 이미지
[rìːsáikl]

폐지를 **재활용하다** ( ) waste paper
오래된 농담을 **다시 써먹다** **recycle** old jokes again

0258 **reduce** 뭔가를 줄이는 이미지
[ridjúːs]

속도를 **줄이다** ( ) speed
나의 몸무게를 **줄이다** **reduce** my weight
모든 질문들을 하나로 **정리하다** **reduce** all the questions to one
기름으로 페인트를 **묽게 하다** **reduce** paint with oil

0259 refuse
[rifjúːz]

뒤로 쏟으면서 거절하는 이미지

그 문제를 토론하는 것을 **거부하다**　( ) to discuss the matter
도와주겠다는 그의 제의를 **거절하다**　**refuse** his offer to help
초대를 **거절하다**　**refuse** an invitation

0260 relax
[rilǽks]

힘, 상태를 느슨하게 하는 이미지

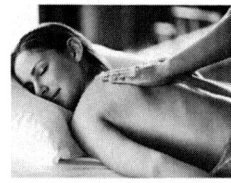

게임들을 하면서 **느긋이 쉬다**　( ) with games
긴장이 풀려 잠들다　**relax** into sleep
근육의 **긴장을 풀다**　**relax** the muscles
금지를 **완화하다**　**relax** the ban

0261 remember
[rimémbər]

뭔가를 다시 마음속에 확실하게 떠올리는 이미지

그녀의 이름을 **기억하다**　( ) her name
그녀에게 전화할 것을 **기억하다**　**remember** to call her
그녀에게 전화한 것을 **기억하다**　**remember** calling her
내 친구는 나의 생일을 **잊지 않고 챙긴다**
　　　　　　My friend **remembers** my birthday

0262 repair
[ripéər]

다시 원래 상태로 회복시키는 이미지

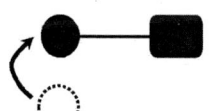

컴퓨터를 **수리하다**　( ) a computer
운동으로 그의 건강을 **회복하다**　**repair** his health by exercising

0263 repeat
[ripíːt]

다시 진행하는 이미지

질문을 **반복하다**　( ) a question
실수를 **반복하다**　**repeat** a mistake
다음 문장을 **되풀이하다**　**repeat** the following sentence
다른 사람에게 비밀을 **옮기다**　**repeat** a secret to anyone

0264 **research**
[rísə:rtʃ]

체계적으로 자세하게 조사하는 이미지

해외시장들을 **조사하다** ( ) overseas markets
문제를 **조사하다** **research** into a matter
암을 **연구하다** **research** cancer

0265 **respect**
[rispékt]

다시 보고 존중, 존경하는 이미지

나의 부모님을 **존경하다** ( ) my parents
위대한 음악가로서 그를 **존경하다** **respect** him as a great musician
다른 사람의 사생활을 **존중하다** **respect** other people's privacy

0266 **result**
[rizʌ́lt]

결과로 생기거나 결과를 발생시키는 이미지

질병은 종종 빈곤에서 **생긴다** Disease often ( )s from poverty
그 사업은 **결국** 실패했다 The business **resulted** in failure

0267 **return**
[ritə́:rn]

되돌아 가거나 되돌려 주는 이미지

학교에서 집으로 **돌아오다** ( ) home from the school
도서관에 책들을 **반납하다** **return** books to the library
그의 예전 습관으로 **되돌아가다** **return** to his old habit
인사에 **화답하다** **return** a greeting
그 회사는 큰 손실을 **냈다** The company **returned** a big loss

0268 **reuse**
[ri:jú:z]

다시 사용하는 이미지

이면지를 **재사용하다** ( ) a reusable paper

0269 rid
[rid] ridded-ridded

속해있던 뭔가를 없애는 이미지

집에서 쥐를 **제거하다** ( ) the house of rats
마음에서 의심을 **떨치다** **rid** the mind of doubt
그는 악습에서 **벗어났다** He **rid** himself of a bad habit

0270 ride
[ráid] rode - ridden

뭔가에 올라 타고 이동하는 이미지

하얀 백마를 **타다** ( ) a white horse
자전거를 **타다** **ride** on a bike
엘리베이터를 **타다** **ride** an elevator
그 배는 파도를 **타고 나아갔다** The boat **rode** the waves

0271 rise
[ráiz] rose - risen

위쪽으로 움직이는 이미지

의자에서 **일어나다** ( ) from a chair
태양이 바다위로 **떠오른다** The sun **rises** above the sea
그 산은 높이 **솟아있다** The mountain **rises** high
기름값이 **올랐다** The price of gas **rose**
비명소리를 들었을 때 내 머리가 **쭈볏 섰다** My hair **rose** when I heard the scream
그녀는 그 회사의 사장까지 **올랐다** She **rose** to President of the company

0272 roar
[rɔːr]

크고 긴 소리를 내는 이미지

호랑이처럼 **으르렁거리다** ( ) like a tiger
엔진이 **웅웅거리며** 시동이 걸렸다 The engine **roared** to life
웃음으로 **왁자지껄하다** **roar** with laughter

0273 roll
[róul]

회전하면서 움직이는 이미지

그 공은 언덕 아래로 **굴러갔다** The ball ( )ed down the hill
손가락 사이로 연필을 **돌리다** **roll** a pencil between fingers
파도가 **넘실거리며** 해변으로 오고 있다 The waves are **rolling** into the beach
청바지를 무릎까지 **걷어 올리다** **roll** my jeans to my knees
천둥이 **으르렁거렸다** Thunder **rolled**

77

0274 **rub**
[rʌ́b]

서로 맞대고 문지르거나 비비는 이미지

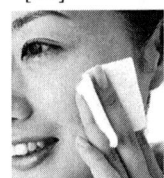

눈을 **비비면서** 잠을 깨다 **(   )** my eyes and wake up
얼굴에 크림을 **문질러 바르다** **rub** cream over the face
신발 뒤꿈치가 발에 **쓸리고 있다** The back of my shoe is **rubbing**

0275 **ruin**
[rúːin]

완전히 망가트리는 이미지

그 나쁜 남자가 그녀의 삶을 **망가트렸다** The bad man **(   )ed** her life
나쁜 날씨가 우리의 소풍을 **망쳐 놓았다** The bad weather **ruined** our picnic
그 나라는 전쟁으로 **폐허가 되었다** The country was **ruined** by the war

0276 **rule**
[rúːl]

지배하고 통제하는 이미지

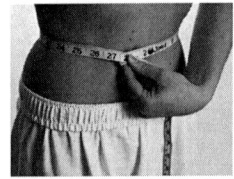

왕이 그 나라를 **다스렸다** The king **(   )d** the country
종이에 선을 **긋다** **rule** a line on the paper

0277 **run**
[rʌ́n] ran - run

빠르게 계속 움직이는 이미지

경찰관이 도둑을 뒤따라 **달리고 있었다**
A policeman was **(   )ning** after a thief
말을 **달리게 하다** **run** a horse
작은 가게를 **운영하다** **run** a small store
그는 눈으로 페이지를 **훑어 보았다** He **ran** his eyes over the page
이 차는 휘발유로 **간다** This car **runs** on gas
눈물이 그녀의 뺨을 타고 **흘러 내렸다** The tears **ran** down her cheeks
그의 코에서 콧물이 **흐르고 있다** His nose is **running**
강물이 이번 여름에 **말랐다** The river **ran** dry this summer

0278 rush
[rʌʃ]

급하게 움직이는 이미지

적을 향해 **돌격하다** ( ) at the enemy
아침 식사를 **급히 먹다** **rush** breakfast
재촉하지마. 나는 생각할 시간이 필요해
Don't **rush** me. I need time to think about it

0279 sail
[seil]

미끄러지듯이 나아가는 이미지

전 세계를 **항해하다** ( ) around the world
배는 해안을 따라 **항해했다** The ship **sailed** along the coast
구름들이 하늘을 **미끄러지듯이** 흘러가고 있다
Clouds are **sailing** across the sky
비행기는 우리의 머리 위로 **천천히 날아갔다**
The airplane **sailed** over our heads

0280 satisfy
[sǽtisfài satisfied-satisfied]

필요, 기대, 욕구 등을 채워주는 이미지

아이들의 요구를 **만족시키다** ( ) the need of children
조건을 **충족시키다** **satisfy** the conditions
콜라로 갈증을 **해소하다** **satisfy** my thirst with some coke

0281 save
[séiv]

안전하게 지키거나 보관하는 이미지

물에 빠지는 한 소년을 **구하다** ( ) a boy falling into the water
집을 살려고 돈을 **저축하다** **save** money for a house
그를 위해 음식을 **남겨두다** **save** some food for him
시간을 **아끼다** **save** time
데이터를 **저장하다** **save** data

0282 say
[séi]

뭔가를 말하는 이미지

그들이 나에 대해서 뭐라고 **말하지**? What do they ( ) of me ?
시계가 12시를 **가리켰다** The clock **said** 12 o'clock
그 화가는 자기 작품에서 무엇을 **표현하고** 있지?
What do the artist **say** in his work ?
그녀의 표정은 그녀가 화가 나있다는 것을 **말해준다**
Her look **says** that she is angry

0283 scare
[skɛər]

누군가를 겁주거나 걱정 하게 하는 이미지

그 소리가 나를 **겁나게 한다** The noise ( )s me
그들은 그녀를 **위협하여** 그것에 돈을 내게 했다
They **scared** her into paying for that

0284 scratch
[skrætʃ]

어떤 표면을 긁거나 할퀴는 이미지

머리를 **긁적이다** ( ) my head
그 고양이는 문을 **긁었다** The cat **scratched** at the door
그들은 땅에 선을 **그렸다** They **scratched** lines in the dirt

0285 scream
[skríːm]

높고 째지는 듯한 소리를 내는 이미지

누군가 도와달라고 **소리치고 있었다** Someone is ( )ing for help
그 기차가 **삑삑 소리를 내며** 출발했다 The train **screamed** to start

0286 search
[sə́ːrtʃ]

샅샅이 뒤지거나 살피는 이미지

집을 샅샅이 **수색하다** ( ) a house
내 자동차 열쇠를 **찾다** **search** for my car key
해결책을 **찾다** **search** for a solution

0287 see
[síː]

눈으로 보고 알아차리는 이미지

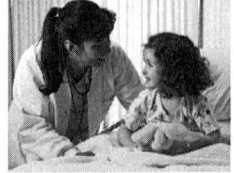

영화를 **보다** ( ) a movie
그녀는 주위를 둘러보았지만 아무것도 **보이지** 않았다
She looked around but **saw** nothing
말씀하시는 뜻을 **알겠습니다** I **see** what you mean
그녀를 집까지 **배웅하다** **see** her home
의사를 **만나보다** **see** a doctor
문이 잠겼는지 **확인하다** **see** if the door is locked

0288 **seek**
[siːk] sought-sought

뭔가를 찾으려고 노력하는 이미지

이웃에 도움을 **구하다** ( ) help from a neighbor
진리를 **탐구하다** **seek** the truth
병의 원인을 **구명하다** **seek** the cause of a disease

0289 **seem**
[síːm]

주관적인 느낌, 생각 등을 말하는 이미지

그는 좋은 사람 **같다** He ( )s a nice man.
그녀가 그를 좋아하는 거 **같다** She **seems** to like him
그는 거기에 없었던 것 **같다** It **seems** that he was not there

0290 **select**
[silékt]

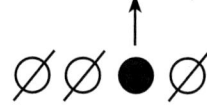

가장 적절한 뭔가를 고르는 이미지

많은 작품중에서 최고를 **고르다** ( ) the best among many works
그를 팀리더로 **선출하다** **select** him as the teamleader

0291 **sell**
[sél] sold - sold

뭔가를 팔거나 사게 하는 이미지

200달러에 핸드폰을 **팔다** ( ) a mobile phone for $ 200
그 책은 잘 **팔렸다** The book **sold** well
인터뷰에서 그 자신을 **납득시키다** **sell** himself at interview

0292 **send**
[sénd] sent - sent

뭔가를 보내는 이미지

그녀에게 문자 메시지를 **보내다** ( ) a text message to her
그의 아들을 해외로 **보내다** **send** his son abroad
그는 그녀를 울려 **버렸다** He **sent** her into tears

0293 **serve**
[sə́:rv]

유용한 뭔가를 해주는 이미지

그에게 맛있는 아침을 **차려주다** ( ) him a delicious breakfast
우리의 국가에 **봉사하다** **serve** our country
그의 능력은 그 일에 **도움이 되었다** His ability **served** the work
2년동안 육군에서 **복무하다** **serve** in the army for 2 years
소파는 침대로 **사용될** 수 있다 Sofa can **serve** as a bed

11일
294~343

0294 **set**
[sét] set - set

정해진 위치에 놓는 이미지

알람을 6시에 **맞추다** ( ) an alarm at 6 o'clock
3명분의 의자를 **놓다** **set** chairs for 3 people
그의 말은 나를 생각에 잠기게 **했다** His words **set** me thinking
그들의 결혼 날짜를 **정하다** **set** a date for their wedding
새로운 세계 신기록을 **세우다** **set** a new world record
태양이 서쪽으로 **졌다** The sun **set** in the west
바람이 동쪽으로 **분다** The wind **sets** to the east

0295 **shake**
[ʃéik]

흔들거나 흔들리게 하는 이미지

사용하기 전에 병을 **흔들다** ( ) a bottle before use
서로 손을 **흔들다** **shake** hands
그녀는 공포로 **떨고 있다** She is **shaking** with fear
그 사건은 그에 대한 그녀의 믿음을 **흔들었다**
 The accident **shaked** her faith in him
감기를 **떨치다** **shake** a cold

0296 **shine**
[ʃáin]

빛나거나 빛나게 하는 이미지

태양이 산 위에서 **빛나고 있다** The sun ( )s above the mountain
구두를 **닦다** **shine** shoes
손전등을 **비추다** **shine** a flashlight
학업성적이 **뛰어나다** **shine** in school

0297 **shock**
[ʃak]

강한 충격을 주는 이미지

나는 그 영화를 보고 **충격을 받았다** I was ( )ed to see a movie
그의 말은 그녀에게 **충격을 주어** 다이어트를 하게했다
 His words **shocked** her into diet

0298 shoot
[ʃúːt] shot - shot

빠르게 어떤 방향으로 날아가는 이미지

총을 **쏘다** ( ) a gun
유명한 여배우에게 질문을 **퍼붓다** **shoot** questions at the famous actress
비행기 한대가 하늘을 휙 **지나갔다** A plane **shot** across the sky
영화를 **찍다** **shoot** a movie

0299 shout
[ʃaut]

빠르고 크게 소리치는 이미지

사람들에게 **소리지르다** ( ) at people
도와달라고 **소리치다** **shout** for help
아파서 **소리지르다** **shout** out in pain

0300 show
[ʃóu] showed - shown

분명하게 보여주거나 알려주는 이미지

나에게 또 다른 옷을 **보여주다** ( ) me another clothes
분노가 그의 얼굴에 **나타났다** Anger **showed** in his face
그것을 어떻게 하는지 그들에게 **보여주다** **show** them how to do it
영화를 **상영하다** **show** a movie

0301 shrug
[ʃrʌg] shrugged-shrugged

어깨에 힘을 주어 으쓱하는 이미지

그의 어깨를 **으쓱하다** ( ) his shoulders

0302 shut
[ʃʌt] shut - shut

빠르고 강하게 닫는 이미지

문을 **강하게 닫다** ( ) the door
입을 **다무세요** **Shut** the mouth
눈을 **감다** **shut** the eyes
겨울 동안 그의 가게를 **닫다** **shut** his shop for winter

83

0303 sigh
[sai]

한숨을 쉬는 이미지

그는 그 생각을 하면 깊게 **한숨쉬었다**
       He (   )ed deeply at the thought
안도하여 **한숨쉬다** **sigh** with relief
그녀의 불운을 **탄식하다** **sigh** her misfortune

0304 sing
[síŋ]

노래하는 이미지

노래를 **부르다** (   ) a song
아기에게 **노래 불러** 재우다 **sing** a baby to sleep

0305 sink
[síŋk] sank - sunk

아래로 내려가거나 내려 보내는 이미지

그 배는 바닷속으로 **침몰했다** The boat (   ) into sea
태양이 서쪽으로 **지고 있다** The sun is **sinking** in the west
침대에 풀썩 **쓰러지다** **sink** back into the bed
강물이 댐 때문에 **줄고 있다** The river is **sinking** because of the dam

0306 sit
[sít] sat - sat

앉거나 앉히는 이미지

의자에 **앉다** (   ) on a chair
그를 의자에 **앉히다** **sit** him down on a chair
그 싸구려 코트는 옷장에 **방치되어 있었다**
       The cheap coat **sat** in the closet

0307 sleep
[slí:p] slept - slept

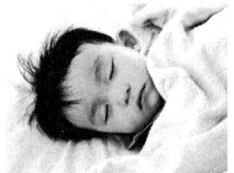

편안히 누워 잠자는 이미지

소파에서 **잠자다** (   ) on a sofa
주말에 늦잠을 **잔다** **sleep** late at the weekends
그 방에서는 4명이 **잠잘 수 있다** The room **sleeps** 4

0308 **slide**
[sláid] slid - slid

스르륵 미끄러져 일정거리를 움직이는 이미지

언덕아래로 **미끄러져 가다** ( ) down the hill
슬며시 방에 들어**가다** **slide** into a room
테이블을 가로질러 유리잔을 **미끄러져 가게 하다**
slide a glass across the table

0309 **slip**
[slip] slipped-slipped

빠르게 미끄러지는 이미지

얼음 위에서 **미끄러지다** ( ) on the ice
물고기가 내 손에서 **빠져 나갔다** The fish **slipped** out of my hand
경비원에게 약간의 돈을 **찔러주다** **slip** some money to the guards
빚지게 **되다** **slip** into debt
신발을 후딱 **신다** **slip** my shoes on

0310 **smell**
[smél]

냄새가 나거나 냄새를 맡는 이미지

향긋한 **냄새가 나다** ( ) sweet
뭔가 타는 **냄새가 나다** **smell** something burning
꽃 **냄새를 맡다** **smell** a flower
위험을 **감지하다** **smell** danger

0311 **smile**
[smáil]

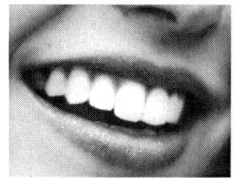

조용히 미소 짓는 이미지

아기가 자기 엄마에게 환하게 **미소 짓는다**
The baby ( )s brightly at his mom
그녀는 **미소로** 그녀의 고마움을 **표현했다**
She **smiled** her thanks

0312 **smoke**
[smouk]

연기를 내뿜는 이미지

파이프 **담배를 피다** ( ) a pipe
심하게 **담배피다** **smoke** heavily

0313 sniff
[snif]

코를 킁킁거리며 냄새맡는 이미지

봄에 **코를** 훌쩍거리다 ( ) in spring
위험을 **감지하다** **sniff** danger
신선한 아침공기를 **들이마시다** **sniff** the fresh morning air

0314 solve
[sálv]

문제 등을 풀어 해결하는 이미지

문제를 **풀다** ( ) a problem
사태를 **해결하다** **solve** the situation

0315 sorrow
[sárou]

심하게 슬퍼하거나 후회하는 이미지

눈물을 흘리면서 **슬퍼하다** ( ) out with tears

0316 speak
[spíːk] spoke - spoken

목소리로 말을 하는 이미지

좀 더 천천히 **말하다** ( ) more slowly
영어를 **말하다** **speak** English
그의 마음을 **말하다** **speak** his mind
대통령이 라디오에서 **연설했다** The president **spoke** on the radio

0317 spell
[spél]

순서대로 각각 표현하거나 나오는 이미지

당신의 성의 **철자는** 어떻게 **쓰나요?**
How do you ( ) your family name ?
그 단어의 **철자를** 칠판에 **쓰다** **spell** that word on the blackboard
실패 **다음에** 죽음이 **온다** Failure **spells** death

0318 spend
[spénd]

가방 사는데 많은 돈을 **사용하다** ( ) a lot of money on bags
게임 하는데 많은 시간을 **쓰다** **spend** much time playing games
그 일에 많은 노력을 **들이다** **spend** much effort on the matter

돈, 시간, 에너지 등을 사용하는 이미지

0319 spray
[spréi]

뭔가를 사방으로 뿌리는 이미지

식물들에게 물을 **뿌리다** ( ) water on plants
그 나라에 폭탄을 **살포하다** **spray** the country with bombs

0320 stand
[sténd] stood - stood

일어서거나 어떤 상태가 지속되는 이미지

그 새는 한 다리로 **서있다** The bird is ( )ing on one leg
그 음악이 시작되자 모든 사람들이 **일어섰다** Everyone **stood** when the music started
사다리를 벽에 기대어 **세우다** **stand** a ladder against the wall
우리의 제안은 여전히 **유효합니다** Our offer still **stands**
그 창문은 열려 **있었다** The window **stood** open
그녀는 오래 기다리는 것을 **참지** 못한다 She can't **stand** waiting for a long time

0321 stare
[stɛər]

정면을 빤히 쳐다보는 이미지

허공을 **응시하다** ( ) into space
그 고양이가 나를 **노려봤다** The cat **stared** at me

0322 start
[stá:rt]

정지상태에서 갑자기 움직이는 이미지

새로운 직장을 다니기 **시작하다** ( ) a new job
수업은 9시에 **시작된다** The class **starts** at 9 o'clock
엔진을 **작동시키다** **start** an engine
새로운 사업을 **시작하다** **start** a new business

0323 **starve**
[staːrv]

굶주리는 이미지

| 굶어 죽다 | ( ) to death |
| 개를 굶기다 | **starve** the dog |

0324 **stay**
[stéi]

어떤 장소나 상태에 머물러 있는 이미지

밤새도록 깨어있다	( ) awake all night
계속 침대 안에 머물다	**stay** in bed
호텔에 묵다	**stay** at a hotel

0325 **steal**
[stiːl] stole-stolen

몰래 뭔가를 훔치는 이미지

그에게서 돈을 훔치다	( ) money from him
내 아이디어를 훔치다	**steal** my ideas
조용히 방에서 나오다	**steal** out of the room

0326 **stick**
[stík]

길고 뾰족한 막대기(stick) -〉 찌르다 -〉 내밀다 -〉 붙이다 -〉 고수하다

그의 팔에 주사바늘을 찌르다	( ) the needle into his arm
나의 혀를 내밀다	**stick** out my tongue
그녀의 젖은 옷이 그녀의 몸에 달라붙었다	Her wet clothes **stuck** to her body
깨진 조각들을 함께 붙이다	**stick** the broken pieces together
원칙을 고수하다	**stick** to the principle

0327 **stop**
[stáp] stopped -stopped

진행되던 것이 멈추거나 멈추게 하는 이미지

기차가 정거장에서 멈췄다	The train ( )ped at the station
일을 멈추다	**stop** working
그것을 보기 위해 멈추다	**stop** to look at it
기계를 멈추다	**stop** a machine
내 귀를 막다	**stop** my ears

0328 stretch
[strétʃ]

쭉 뻗어 나가는 이미지

손을 **뻗어** 책을 잡으려 하다	( ) out a hand for a book
독수리 한 마리가 날개를 **폈다**	An eagle **stretched** the wings
그 바지는 잘 **늘어난다**	The pants **stretches** easily
넓은 벌판들이 **펼쳐져** 있었다	Wide fields **stretched** out
규칙을 **확대 적용하다**	**stretch** the rule

0329 strike
[stráik] struck -struck

강하게 치는 이미지

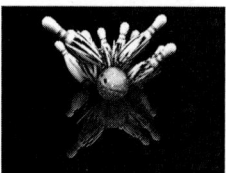

그가 내 머리를 **쳤다**	He ( ) me on the head
좋은 생각이 **떠올랐다**	A good idea **struck** me
급여인상을 위해 **파업하다**	**strike** for a pay increase
적을 **공격하다**	**strike** at the enemy
그 배는 암초에 **부딪혔다**	The ship **struck** on a rock

0330 struggle
[strʌ́gl]

힘겹게 싸우는 이미지

권력을 위해 **투쟁하다**	( ) for power
생계를 위해 **악전고투하다**	**struggle** for a living
그녀는 암에 맞서 **싸웠다**	She **struggled** against cancer
무거운 가방을 들고 **힘겹게** 언덕을 오르다	**struggle** up the hill with the heavy bags

0331 study
[stʌ́di] studied - studied

체계적으로 파악하려고 애쓰는 이미지

수학을 **공부하다**	( ) math
그의 얼굴을 신중하게 **살피다**	**study** his face carefully
보고서를 **검토하다**	**study** the report
옳은 일을 하려고 **노력하다**	**study** to do right

0332 succeed
[səksíːd]

뒤를 이어 계속 나아가는 이미지

그 문제를 해결하는데 **성공하다**	( ) in solving the problem
가입을 **승계하다**	**succeed** to the family business
침묵이 그의 말 **다음에 이어졌다**	Silence **succeeded** his words

0333 **suck**
[sʌk]

뭔가를 빠는 이미지

아이처럼 그의 엄지손가락을 **빨다** ( ) his thumb as a kid
주스를 빨대로 **빨다** **suck** up the juice with a straw
피를 **빨아**내다 **suck** out blood

0334 **suffer**
[sʌ́fər]

뭔가의 아래에서 시달리는 이미지

많은 **고통을 겪다** ( ) a lot of pain
충격에 **시달리다** **suffer** from shock

0335 **suggest**
[sədʒést]

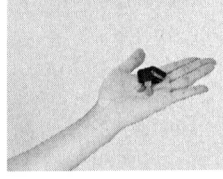

생각해보라고 뭔가를 던지는 이미지

그에게 새로운 계획들을 **제안하다** ( ) new plans to him
좋은 책을 **추천하다** **suggest** a good book
그녀의 말은 그녀가 그를 좋아하는 것을 **암시한다**
Her words **suggest** that she likes him

0336 **summarize**
[sʌ́məràiz]

그 책을 2 페이지로 **요약하다** ( ) the book in 2 pages

전체를 요약하는 이미지

0337 **supply**
[səplái] supplied-supplied

필요한 것을 대량으로 공급하는 이미지

빈민에게 음식을 **공급하다** ( ) the poor with food
학생들에게 책을 **지급하다** **supply** books to the students

0338 **support**
[səpɔ́ːrt]

뒤나 아래에서 떠 받치는 이미지

그의 생각을 **지지하다**	( )his idea
가족을 **부양하다**	**support** a family
아기의 머리를 **받치다**	**support** a baby's head
고객을 **지원하다**	**support** customers
우리의 팀을 **응원하다**	**support** our team

0339 **suppose**
[səpóuz]

어떤 상태 아래에 놓는 이미지

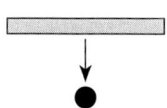

그녀는 그가 부자 일거라 **추정했다**	She ( )d him very rich
그가 죽었다고 **가정하다**	**suppose** him dead
그는 10시에 그녀에게 전화**하기로 되어** 있었다	He was **supposed** to call her at ten

0340 **surprise**
[sərpráiz]

갑자기 놀라게 하는 이미지

그 소식이 나를 **놀라게 했다**	The news ( )d me
나는 그 소식에 **놀랐다**	I was **surprised** at the news
적을 **기습하다**	**surprise** the enemy

0341 **surround**
[səráund]

뭔가의 주위를 빙 둘러싸는 이미지

| 적군을 **포위하다** | ( ) the enemy |
| 그 집은 큰 나무들로 **둘러싸여** 있다 | The house is **surrounded** by tall trees |

0342 **survey**
[sərvéi]

뭔가의 주위를 살펴보는 이미지

상황을 **살펴보다**	( ) a situation
토지를 **측량하다**	**survey** land
그 이슈에 대해서 100명의 사람에게 **설문 조사하다**	**survey** 100 persons about the issue

0343 survive
[sərváiv]

어떤 것보다 더 오래 사는 이미지

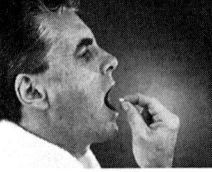

그 아이는 그 사고에서 **살아남았다** The baby ( )d the accident
끝까지 **살아남다** survive to the last
그녀는 남편보다 10년 더 오래 살았다
She **survived** her husband by ten years

12일 0344 swallow
344~395 [swálou]

뭔가를 꿀꺽 삼키는 이미지

물과 함께 알약을 **삼키다** ( ) pills with water
그의 자존심을 **억누르다** **swallow** his pride
그녀의 거짓말을 **사실로 믿다** **swallow** her lie

0345 swing
[swíŋ] swung - swung

전후, 좌우로 번갈아 가면서 움직이는 이미지

주먹을 **휘두르다** ( ) the punch
문을 홱 열다 **swing** a door open
그 차가 왼쪽으로 방향을 **홱 바꾸었다** The car **swung** to the left

0346 take
[téik] took - taken

뭔가를 잡고 자신의 영역으로 끌어들이는 이미지

택시를 **타다** ( ) a taxi
웨이터가 우리를 우리의 테이블로 **안내했다**
A waiter **took** us to our table
아기를 내 팔에 **안다** **take** a baby in my arms
내 호주머니에서 약간의 동전을 **꺼내다** **take** some coins out of my pocket
약간의 음식을 **먹다** **take** some food
나는 이 코트로 **하겠습니다** I'll **take** this coat
11에서 5를 **빼면** 6이다 **Take** 5 from 11 is 6
시험지에 내 이름을 **적다** **take** my name on the test paper
시험을 **보다** **take** a test
거기에 가는데 1시간이 **걸린다** It **takes** an hour to get there

0347 talk
[tɔ́ːk]

서로 대화하는 이미지

커피를 마시면서 **이야기하다** ( ) over a cup of coffee
한 시간 동안 전화로 **대화하다** **talk** on the phone for an hour
영어로 **대화하다** **talk** in English
사업을 **논의하다** **talk** business

0348 taste
[téist]

맛보거나 맛이 나는 이미지

이 사탕은 커피 **맛이 난다** This candy ( )s of coffee
맛이 달콤하다 **taste** sweet
자유를 **맛보다** **taste** freedom

0349 teach
[tíːtʃ] taught - taught

가르쳐서 알게 하는 이미지

학생들에게 영어를 **가르치다** ( ) English to students
그에게 박물관 가는 길을 **알려주다** **teach** him the way to the museum

0350 tear
[tíər] tore – torn

잡아 당기어 찢는 이미지

시험지를 **찢다** ( ) the test paper
머리를 쥐어 **뜯다** **tear** my hair out
그의 팔에서 그녀가 **벗어나다** **tear** herself from his arms

0351 tell
[tél] told - told

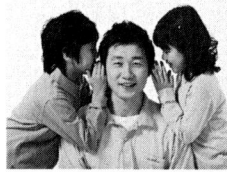

어떤 정보를 말하거나 정확하게 아는 이미지

그는 나에게 그녀의 이름을 **말해주었다** He ( ) me her name
진실을 **말하다** **tell** the truth
그가 너에게 무엇을 할지 **알려줄** 것이다 He will **tell** you what to do
선과 악을 **구별하다** **tell** the good from the bad

0352 think
[θíŋk] thought - thought

머릿속에 떠올려 생각하는 이미지

그 아이디어에 대해서 어떻게 **생각해**?	What do you ( ) about the idea?
네가 그녀와 결혼할거라 **상상해봐**	**Think** you will marry her
그 일은 우리가 **생각한** 것보다 오래 걸렸다	The work took longer than we thought
크게 **생각하다**	**think** big
나는 쇼핑을 갈 **생각이야**	I **think** I'll go shopping
나는 내 전화기를 어디에 두었는지 **기억할 수 없다**	I can't **think** where I put my phone

0353 throw
[θróu] threw - thrown

공중으로 뭔가를 날려보내는 이미지

창문에 돌멩이를 **던지다**	( ) a stone at the window
침대위로 몸을 **던지다**	**throw** myself onto the bed
그에게 의혹을 **던지다**	**throw** doubt on him

0354 tie
[tái]

서로 묶거나 묶여있는 이미지

그녀의 머리를 뒤로 **묶다**	( ) back her hair
넥타이를 **매다**	**tie** a tie
그녀는 아기에 **얽매여 있다**	She is **tied** to her baby
한국은 일본과 2:2로 **비겼다**	Korea **tied** 2-2 with Japan

0355 toss
[tó:s]

가볍게 위로 던지는 이미지

동전을 **던지다**	( ) a coin
질문을 **던지다**	**toss** a question
그 배는 거대한 파도에 **마구 흔들렸다**	The ship was **tossed** by the huge waves
뜨거운 소스에 넣어 국수를 **뒤적이다**	**toss** noodles in hot sauce

0356 touch
[tʌ́tʃ]

접촉하거나 감동시키는 이미지

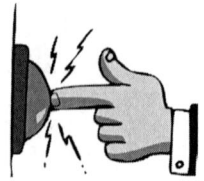

그녀의 어깨를 **만지다**	( ) her on the shoulder
나의 물건에 **손대다**	**touch** my things
나는 음식에 거의 **손대지 않다**	I don't **touch** my food
그의 이야기는 우리를 **감동시켰다**	His story **touched** us

0357 **train**
[tréin]

훈련하거나 훈련시키는 이미지

개를 **훈련시키다**	( ) a dog
긍정적으로 생각하도록 내 마음을 **훈련하다**	**train** my mind to think positively
가수가 되도록 **훈련 받다**	**train** to be a singer

0358 **travel**
[trǽvəl]

먼 거리를 움직여 나아가는 이미지

비행기를 타고 **여행하다**	( ) by plane
뉴스가 인터넷을 통해 빠르게 **이동한다**	News **travels** fast through the Internet
지구는 태양주위를 **돈다**	The earth **travels** round the sun

0359 **treat**
[tríːt]

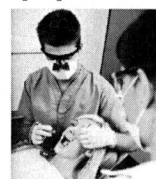

특정한 태도나 방식으로 대하는 이미지

그녀의 아들을 아기처럼 **대하다**	( ) her son like a baby
그의 말을 농담으로 **여기다**	**treat** his remark as a joke
그 의사가 신약으로 그를 **치료했다**	The doctor **treated** him with a new drug
내가 너에게 점심을 **대접할게**	I'll **treat** you to lunch

0360 **trust**
[trʌst]

확고하게 믿는 이미지

나는 그를 **믿을** 수 없다	I can't ( ) him
당신이 행복하시라리 **믿습니다**	I **trust** that you are happy
그에게 그 돈을 **맡기다**	**trust** the money to him

0361 **try**
[trái]

뭔가 시도하고 노력하는 이미지

그 문제를 풀려고 **노력하다**	( ) to solve the problem
크기가 맞는지 그 옷을 **입어보다**	**try** the clothes for size
새로운 커피를 **맛보다**	**try** a new coffee
그는 도둑질로 **재판을 받았다**	He was **tried** for stealing

95

0362 **turn** 어떤 방향으로 돌리는 이미지

[tə́:rn]

자물쇠에 열쇠를 넣고 **돌리다**	( ) the key in the lock
왼쪽으로 **돌다**	**turn** to the left
그에게 총을 **겨누다**	**turn** the gun on him
페이지를 **넘기다**	**turn** the page
나뭇잎들이 빨갛게 **변했다**	The leaves **turned** red

0363 **twinkle** 반짝거리는 이미지

[twíŋkl]

별이 **반짝인다**	The stars ( )
그의 말에 그녀의 눈이 **반짝였다**	Her eyes **twinkled** at his words

어떤 사람이나 상황 아래에(under) + 서있다 (stand) = 이해하다

0364 **understand** 뭔가를 이해하는 이미지

[ʌ̀ndərstǽnd] understood-understood

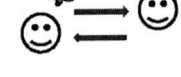

남자들은 여자들을 잘 **이해하지** 못한다	Men don't ( ) women
나는 그녀가 여기에 왜 왔는지 **이해가** 안된다	I don't **understand** why she came here.

0365 **unify** 떨어진 부분을 하나로 만드는 이미지

[júːnəfài] unified-unified

국가를 **통합하다**	( ) the country
시스템을 **통합하다**	**unify** the system

0366 **unite** 공통의 목적을 위해 하나로 결합시키는 이미지

[juːnáit]

남녀를 결혼으로 **결합시키다**	( ) a man and woman in marriage
단결하여 싸우다	**unite** and fight
마음을 **하나로 모으다**	**unite** minds

0367 upset
[ʌ́psét] upset - upset

평온, 정리되어 있는 것을 뒤엎는 이미지

그의 말은 그녀를 **속상하게 했다**   His words (   ) her
균형을 **깨트리다**   **upset** balance
다음 계획을 **틀어지게 하다**   **upset** a next plan

0368 use
[júːs]

사용하는 이미지

사과를 자르는데 칼을 **이용하다**   (   ) a knife to cut an apple
머리를 **쓰다**   **use** the head
이 차는 적은 연료를 **사용한다**   This car **uses** a little fuel
그는 자신의 목적을 위해 사람들을 **이용한다**
   He **uses** people for his own ends

0369 view
[vjúː]

쭉 둘러보는 이미지

그 문제를 다양한 측면에서 **보다**
   (   ) the matter from different sides
살 집을 **둘러보다**   **view** the house to live in

0370 visit
[vízit]

보거나 만나기 위해 찾아가는 이미지

친구를 **방문하다**   (   ) a friend
런던에 **구경가다**   **visit** London
절에 **참배하다**   **visit** a temple

0371 vote
[vout]

투표하여 결정하는 이미지

법안에 반대 **투표하다**   (   ) against a bill
쟁점에 대하여 **투표하다**   **vote** on an issue
투표하여 그 일을 중단시키다   **vote** to stop the work

0372 **wait**
[wéit]

무엇이 오거나 이루어질때까지 기다리는 이미지

그녀에게 전화하고 **기다리다**	call her and **(　　)**
잠깐 **기다리다**	**wait** for a moment
식사 **시중들다**	**wait** on table

0373 **wake**
[wéik] woke - waken

잠에서 깨어나 눈을 뜨는 이미지

| 나는 6시에 잠이 **깼다** | I **(　　)** up at 6 o'clock |
| 그녀를 6시에 **깨우다** | **wake** her up at 6 o'clock |

0374 **walk**
[wɔ́:k]

걷거나 걷게하는 이미지

우리 선생님이 **걸어서** 교실에 들어왔다
　　　　　　　Our teacher **(　　)ed** in the classroom
그는 매일 **걸어서** 그녀를 집에 **바래다 준다**
　　　　　　　He **walks** her home every day
공원에서 뚱뚱한 개를 **산책시키다**　**walk** a fat dog in the park

375 **wander**
[wɑ́ndər]

이리 저리 떠돌아다니는 이미지

거리를 **돌아다니다**	**(　　)** around the streets
숲속에서 **배회하다**	**wander** in the forest
주제에서 벗어나 **헤매다**	**wander** from the subject
그의 시선은 그 그림에 **팔려있었다**	
	His eyes **wandered** towards the picture

0376 **want**
[wánt]

없거나 부족한 것을 원하는 이미지

네가 **원하면** 넌 그것을 가질 수 있다	You can have it if you **(　　)**
나는 그녀를 보고 **싶다**	I **want** to see her
그 꽃들은 매일 물을 **필요로 한다**	
	The flowers **want** watering every day
돈이 **부족하다**	**want** for money

0377 **warn**
[wɔ́:rn]

미리 강하게 경고하는 이미지

학생들에게 조용히 하라고 **경고하다** ( ) students to be quiet
위험을 **경고하다** **warn** of danger

0378 **wash**
[wáʃ]

물로 씻어서 더러운 것 등을 없애는 이미지

내 손을 **씻다** ( ) my hands
이 옷은 **물세탁이** 잘 된다 This clothes **washes** well
홍수가 그 지역을 **휩쓸었다** The flood **washed** away the area

0379 **waste**
[wéist]

낭비하는 이미지

시간을 **낭비하다** ( ) time
돈을 **낭비하다** **waste** money
좋은 기회를 **놓치다** **waste** a good chance

0380 **watch**
[wátʃ]

움직이는 것을 지켜 보는 이미지

텔레비전을 **보다** ( ) Television
손목시계를 **보다** **watch** a watch
주말에 삼촌 집을 **봐주다**
watch my uncle's house on weekend
입 **조심해** **Watch** your mouth

0381 **wear**
[wéər] wore - worn

뭔가를 계속 몸에 지니고 있는 이미지

반지를 **끼고 있다** ( ) a ring
미소를 **띠고 있다** **wear** a smile
그 바지는 **낡아서** 얇아졌다 The pants **worn** thin
이 청바지는 잘 **안닳고 오래간다** This jeans **wears** well

0382 weigh
[wéi]

무게가 나가거나 무게를 재는 이미지

나는 **체중이** 60kg이다   I ( ) 60 kilos
나는 손으로 그것의 **무게를 가늠해보았다**   I **weighed** it in my hand
말하기 전에 나의 말을 **심사 숙고하다**   **weigh** my words before speaking

0383 welcome
[wélkəm]

기뻐하면서 받아들이는 이미지

나는 그들을 **맞이하기** 위해 문에 서 있었다
  I stood at the door to ( ) them
새로운 사상을 **기꺼이 받아들이다**   **welcome** a new idea

0384 whisper
[hwíspər]

작고 부드러운 소리로 속삭이는 이미지

그녀의 귀에 대고 **속삭이다**   ( ) in her ear
그녀에게 무언가 **속삭이다**   **whisper** something to her
그의 안좋은 행실에 대해서 **수근거리다**   **whisper** about his bad deed

0385 whistle
[hwísl]

높고 날카로운 휘파람 소리를 내는 이미지

개에게 **휘파람을 불어** 돌아오게 하다   ( ) to the dog to come back
파울에 대해서 **호루라기를 불다**   **whistle** for a foul
제트기가 공기를 가르며 쌩 **날아갔다**   The jet **whistled** through the air

0386 win
[wín] won - won

서로 경쟁/노력하여 원하는 것을 얻는 이미지

게임을 **이기다**   ( ) a game
그녀의 마음을 **얻다**   **win** her heart
금메달을 **따다**   **win** a gold medal

0387 wink
[wiŋk]

양쪽 눈 중에 하나를 깜박이는 이미지

그가 예쁜 소녀에게 **윙크했다**　He ( )ed at a pretty girl
자동차 빛이 멀리서 **깜빡거렸다**　A car light **winked** in the distance
눈을 **깜빡거려** 눈물을 떨쳐내다　**wink** away the tears

0388 wish
[wíʃ]

막연히 기대하고 바라는 이미지

캐나다에 살기를 **바라다**　( ) to live in Canada
나는 키가 더 컸으면 **좋겠다**　I **wish** I were taller
나는 네가 즐거운 크리스마스가 되기를 **바래**
　　　　　　　　　　I **wish** you a merry Christmas

0389 wonder
[wʌ́ndər]

궁금해 하거나 크게 놀라는 이미지

사람들은 그녀의 결혼 소식에 **놀랐다**
　　　　　　　　People ( )ed at her wedding news
나는 그녀가 몇 살인지 **궁금하다**　I **wonder** how old she is
나는 당신이 우리를 도와주실 수 있는지 **모르겠군요**
　　　　　　　　　　I **wonder** if you can help us

0390 work
[wə́:rk]

움직이거나 작용하여 어떤 결과를 만들어내는 이미지

한국인들은 아주 오랜 시간 **일한다**　Koreans ( ) very long hours
병원에서 **근무하다**　work in a hospital
그 차는 휘발유로 **작동된다**　The car **works** by gas
기계를 **작동시키다**　**work** a machine
농장을 **경영하다**　**work** a farm
그 약은 그녀에게 **효과가 있었다**　The medicine **worked** on her

0391 worry
[wə́:ri] worried-worried

초조하거나 불안하게 하는 이미지

그녀는 몸무게를 **걱정했다**　She ( ) about her weight
돈이 항상 나를 **괴롭힌다**　Money always **worries** me
스마트폰을 사달라고 아버지에게 **조르다**
　　　　　　　worry my father to buy a smart phone

0392 **wound**
[wúːnd]

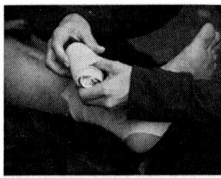

심각한 상처를 입히는 이미지

그 병사는 전쟁에서 **부상당했다**   The soldier was ( )ed in the war
그의 말에 그녀는 심하게 **상처를 입었다**
　　　　　　　　　　　　　　She was badly **wounded** by his words

0393 **wrap**
[ræp] wrapped-warpped

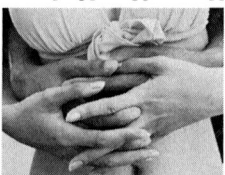

뭔가의 둘레를 감싸는 이미지

생일 선물을 **포장하다**   ( ) a birthday present
아기 주위를 담요로 **감싸다**   **wrap** a blanket around the baby
그의 팔이 그녀의 허리를 **감싸고** 있었다
　　　　　　　　　　　　His arms were **wrapped** around her waist

0394 **write**
[ráit] wrote - written

쓰거나 기록하는 이미지

시험지에 내 이름을 **쓰다**   ( ) my name on the test paper
소설을 **쓰다**   **write** a novel
그 연필은 잘 **써진다**   The pencil **writes** well
나는 캐나다에 있는 친구에게 **편지를 썼다**
　　　　　　　　　　　　　　I **wrote** to my friend in Canada

0395 **yell**
[jél]

크고 길게 외치는 이미지

고통에 **부르짖다**   ( ) with pain
도와달라고 **외치다**   **yell** for help

조동사 외

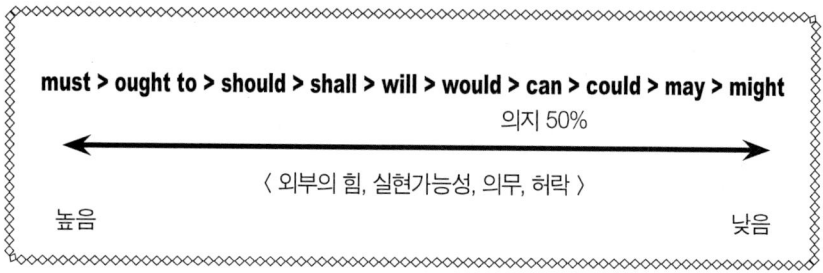

must > ought to > should > shall > will > would > can > could > may > might

의지 50%

〈 외부의 힘, 실현가능성, 의무, 허락 〉

높음　　　　　　　　　　　　　　　　　　　　　　　　낮음

1. 조동사

〈일반적인 조동사〉

0396 do/does　~하다/~하니?

[du]/[dʌ́z]

너는 그녀를 사랑**하니**?
(　　　) you love her ?

그녀는 너를 사랑**하니**?
(　　　) she love you ?

0397 don't /doesn't　~안하다

[du]/[dʌ́z]

예.나는 사랑**합니다**
Yes, I (　　　)

예, 그녀는 **그래요**
Yes, she (　　　)

아뇨,나는 **사랑안해요**
No, I (　　　)

아뇨,그녀는 **안그래요**
No, she (　　　)

0398 did　~했다/~했니?

[díd]

너는 그녀를 사랑**했니**?
(　　　) you love her ?

그녀는 너를 사랑**했니**?
(　　　) she love you ?

0399 did not/didn't　~ 안했다

/[dídnt]

네, 나는 **그랬습니다**
Yes, I (　　　)

네, 그녀는 **그랬습니다**
Yes, she (　　　)

아뇨, 나는 **안그랬습니다**
No. I (　　/　　)

아뇨, 그녀는 **안그랬습니다**
No,she (　　/　　)

0400 will/shall　~할 것이다

[wíl]/[ʃǽl]

너는 그녀를 다시 만날거니?
(　　　/　　　) you meet her again?

네, 나는 그럴 겁니다
Yes, I (　　　/　　　)

0401 will not / won't /shall not　~안 할 것이다

[wíl]/[ʃǽl]

아뇨, 나는 안 **그럴겁니다**
No, I (　　　/　　　/　　　)

0402 would　~할지 모른다

[wúd]

나는 그녀를 다시 만**날지 모른다**
I (　　　) meet her again.

0403 would not / wouldn't　~안할지 모른다

/[wúdnt]

나는 그녀를 다시 못 만**날지 모른다**
I (　　　/　　　) meet her again.

0404 can　~할 수 있다.

[kæ̀n]

나는 그녀를 다시 만날 **수 있다**
I (　　　) meet her again

0405 could　~할 수 있었다

[kəd, kúd]

나는 그녀를 다시 만날 **수 있었다**
I (　　　) meet her again.

0406 cannot / can't　~할 수 없다

[kǽnɑt] / [kǽnt]

나는 그녀를 다시 만날 **수 없다.**
I (　　　/　　　) meet her again.

0407 could not /couldn't　~할 수 없었다

/[kúdnt]

나는 그녀를 다시 만날 수 없었다.
I (　　　/　　　) meet her again.

0408 **have/ has to** (상황에 의해)~해야 한다
[|hæv tə]

나는 그녀를 다시 만나**야 한다.**
I (   ) meet her again.

그녀는 다시 나를 만나**야 한다.**
She (   ) meet me again.

0409 **had to** (상황에 의해)~해야 했다
[|hæd tə]

나는 그녀를 다시 만나**야 했다.**
I (   ) meet her again.

0410 **will have to** (상황에 의해) ~ 해야할 것이다

나는 그녀를 다시 만나**야 할 것이다.**
I (   ) meet her again.

0401 **don't /doesn't have to** ~할 필요가 없다

나는 그녀를 다시 만날 **필요가 없다**
I (   ) meet her again.

그녀는 나를 다시 만날 **필요가 없다**
She (   ) meet me again.

0412 **didn't have to** ~ 할 필요가 없었다

나는 그녀를 다시 만날 **필요가 없었다.**
I (   ) meet her again.

0413 **won't have to** ~ 할 필요가 없을 것이다

나는 그녀를 다시 만날 **필요가 없을 것이다.**
I (   ) meet her again.

〈허락, 가능성〉

0414 should ~이겠지 /~하겠지
[ʃʊd]
그녀는 다른 남자를 만**나겠지**
She ( ) meet another man.

0415 will/shall ~일 것이다/~할 것이다
[ʃʊd]
그녀는 다른 남자를 만**날 것이다.**
She (/) meet another man.

0416 can ~할 수 있다
너는 다른 여자를 만날 **수 있다.**
You ( ) meet another woman.

0417 be able to ~할 수 있다
[éibl]
너는 다른 여자를 만날 **수 있다.**
You ( ) meet another woman.

그녀는 다른 남자를 만날 **수 있다**
She ( ) meet another man.

0418 may ~일지 모른다
[méi]
그녀는 다른 남자를 만날지 **모른다**
She ( ) meet another man.

0419 might 아마~ 했을지 모른다
[máit]
그녀는 **아마** 다른 남자를 만날지 **모른다.**
She ( ) meet another man.

0420 cannot / can't ~할 수 없다
너는 다른 여자를 만날 **수 없다.**
You (/) meet another woman.

0421 be not able to   ~할 수 없다

너는 다른 여자를 만날 **수 없다**.
You (   ) meet another woman.

그녀는 다른 남자를 만날 **수 없다**.
She (   ) meet another man.

0422 may not   ~아닐 거다

그녀는 다른 남자를 만나지 **않을거야**
She (   ) meet another man.

0423 might not   아마 ~안했을거다

그녀는 **아마** 다른 남자를 만나지 **않을거야**
She (   ) meet another man.

0424 can   ~할 수 있을까?(허락)

너의 핸드폰을 쓸 **수 있을까?**
(   ) I use your mobile phone ?

0425 could   ~할 수 있을까요?(허락)

당신의 핸드폰을 쓸 **수 있을까요?**
(   ) I use your mobile phone ?

0426 may   ~해도 되겠습니까?

당신의 핸드폰을 써도 **되겠습니까?**
(   ) I use your mobile phone ?

107

〈필요성〉

0427 must + 동작   반드시 ~해야한다

[məst 강형 mʌst]

너는 **반드시** 너의 핸드폰을 써**야 한다.**
You (   ) use your mobile phone.

0428 shoud   ~해야한다

너는 너의 핸드폰을 써**야 한다**
You (   ) use your mobile phone.

0429 ought to   ~해야한다(격식)

[ɔ:tə]

너는 너의 핸드폰을 써**야 한다**
You (   ) use your mobile phone.

0430 have to/has to   (상황에 의해)~해야 한다

너는 너의 핸드폰을 써**야 한다**
You (   ) use your mobile phone.

그녀는 그녀의 핸드폰을 써**야 한다**
She (   ) use her mobile phone.

0431 must not   절대 ~해선 안된다

너는 **절대** 그녀의 핸드폰을 써선 **안 된다**
You (   ) use her mobile phone.

0432 shouldn't   ~해선 안 된다

너는 그녀의 핸드폰을 써선 **안된다**
You (   ) use her mobile phone.

0433 ought not to   ~해선 안된다(격식)

너는 그녀의 핸드폰을 써선 **안 된다**
You (   ) use her mobile phone.

0434 don't/doesn't have to ~할 필요가 없다

너는 그녀의 핸드폰을 쓸 **필요가 없다**
You ( ) use her mobile phone.

그녀는 너의 핸드폰을 쓸 **필요가 없다**
She ( ) use your mobile phone.

0435 need not ~할 필요가 없다
[ni:d]

너는 그녀의 핸드폰을 쓸 **필요가 없다**
You ( ) use her mobile phone.

〈추측〉

0436 must + 상태 ~임에 틀림없다

그녀는 바보임에 **틀림없다**
She ( ) be a fool

0437 should ~일거야

그녀는 바보**일거야**
She ( ) be a fool

0438 could ~일 수도 있지

그녀는 바보**일 수도 있지**
She ( ) be a fool

0439 may ~일지도 몰라

그녀는 바보**일지도 몰라**
She ( ) be a fool

0440 might 혹시~일지도 몰라

그녀는 **혹시** 바보 **일지도 몰라**
She ( ) be a fool.

0441 **must not**   ~아님에 틀림없다

그녀는 바보가 **아님에 틀림없다**.
She ( ) be a fool.

0442 **can't**   절대 ~ 일리 없어

그녀는 **절대** 바보**일리 없어**
She ( ) be a fool

0443 **couldn't**   ~일 수 없다

그녀는 바보**일 수가 없다**.
She ( ) be a fool.

0444 **may not**   ~아닐지도 몰라

그녀는 바보가 **아닐지 몰라**
She ( ) be a fool.

0445 **might not**   혹 ~ 아닐 수도 있지

그녀는 혹 바보가 **아닐 수도 있지**
She ( ) be a fool

14일 446~495

0446 **had better**   ~하는 것이 좋다
[bétər]

너는 그녀를 다시 만나는 **것이 좋다**
You ( ) meet her again.

0447 **had better not**   ~안하는 것이 좋다

너는 그녀늘 다시 **안** 만나는 **것이 좋다**
You ( ) meet her again.

0448 **would rather**   차라리 ~하는 것이 낫다
[rǽðər]

너는 **차라리** 그녀를 다시 만나는 **것이 낫다**
You ( ) meet her again

0449 **used to**   ~하곤했다 (지금은 안한다)
[júːst tə]

그녀는 다른 남자를 만**나곤 했다** (그러나 지금은 안그런다)
She ( ) meet another man.

2. 의문사

0450 what 무엇
[wɑːt]
너의 이름은 **뭐**니?
( )'s your name ?

0451 what kind/sort of 무슨 종류의
[kaɪnd] [sɔːrt]
너는 **어떤 종류의** 과일을 좋아하니?
(/) fruits do you like ?

0452 what else 그밖에 무엇을
[els]
거기서 **그 밖에 무엇**을 봤니?
( ) did you see there ?

0453 what + 명사 무슨~
너는 **무슨** 색을 좋아하니?
( ) color do you like ?

0454 who 누구
[huː]
당신은 **누구**시죠?
( ) are you ?

0455 who else 그밖에 누구
그 밖에 **누가** 초대되었죠?
( ) is invited ?

0456 whom 누구를
[huːm]
너는 **누구를** 초대했니?
( ) did you invite ?

0457 where 어디
[hwɛər]
넌 **어디에** 가고 있니?
( ) are you going ?

0458 where else 그밖에 어디를

그 밖에 어디를 갈 거지?
( ) will you go ?

0459 when 언제
[hwen]

너의 생일은 **언제**니?
( ) is your birthday?

0460 why 왜
[hwai]

왜 너는 영어를 공부하지?
( ) do you study English?

0461 how 어떻게
[hau]

내가 **어떻게** 거기에 도착할 수 있죠?
( ) can I get there ?

0462 how many 얼마나 많은
[meni]

하루에 **몇**시간 잠자니?
( ) hours do you sleep a day ?

0463 how much 얼마나 많은 (양)
[mʌtʃ]

얼마에요?
( ) is it ?

0464 how often 얼마나 자주
[ɔ́:fən]

얼마나 자주 내 생각을 하니?
( ) do you think of me?

0465 how long 얼마나 오래
[lɔ́:ŋ]

그곳에 도착하려면 **얼마나 오래** 걸리죠?
( ) does it take to get there?

0466 how far 얼마나 멀리
[fɑː(r)]

여기서 거기까지는 **얼마나 멀**죠?
( ) is it from here to there?

0467 **how old** 얼마나 나이먹은
[ould] **몇살**이니?
(   ) are you ?

0468 **which** 어느것
[hwitʃ] 버스와 지하철 중 **어느 것**이 더 나을까요?
(   ) is better, by bus or by subway?

0469 **which + 명사** 어떤~
남쪽은 **어떤** 길이죠?
(   ) way is south?

0450 **what if + 문장** ~하면 어떻게 되죠?
[ɪf] 제가 싫다고 하면 **어떻게 되는 거죠**?
(   ) I say no?

3. 대명사

0451 I — 나는
[aɪ]
나는 노래 부르는 것을 좋아한다
( ) like to sing.

0452 my — 나의
[maɪ]
나의 친구들이 숙제를 도와주러 왔다.
( ) friends came to help me with **my** work.

0453 me — 나를/나에게
aaa
이것은 너를 위한 것이고, 저것은 **나를** 위한 것이다.
This one is for you and that one is for ( ).

0454 mine — 나의 것
[maɪn]
이 펜은 **나의 것**이다.
This pen is ( )

0455 myself — 나 자신
[maisélf]
나는 **나 자신**에게, "내가 멋져 보이는걸," 하고 생각했다
I thought to ( ), " I look great."

0456 You — 당신은
[ju]
너는 어디 출신이니?
Where are ( ) from?

0457 your — 당신의
[juər]
여기 **네** 책이 있다.
Here is ( ) book.

0458 you — 당신을/당신에게
[ju]
나는 **너를** 좋아한다
I like ( )

0459	**yours** [juər;z]	당신의 것 저 펜은 **너의 것**이다 That pen is ( ).
0460	**yourself** [juərsélf]	당신 자신 네 **자신**을 즐기세요 Enjoy ( ).
0461	**He** [hi]	그는 **그는** 걸어서 학교에 갑니다. ( ) walks to school.
0462	**his** [hiz]	그의 **그의** 눈은 갈색이다. ( ) eyes are brown.
0463	**him** [hɪm]	그를/그에게 **그에게** 읽을 동화책을 주세요. Give ( ) the storybook to read.
0464	**his** [hɪz]	그의 것 그 책은 **그의 것**입니다 The book is ( ).
0465	**himself** [himsélf]	그 자신 **그 자신**이 직접 그것을 썼습니다 He wrote it ( ).
0466	**She** [ʃi]	그녀는 여기 **그녀가** 왔네. Here ( ) is.
0467	**her** [hər]	그녀를/그녀에게 나는 **그녀를** 본다 I see ( ).

0468 her
[hər]
그녀의
그녀의 눈은 초록색이에요.
( ) eyes are green.

0469 hers
[həːrz]
그녀의 것
이 가방은 **그녀의 것**이다
This bag is ( ).

0470 herself
[həːrz]
그녀 자신
그녀 자신이 직접 그것을 만들었다
She made it ( ).

0471 It
[ɪt]
그것
그것은 한그루 나무이다
( ) is a tree.

0472 its
[its]
그것의
그것의 잎들이 날카롭다
( ) leaves are sharp.

0473 it
[ɪt]
그것을
그것을 저기에 놓아라.
Put ( ) over there.

0474 itself
[itsélf]
그것 자신
그 TV는 **그것 자신**이 저절로 꺼지나요?
Does the TV turn ( ) off?

0475 We
[wi]
우리는
우리가 거기에 갈 수 있을까?
Can ( ) go there?

0476 our
[auər]
우리의
우리의 집은 초록색이에요.
( ) house is green.

0477	**us**	우리를/우리에게
	[ʌs]	그는 **우리에게** 많은 음식을 주었다.
		He gave ( ) much food.

0478	**ours**	우리의 것
	[auərz]	그 집은 **우리의 것**이다
		The house is ( )

0479	**ourselves**	우리 자신
	[aːrsélvz]	**우리 자신**이 그것들을 직접 지었다
		We built it by ( ).

0480	**You**	당신들은
	[ju]	**당신들**은 학생들입니까?
		Are ( ) students ?

0481	**your**	당신들의
	[juər]	여기에 **너희들의** 책들이 있다.
		Here are ( ) books

0482	**you**	당신들을/당신들에게
	[ju]	그 선생님이 그의 학생들에게 말했다. **너희들을** 사랑한다.
		The teacher said to his students " I love ( )"

0483	**yours**	당신들의 것
	[juərz]	모든 책은 **너희들의 것**이다
		All books are ( ).

0484	**yourselves**	당신들 자신
	[juərsélvz]	**당신들 스스로**가 그것을 해야한다.
		You should do it ( ).

0485	**They**	그들은
	[ðeɪ]	**그들은** 나의 친구들이다.
		( ) are my friends

0486 **their** 그들의
[ðer]
그들의 집들은 학교 근처에 있다.
( ) houses are near school.

0487 **them** 그들을/그들에게
[ðem]
나는 그들을 좋아하고 그들도 또한 나를 좋아한다.
I like ( ), and they like me, too.

0488 **theirs** 그들의 것
[ðərz]
그들은 그들의 것을 나에게 가끔 준다.
They often give me ( ).

0489 **themselves** 그들 자신
[ðəmsélvz]
그들은 가끔 그들 자신 끼리 싸운다
They often fight among ( ).

0490 **this** 이것
[ðis]
이것은 펜입니다
( ) is a pen

0491 **these** 이것들
[ðíːz]
이것들은 펜들입니다.
( ) are pens.

0492 **that** 저것
[ðæt]
저것은 연필이다
( ) is a pencil.

0493 **those** 저것들
[ðóuz]
저것들은 연필들이다
( ) are pencils.

0494 **someone /somebody** (긍정문) 누군가
[eniwʌn] [énibàdi]
누군가가 바깥에서 너를 기다리고 있다.
(/) is waiting for you outside.

0495 anyone / anybody (부정문, 의문문) 누군가
[eniwʌn] [énibàdi]
나는 **어느누구도** 보고 싶지 않다
I don't want to see (/   ).

0496 another 또 다른
[ənʌ́ðər]
또 다른 것을 보여주세요.
Show me (   ) one.

15일
496~542

0497 other 다른
[ʌ́ðər]
2사람이 있다. 한사람은 남자고, **다른** 사람은 여자다
There are two persons. One is man, and the (   ) is woman.

4. 연결사

0498 and 그리고
[ænd]
개**와** 고양이는 늘 싸운다.
The dog ( ) the cat fight all the time.

0499 or 혹은 ,~또는 / 그렇지 않으면(명령문)
[ɔ́:r]
너는 노래 부르고 싶니 **또는** 춤추고 싶니?
Do you want to sing ( ) dance ?

0500 but / however 그러나
aaa
나는 그녀를 좋아하**지만** 그녀는 종종 나를 피곤하게 해요
I like her , (/), she often makes me tired.

0501 so /therefore 그래서
[sóu] [ðéərfɔ̀:r]
나는 지금 피곤합니다. **그래서** 지금 자고 싶어요
I am tired now (/) I want to sleep

0502 If ~한다면
내가 자고 싶**다면**, 너의 방에 들어가라
( ) you want to sleep, get into your room.

0503 Unless~/If ~not ~하지 않는다면
[ənlés]
네가 **만약** 지금 잠자지 **않으면**, 넌 쓰러질지 모른다
( ) you sleep right now, you may knock down.

0504 When ~ ~할때
[hwen]
네가 잠잘 **때**, 불 끄는 것을 잊지 마라
( ) you go to bed,don't forget to turn off the light.

0505 While~ ~하는 동안
[hwail]
당신이 잠자는 **동안**, 그녀가 떠났다.
( ) you went to bed, she is gone.

0506 **During / for** ~동안
[djúəriŋ]

나는 겨울방학**동안** 런던에 머물렀다
I stayed in London (   ) the winter vacation.

나는 2주일 **동안** 런던에 머물렀다.
I stayed in London (   ) 2 weeks.

0507 **As~**
[ǽz]

~하면서 (거의 동시에 진행되는 다른 하나는 ~)

나는 런던을 방문**하면서**, 내 친구를 만났다
(   ) I visited London. I met my friend.

0508 **As soon as ~ , The moment~** ~하자 마자
[su:n] [móumənt]

그녀는 돈을 벌자마자, 몇켤레의 구두를 샀다.
(   ) she earned the money, she bought some shoes.

0509 **until/till** ~전까지(진행)
[tíl]

너는 해보기**까지는** 모를꺼야
You'll never know (/   ) you try

0510 **by** ~전까지 (완료)

당신의 합격을 금요일**전까지** 당신에게 알려드리겠읍니다.
I'll inform you your pass (   ) Friday.

0511 **Before~** ~전에

그녀는 식사하기**전**에, 항상 손을 씻는다.
(   ) she eats her meal, She always washes her hands

0512 **After ~** ~후에

그녀는 식사**후에**, 양치질을 한다
(   ) she eats her meal, She washes her teeth.

0513 **since** ~이후 쭉
[sins]

나는 아침식사**이후 쭉** 아무것도 안 먹었다.
I haven't eaten (   ) breakfast.

0514 **as if ~**   마치 ~인듯,

그는 **마치** 그가 모든 것을 다 아는**듯이** 말한다.
He talks ( ) he knew everything.

0515 **because of/due to**   ~하기 때문에(구), (그 이유는 ~)
[bikɔ́:z]

그녀는 감기**때문에** 결석했다.
She was absent (/) cold

0516 **because ~, since ~, as~**   ~하기 때문에(절), (그 이유는 ~)

그녀는 노래를 잘하기 **때문에** 인기가 많다
She is popular (/) she sings well.

우리는 컴퓨터 시대에 살고 있**기에**, 너는 pc를 배워야한다
( ) we live in the computer era, you should learn p.c

0517 **so~ that~/such ~ that ~**   너무 ~해서 ~하다
[sʌtʃ]

그는 **너무** 열심히 일해서 병이 났**다**.
He worked (/) hard ( ) he got sick.

0518 **Although~, Even though~**   비록 ~ 일지라도 (절), (앞뒤 상황이 서로 충돌한다)
[ɔːlðóu]

Even if ~

비록 비가 왔을지라도, 나는 친구들과 축구하러 나갔다.
(/ /) it rained,
I went out to play soccer with my friends.

0519 **Despite / in spite of**   비록 ~ 일지라도 (구)
[dispáit] [spait]

(/) the rain,
I went out to play soccer with my friends

0520 **Whereas ~ / while**   ~반면에
[hwɛərǽz]

그녀는 미술을 좋아한다 **반면에** 그는 그것을 안 좋아한다.
She likes art, (/) he doesn't like it.

0521 **that ~**   ~라는 것

나는 그녀가 나쁜 여자라**는 것**을 곧 알게 되었다
I got to know soon ( ) she was a bad woman.

0522 as far as~, as/so long as ~   ~하는 한

나는 날씨가 좋기만 하면 갈 것이다.
I will go (/   ) the weather is good.

0523 as much as ~   ~와 같은 양의
[mʌtʃ]

너는 원하는 **만큼** 먹을 수 있다.
You can eat (   ) you like.

0524 as many as~   ~와 같은 수의

그녀는 매주 책을 2권**정도** 읽는다.
She reads (   ) 2 books every week.

0525 than~   ~ 보다
[ðǽn]

나는 그녀**보다** 어리다. 그러나 우리는 친구이다.
I am younger (   ) her. But we are friend.

0526 who   그런데 그 사람은

나는 한 소녀를 좋아한다. **그런데 그녀는** 내 친구의 여동생이다
I like a girl (   ) is the sister of my friend.

0527 whose   그런데 그의 / 그녀의 / 그것의
[huːz]

나는 한 소녀를 좋아한다. **그런데 그녀의** 취미는 음악듣기이다.
I like a girl (   ) hobby is listening music.

나는 책 한권을 샀다 **그런데 그것의** 표지가 빨강색이었다.
I bought a book (   ) cover was red.

0528 whom /which/ that   그런데 그를 / 그녀를 / 그것을
[ðət]

나는 한 소녀를 좋아한다, **그런데 그녀를** 나의 학교선배가 또한 좋아한다.
I like a girl (/   ) my school senior likes too.

나는 책 한권을 샀다 **그런데 그것을** 나는 그녀에게 주었다
I bought a book (/   ) I gave her

0529 which/that — 그런데 그것은
나는 책 한권을 샀다. **그런데 그것은** 주간 베스트 셀러에 있었다
I bought a book (/) was in the weekly best sellers.

0530 where — 그런데 거기서
이것은 집이다, **그런데 거기서** 그가 태어났다.
This is the house ( ) he was born.

0531 when — 그런데 그/이 때
지금은 시간이다, **그런데 이때** 우리는 행동해야 한다.
Now is the time ( ) we have to act

0532 how — ~하는 방법
이것이 우리가 살아가는 **방법**이다.
This is ( ) we live

0533 why — 왜 ~하는지/왜~있는지
나는 **왜** 우리가 여기에 있어야 하는지 그 이유를 잘모른다
I don' know the reasom ( ) we should be here.

0534 what — ~것
이것이 내가 원했던 **것**이다.
This is ( ) I wanted.

0535 whoever — 누구든지
[hu:évər]
누구든지 오는 분은 환영합니다.
( ) comes is welcome.

0536 whatever — 무엇이든지
[hwʌtévər]
네가 좋아하는 **무엇이든지** 해라.
Do ( ) you like.

0537 Whenever ~ — ~할 때마다
[hwenévər]
그는 외출할**때마다**, 모자를 쓴다.
( ) he goes out, he wears his cap.

0538 **according**
[əkɔ́:rdiŋ]

~에 의하면, ~에 따라서(to)

신문에 **의하면**, 그는 죽었다
( ) to the newspaper, he was dead

0539 **besides**
[bisáidz]

게다가, 그 밖에/ ~외에는

시간이 너무 늦다. **게다가** 나는 피곤하다
It's too late. ( ), I'm tired

0540 **however**
[hauévər]

아무리~해도

날씨가 **아무리** 추워**도**, 그녀는 항상 수영하러 간다
( ) cold it is, she always goes swimming

0541 **otherwise**
[ʌ́ðərwàiz]

다른 경우라면 / 그렇지 않으면

열심히 공부해라 **그렇지 않으면** 떨어질 것이다
Study hard, ( ) you'll fail

0542 **whether**
[hwéðər]

~인지 아닌지

그녀가 그것을 좋아**하는지 아닌지** 난 모르겠다
I don't know ( ) she likes it ( )

125

통합 내용어(초·중)

16일 543~592

막연히 어떤 하나의 (a, an)

0543 a, an   (막연히 어떤) 하나의

[ə, ən]

| 그는 **한명의** 정직한 소년이다 | He is ( ) honest boy |
| 그녀는 **한명의** 아름다운 소녀이다 | She is **a** beautiful girl |

뭔가를 감당해낼 수 있는(abil) +능력(ity)

0544 ability   능력

[əbíləti]

| 탁월한 **능력** | great ( ) |
| **능력**을 발휘하다 | show one's **ability** |

뭔가를 감당해낼 수 있는 (able)

0545 able   유능한, ~할 수 있는

[éibl]

| **유능한** 여자 | an ( ) woman |
| 나는 영어를 말**할 수** 있다 | I am **able** to speak English |

현재 상태에서 (a) + 넓게 퍼지는 (broad)

0546 abroad   외국에, 해외에 / 널리 퍼져

[əbrɔ́ːd]

| **해외로** 여행가다 | travel ( ) |
| 사업차 **해외에** 가다 | go **abroad** on business |

있어야 할 것이 없는 = 있지 않은(ab) + 있어야 할 것(sent)

0547 absent   결석한, 부재중의 / (정신이) 멍한

[ǽbsənt]

| 학교에 **결석하다** | be ( ) from school |
| 그는 아팠다. 그러므로 **결석했다** | He was sick and thus **absent** |

우연히 발생한(acci) + 안 좋은 일(dent)

0548 accident   사고 / 우연

[ǽksidənt]

자동차 **사고**   a car (   )
그 **사고**는 2달전에 일어났다   The **accident** happened 2 months ago

무겁게 지속되는 (a) + 신체 일부의 고통 (che)

0549 ache   고통 / 아프다

[eik]

두통   ahead (   )
내눈이 **아프다**   My eyes **ache**

움직여 어떤 목적,문제를 해결하는 것 (act)

0550 act   행동, 행위(하다)

[ǽkt]

용감한 **행위**   a brave (   )
재빠르게 **행동**하다   **act** quickly

활발하게 뭔가 하거나 달성하는 것 = 움직이는 (act) + 상태(ivity)

0551 activity   활동, 활기

[ǽkt]

여가 **활동**   free-time (   )
야외 **활동**   an outdoor **activity**

정확한 사실이거나 실제로 존재함을 강조하여 = 정확하거나 실제로 존재하는 상태(actual) + 강조하여 (ly)

0552 actually   사실은, 실제로, 정말로

[ǽktʃuəli]

사실은, 나는 그녀를 안 좋아해   (   ), I don't like her
실제로 무슨 일이 일어났느냐?   What **actually** happened ?

뭔가에 **(ad)** + 보내다 **(dress)**

0553 **address**　　주소 / (공식적으로) 연설하다

[ǽdres | ədrés]

그의 집**주소**　　his home **(　　　　)**
회의에 **연설하다**　　**address** a meeting

해군 함대에서 **(admi)** + 가장 힘쎄고 높은 사람 **(ral)**

0554 **admiral**　　해군 대장, 제독

[ǽdmərəl]

이순신 **장군**　　**(　　　　)** Lee Sun-sin
미국 해군 **제독**　　an **admiral** in the US Navy

완전히 다 자란**(adul)** + 사람이나 상태**(t)**

0555 **adult**　　성인, 어른 / 성인의, 성숙한

[ədʌ́lt]

성인용 영화　　**(　　　　)** movies
어른 2명,아이 한장 주세요　　Two **adults** and one child, please

위험하거나 불확실한 **(adven)** + 새로운 도전이나 경험 **(ture)**

0556 **adventure**　　모험

[ædvéntʃər]

톰 소여의 **모험**　　The **(　　　　)s** of Tom Sawyer
흥미로운 **모험**　　an exciting **adventure**

어떤 상황에서 누군가 해야만 하는 것에 대하여 **(advi)** + 의견을 주는 것**(ce)**

0557 **advice**　　충고

[ædváis]

충고 한 마디　　a piece of **(　　　　)**
그가 나에게 **충고**를 해주었다　　He gave me some **advice**

진행되거나 발생한 (**affai**) + 어떤 사건이나 일 (**r**)

0558 affair 사건, 일

[əfέər]

개인의 **일** personal ( )s
그 **일**과 관계가 있다 be connected with the **affair**

뭔가를 피하거나 (**af**) + 겁을 내는 (**raid**)

0559 afraid 무서워 하는, 두려워하는

[əfréid]

개를 **무서워하다** ( ) dogs

낮 12시 이후 ~ 대략 저녁 6시까지 = ~후에 (**after**) + 낮 12시 정오(**noon**)

0560 afternoon 오후

[æ̀ftərnúːn]

오후 내내 all ( )
오후에는 날씨가 흐려질 것이다 It'll get cloudy in the **afternoon**

기준시간보다 (**af**) +뒤에 존재하면서(**ter**) + 쭉 이어지는(**ward**)

0561 afterward 후에, 나중에

[ǽftərwərd]

두달 **후에** two months ( )
나중에 지불하다 pay **afterward**

또 있거나 또 하게 되는 (**again**)

0562 again 또, 다시

[ə|gen ; ə|geɪn]

또 봐 See you ( )
다시 그것을 말씀해 주세요 Please say that **again**

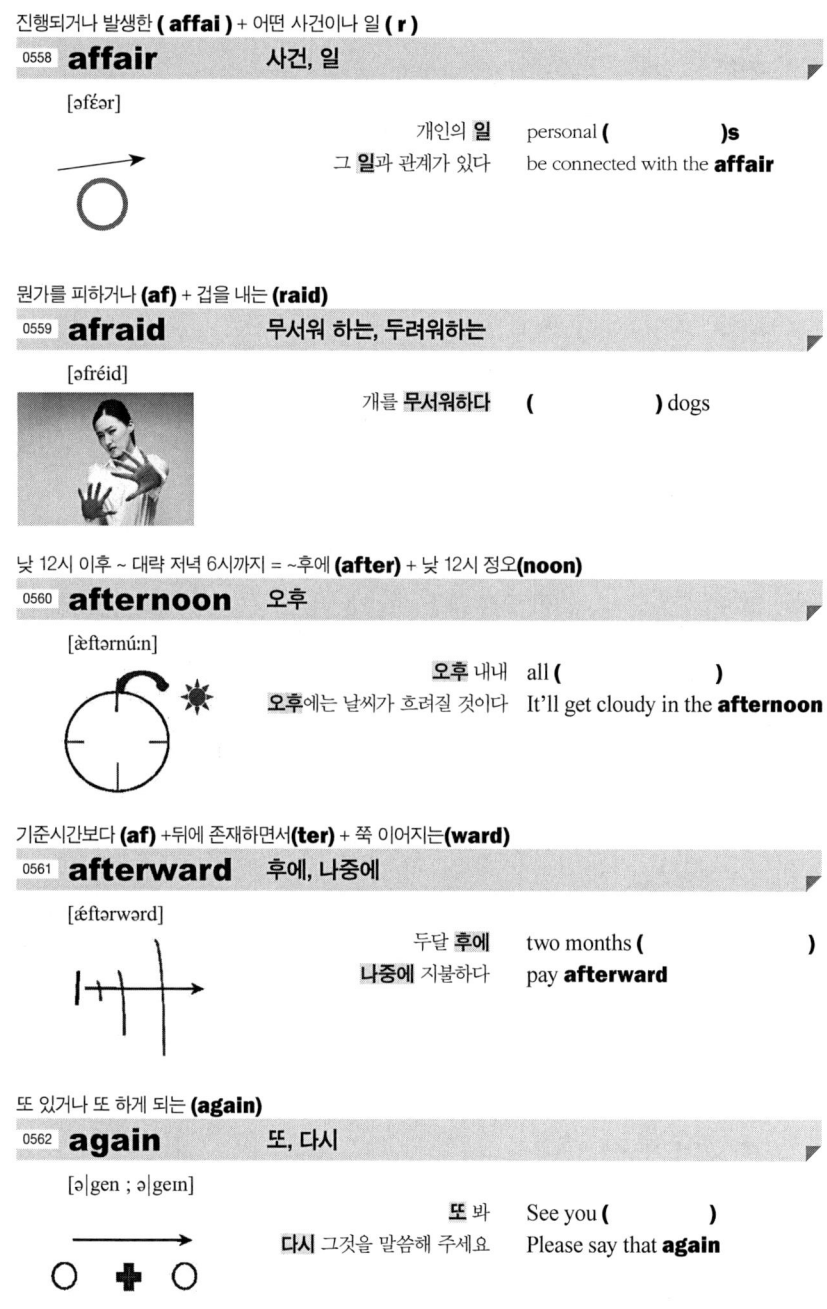

살았거나 존재해왔던 **(a)** +시간이나 년수**(ge)**

0563 age 나이

[éidʒ]

16살의 **나이**에   at the (   ) of 16
같은 **나이**   the same **age**

어떤 기준점에서 **(a)** + 얼마나 떨어져 있는지 알려주는 **(go)**

0564 ago ~전에

[əgóu]

5일 **전에**   five days (   )
오래 **전에**   long ago/ a long time **ago**

지구의 대기권 안에 있고 **(ai)** + 생물들이 내쉬고 들이키는 기체 **(r)**

0565 air 공기, 공중 / 태도 / 방송(하다)

[εər]

신선한 **공기**   fresh (   )
차가운 **공기**   cold **air**
공중으로 높이 날다   fly high in the **air**

하늘을 나는 **(air)** + 평평하고 긴 날개를 갖고 있는 비행기 **(plane)**

0566 airplane 비행기

[έərplèin]

비행기로   by (   )
런던 행 **비행기**   an **airplane** for London

비행기가 하늘로 **(air)** + 날라가고 들어오는 곳**(port)**

0567 airport 공항

[|erpɔːrt]

국제 **공항**   an international (   )
공항에 착륙하다   land on an **airport**

위험을 느끼고**(al)** + 갑자기 밀려드는 놀람, 불안 **(arm)**

0568 **alarm** — 놀람, 불안 / 놀라게(불안하게)하다

[əláːrm]

| 자명종 시계를 맞추다 | set the ( ) clock |
| 화재 **경보기** | a fire **alarm** |

살아있는 상태의 = 어떤 상태 **(a)** + 살아있는 **(live)**

0569 **alive** — 살아 있는

[əláiv]

| 그가 아직 **살아** 있나요? | Is he still ( )? |
| 매우 **활기찬** | very much **alive** |

각각의 모든 것이 합쳐진 **(all)**

0570 **all** — 모든 / 모두, 완전히

[ɔ́ːl]

늘, 언제나	( ) the time
그건 **모두** 내 잘못이다	It's **all** my fault
나는 **완전히** 외롭다	I feel **all** alone

막았던 것을**(al)** + 흘러가게 하는 것**(lowance)**

0571 **allowance** — 허용, 허가 -〉 공제, 할인(너그러운 허용) -〉수당, 용돈

[əláuəns]

용돈을 받다	get an ( )
평균 **용돈** 액수	the average amount of **allowance**
가족**수당**	family **allowance**
고려하다	make **allowance** for

전체에 **(al)** + 매우 가깝게 도달하는 **(mo)** + 상태 **(st)**

0572 **almost** — 거의

[ɔ́ːlmoust]

| **거의** 매 주말마다 | ( ) every weekend |
| 저녁 식사가 **거의** 준비가 다 됐다 | Dinner's **almost** ready |

오직 자기 하나만 있는 상태의 = 어떤 상태 **(a)** + 오직 **(l)** 자기 하나만 있는**(one)**

0573 **alone**   혼자 / 혼자의

[əlóun]

나 **혼자** 내버려 두다   leave me **(**   **)**
혼자 살아서 외로움을 느끼다   live **alone** and feel lonely

소리가 큰 상태의 = 어떤 상태 **(a)** + 소리가 큰 **(loud)**

0574 **aloud**   소리내어, 큰 소리로

[əláud]

소리 내어 책을 읽다   read a book **(**   **)**
소리 내어 웃다   laugh **aloud**

그리스 글자인 **alpha/beta**에 유래된, 단어를 만드는 일련의 글자들

0575 **alphabet**   알파벳

[ǽlfəbèt]

알파벳의 글자들   the letters of the **(**   **)**
알파벳을 익히다   learn the **alphabet**

예상이나 어떤 기준보다 **(al)** + 더 빠른 상태의 **(ready)**

0576 **already**   (긍정문) 이미,벌써 -) (의문문) 그렇게 빨리-) (부정문)설마

[ɔːlrédi]

그는 **벌써** 여기 와 있다   He is **(**   **)** here
그들은 **벌써** 그것을 하고 있니?   Are they **already** doing it?
그녀가 설마 **벌써** 일어나진 않았겠지?   She isn't up **already**, is she?

모두 **(al)** + 함께 **(together)**

0577 **altogether**   완전히, 아주

[ɔ̀ːltəgéðər]

완전히 멈추다   stop **(**   **)**
이것은 **아주** 이상하다   This is **altogether** strange

모든 (al) + 경우들 (ways)

0578 **always** 항상

[ɔ́:lweiz]

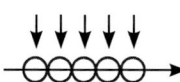

그는 **항상** 뒤쪽에 앉는다   He ( ) sits in the back
그는 **항상** 늦는다   He is **always** late

즐기거나 취미로 (ama) + 뭔가를 하는 사람 (teur)

0579 **amateur** 아마추어 / 아마추어의

[ǽmətʃùər]

아마추어 골프 선수   a ( ) golf player
아마추어 수준   the level of an **amateur**

감탄할 정도로 크게 놀라게 하는 = 감탄할 정도로 크게 놀라게 하다(amaze) + ~하는 (ing)

0580 **amazing** (감탄할 정도로) 놀라운

[əméiziŋ]

누구든지 **놀라운** 일을 할 수 있다   Everybody can do ( ) things

큰 일을 이루기를 강하게 원하는 = 이루다 (am) + 큰 일(bi) + 강하게 원하는(tious)

0581 **ambitious** 야심찬, 야망을 품은

[æmbíʃəs]

그의 **야심찬** 계획   his ( ) plans
야심만만한 나폴레옹   the **ambitious** Napoleon

식물이나 인간이 아닌 (ani) + 움직이는 동물 (mal)

0582 **animal** 동물

[ǽnəməl]

야생 **동물**   a wild ( )
훈련 받은 **동물**   a trained **animal**
동물을 사냥하다   hunt **animal**s

전체를 구성하고 있는 (a) + 셀 수 없는 (moun) + 사물의 크기(t)

0583 **amount** 양, 총액 / 총액이 ~에 이르다

[əmáunt]

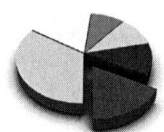

적은 **양**의 설탕   a small ( ) of sugar
많은 **양**의 정보   a large **amount** of information

앞서 (an) + 살았던 (ces) + 사람(tor)

0584 **ancestor** 조상, 선조

[ǽnsestər]

우리의 **조상**들을 기억하다   remember our ( )s
조상들의 산소에 성묘하러 가다   visit **ancestors**' graves

역사상 아주 오래전에 (an) + 있었던 시기와 관련된(cient)

0585 **ancient** 고대의, 아주 오래된

[éinʃənt]

고대에   in ( ) times
고대 그리스   **ancient** Greece

서로 만나는 2개의 직선이나 평면사이의 공간 = 공간 (an) + 서로 만나는 2개의 직선이나 평면 사이에 있는 (gle)

0586 **angle** 각도, 각 / 시각, 관점

[ǽŋgl]

45도 **각도**   a 45 degree ( )
직각   a right **angle**
전화기에 대한 새로운 **시각**이 필요하다
   need a new **angle** for the phone

뭔가에 대하여(an) + 기분 나쁜 감정이 세게 치밀어 오르는(gry)

0587 **angry** 화난, 성난

[ǽŋgri]

네 형은 왜 **화가 났니**?   Why is your brother ( )?
화난 얼굴   an angry look

뭔가에 대하여 **(an)** + 몹시 불안해하거나 두려워하는 **(xious)**

0588 **anxious** 걱정하는, 불안해하는 / 열망하는

[ǽŋkʃəs]

건강을 **걱정하**다　　be (　　　) about health
나는 시험 전에는 항상 **걱정된**다　I always get **anxious** before tests

아무거나 어떤 **(any)**

0589 **any** (의문, 조건문)얼마간의 / (긍정문)어떠한 ~이라도 / (부정문)조금도/아무도 ~아니다

[éni]

아무 때나　　　　　　at (　　) time
무슨 생각이 있니?　　Do you have **any** ideas?
물 **좀** 가지고 있니?　　Do you have **any** water?
난 물을 **조금도** 가지고 있지 않아　I don't have **any** water

어떤 것 이상 **(anymore)**

0590 **anymore** 더 이상, 이제는

[ènimɔ́:r]

네 도움은 **더 이상** 필요없어　　I don't need your help (　　)
이제는 나를 사랑하지 않아?　　Don't you love me **anymore**?

아무거나 어떤 것 **(anything)**

0591 **anything** 무엇이든, 아무것, 어떤 것

[éniθiŋ]

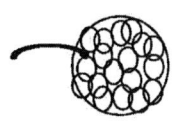

우리는 인터넷을 통해 **무엇이든** 살 수 있다　We can buy (　　) through the internet
나는 그것에 관해 **아무것도** 모른다　　　I don't know **anything** about it
그곳에서 특별한 **뭔가**를 보았니?　　　　Did you see **anything** special there?

아무거나 어떤 **(any)** + 길이나 방법 **(way)**

0592 **anyway** 어쨌든, 아무튼

[éniwèi]

비가 올지 모르지만, **어쨌든** 갈래　It may rain, but I'll go (　　)
그나저나, 한국의 날씨는 어때?　**Anyway**, how's the weather in Korea?

135

17일 0593 **anywhere**
593~642

아무거나 어떤 장소 **(anywhere)**

(긍정문) 어디든지, 아무데나 / (부정문) 아무데도 / (의문문) 어디엔가

[énihwèər]

상자를 **아무데나** 내려놓으세요. Just put the box down ( ).
넌 오늘 **아무 데도** 갈 수 없다. You can't go **anywhere** today.
어제 **어디엔가** 갔었니? Did you go **anywhere** yesterday?

떨어진 상태의 = 상태 **(a)** + 떨어진다 **(part)**

0594 **apart** 떨어져서, 따로

[əpá:rt]

부모와 **떨어져** 살다 live ( ) from parents
우리를 **갈라**놓다 pull us **apart**

필요하거나 하고자 하는 것을 **(appe)** + 채우고자 하는 것 **(tite)**

0595 **appetite** 식욕, 욕구

[ǽpətàit]

나는 **식욕**을 잃었다 I lost my ( )
성욕 sexual **appetite**

둥근 모양의 **(a)** + 단단한 사과 **(pple)**

0596 **apple** 사과

[ǽpl]

사과를 자르다 cut an ( )

미리 **(ap)** + 특정한 어떤 시간, 장소, 사람 등을 정하는 **(point)** + 것 **(ment)**

0597 **appointment** 약속, 임명

[əpɔ́intmənt]

약속을 어기다 break an ( )
임명장을 받다 receive a letter of **appointment**

일정한 범위의 **(a)** + 어떤 지역이나 부분 **(rea)**

0598 **area** 지역, 구역 / 분야
[ɛ́əriə]

사막 **지역**	a desert ( )
금연 **구역**	a nonsmoking **area**
나의 관심 **분야**	my **area** of concern

땅에서 전투를 하는 **(army)** 육군

0599 **army** 육군, 군대
[ɑ́ːrmi]

육군에 입대하다	enter the ( )
육군 장교	an **army** officer

어떤 목적을 달성하거나 즐거움을 주는 **(ar)** + 아주 뛰어난 작품이나 기술 **(t)**

0600 **art** 예술, 미술 / 기술
[ɑːrt]

현대 **미술**	a modern ( )
예술 작품	a work of **art**
친구를 사귀는 **기술**	the **art** of making friends

예술 작품을 만드는 사람 **(artist)**

0601 **artist** 예술가
[ɑ́ːrtist]

위대한 **예술가**	a great ( )

편안히 잠든 상태의 = 상태 **(a)** + 편안히 잠자다 **(sleep)**

0602 **asleep** 잠들어 있는
[əslíːp]

책읽다가 **잠들**다	fall ( ) reading a book
자나 깨나	awake or **asleep**

별과 별 사이를 **(astro)** +항해하는 사람 **(naut)**

0603 **astronaut**   우주 비행사

[ǽstrənɔ́ːt]

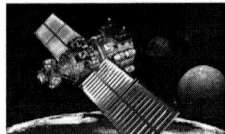

한국의 첫 번째 **우주 비행사**   the first Korean ( )
우주 비행사들은 튜브 안에서 잠을 잔다
Astronauts sleep in a tube

육상 경기에서**(ath)** + 서로 겨루기 위해 훈련된 사람 **(lete)**

0604 **athlete**   운동선수, 육상선수

[ǽθliːt]

프로 **운동** 선수   a professional ( )
타고난 **운동**선수   a natural **athlete**

물질을 구성하는 가장 기본적인 입자 = 가장 기본적인 어떤 것 **(a)** + 물질을 구성하는 **(tom)**

0605 **atom**   원자

[ǽtəm]

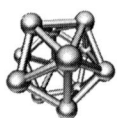

원자 폭탄   an ( ) bomb
한 개의 산소 **원자**   one **atom** of oxygen

뭔가로 **(at)** + 몸이나 마음,시선이 뻗어나가는 것 **(tention)**

0606 **attention**   주의, 집중 / 관심, 배려

[ətén∫ən]

그녀에게 **주의**를 기울이다   pay ( ) to her
다른 사람의 감정에 대한 **배려**   **attention** to other's feelings

엄마나 아버지의 여동생 **(aunt)**

0607 **aunt**   아줌마, 숙모, 고모, 이모

[ǽnt]

삼촌과 **고모/이모**   uncle and ( )

아직 걷거나 말을 못하는 젖먹이 아이 **(baby)**

0608 **baby** 아기

[béibi]

귀여운 어린 **아기**   a cute little ( )

뭔가의 뒤에 **(back)** + 넓게 펼쳐져 있는 **(ground)** 배경

0609 **background** 배경

[bǽkgraund]

무대의 **배경**   stage ( )
배경 음악   **background** music
그의 가정 **배경**   his family **background**

받아들일 수 있는 수준보다 아래에 있는 **(bad)**

0610 **bad** 나쁜, 지독한

[bǽd]

좋지 않은 냄새가 나다   smell ( )
나쁜 소식   **bad** news
지독한 감기   a **bad** cold

받아들일 수 있는 수준보다**(ba)** + 더 아래에 있어 **(dly)**

0611 **badly** 심하게, 몹시, 나쁘게

[bǽdli]

팔을 **심하게** 다치다   hurt my arm ( )
글씨가 **서투르다**   write **badly**

뭔가를 담아 갖고 다닐 수 있는 가방 **(bag)**

0612 **bag** 가방

[bǽg]

종이 **가방**   a paper ( )
가방을 들고 있다   hold a **bag**

139

서로**(ba)** +같은 상태를 유지하고 있는 상태 **(lance)**

0613 **balance** 균형, 조화 / 균형을 이루다
[bǽləns]

일과 가정 사이의 **균형**   a (   ) between work and home
균형을 잃다   lose my **balance**

둥근 모양으로 **(bal)** + 굴러가는 **(l)** 공

0614 **ball** 공 / (격식을 갖춘 큰 규모의) 무도회
[bɔːl]

파울 **볼**   a foul (   )
공을 던지다   throw a **ball**
공을 차다   kick a **ball**

공기나 가스를 넣어 **(bal)** + 공중에 뜨는 것 **(loon)**

0615 **balloon** 풍선, 열기구
[bəlúːn]

풍선을 불다   blow up a (   )
풍선을 터뜨리다   pop a **balloon**

장벽을 쌓아 뭔가를 저장하는 것 **(bank)**

0616 **bank** 둑, 제방 -〉 둑, 제방을 쌓다 -〉 은행 -〉 저장소 -〉 은행에 예금하다
[bǽŋk]

강둑을 따라 걷다   walk along the (   )
강에 **둑**을 쌓다   **bank** a river
은행에서 일하다   work in a **bank**
돼지 **저금통**   piggy **bank**

평평하고**(ba)** + 긴 막대기 **(r)**

0617 **bar** 평평한 긴 막대기 -〉 빗장 -〉 술집 -〉 금지하다
[bɑːr]

초코릿 **바**   a chocolate (   )
샐러드 **바**   a salad **bar**
흡연을 **금하다**   **bar** smoking

가축을 기르거나 곡식을 보관하는 큰 건물 = 큰 건물 **(ba)** + 가축을 기르거나**(r)**, 곡식을 보관하는**(n)**

0618 **barn**   외양간, 헛간

[ba:rn]

외양**간**　　a cow (　　　　)
그의 집은 **헛간**과 같다　His house is like a **barn**

가장 아래에 있는 **(ba)** + 낮은 표면이나 부분 **(se)**

0619 **base**   기초 / 근거를 두다

[beis]

삶의 **기초**　　the (　　　　) of life
그 영화는 사실에 **근거하고 있다**　The movie is **based** on fact

베이스가 있고 **(base)** + 공을 던지고 치는 운동 경기 **(ball)**

0620 **baseball**   야구(공)

[béisbɔ́:l]

TV로 **야구**경기를 보다　　watch a (　　　　) game on TV
야구공을 배트로 치다　　hit the **baseball** with a bat

땅 아래의**(base)** + 부분이나 공간 **(ment)**

0621 **basement**   지하실

[béismənt]

지하 주차장　　a (　　　　) car park

둥글게 엮고 **(bas)** + 속을 깊숙하게 만든 바구니 **(ket)**

0622 **basket**   바구니

[bǽskit]

장**바구니**　　a shopping (　　　　)
바구니를 탁자위에 놓는다　put a **basket** on the table

옷을 벗고 온몸을 씻는 것 **(bath)**

0623 **bath** 목욕

[bæθ]

목욕 수건   a (   ) towel
매일 목욕하다   take a **bath** every day

욕조에서 몸 전체를 씻고**(bath)**, 용변을 볼 수 있는 + 방**(room)**

0624 **bathroom** 욕실, 화장실

[bǽθrùːm]

화장실로 서둘러 가다   rush into the (   )

2편으로 나눠져 **(ba)** + 치열하게 싸우는 것 **(ttle)**

0625 **battle** 전투, 투쟁 / 싸우다, 투쟁하다

[bǽtl]

마지막 전투   the final (   )
전투에서 죽다   be killed in **battle**

바다나 호수가 육지쪽으로 **(ba)** + 휘어 들어가 있는 곳 **(y)**

0626 **bay** 만

[bei]

허드슨 만   Hudson (   )
만을 가로질러 수영하다   swim across the **bay**

자선기금을 모으기 위해 **(ba)** + 벌이는 판매활동 **(zaar)**

0627 **bazaar** 바자회

[bəzáːr]

교회 자선 바자회   a church (   )
학교 바자회에 책을 기부하다   donate books to the school **bazaar**

모래나 작은 자갈로 덮여 있는 **(bea)** + 바다나 호수의 가장 자리 **(ch)**

0628 **beach** 해변

[biːtʃ]

해변으로 가다   go to the (   )
해변을 따라 걷다   walk along the **beach**

좁고 **(bea)** + 긴 **(n)** 꼬투리 속에서 자라는 콩

0629 **bean** 콩

[biːn]

완두콩   green (   )s
된장국   **soy bean** soup

몸이 크고 털로 덮여 있는 곰 **(bear)** / 감당하면서 움직이거나 변화하다 **(bear)**

0630 **bear** 곰 / 참다, 맺다

[bɛər]

북극곰들은 위험에 처해 있다   Polar (   )s are in danger
고통을 **참다**   **bear** the pain
열매를 **맺다**   **bear** fruits

크고 **(bea)** + 사나운 네발 짐승 **(st)**

0631 **beast** 짐승

[biːst]

미녀와 야수   beauty and the (   )
야생 짐승   a wild **beast**

조화와 균형을 이룬 **(beau)** + 아름다운**(ti)** + 상태의 **(ful)**

0632 **beautiful** 아름다운

[bjúːtəfəl]

한 아름다운 여자   a (   ) woman
아름다운 자연   a **beautiful** nature

조화와 균형을 이루는 (**beau**) + 아름다움 (**ty**)

0633 **beauty** 아름다움, 미 / 미인

[bjú:ti]

미인 대회   the (   ) contest
미녀와 야수   **beauty** and the beast

평평하고 푹신한 침대 (**bed**)

0634 **bed** 침대

[béd]

넓은 **침대**   a wide (   )
침대에 눕다   lie in a **bed**

침대(**bed**) + 옆 이나 그 근처(**sid**)

0635 **bedside** 침대 옆

[be'dsaid]

그녀의 **침대옆**에 앉다   sit by her (   )

침대에서 잠잘 (**bed**) + 시간 (**time**)

0636 **bedtime** 취침시간

[bédtàim]

TV를 그만 꺼라. 네가 **잠잘 시간**이다
Please turn off the TV. It's your (   )

큰 소의 (**bee**) + 고기(**f**)

0637 **beef** 소고기

[bi:f]

소고기를 먹다   eat (   )
소고기와 돼지고기   **beef** and pork

돈이나 먹을 것을 구걸하는(beg) + 사람(gar)

0638 **beggar** 거지

[bégər]

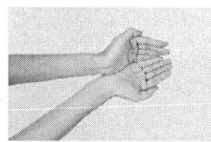

배고픈 **거지**　　a hungry ( )
불쌍한 **거지**　　a poor **beggar**

어떤 일이나 과정이(be) + 시작되는 부분(ginning)

0639 **beginning** 초반, 시작

[bigíniŋ]

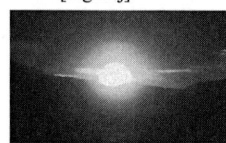

5월 **초**에　　at the ( ) of May
작은 **시작**　　small **beginnings**

뭔가의 주위를(be) + 감싸는 (l) + 것(t)

0640 **belt** 벨트 / (특정) 지대

[belt]

좌석 **벨트**를 메다　　fasten the seat ( )
(도시 주변의) 녹**지대**　　a green **belt**

어떤 것들보다 가장 좋거나 잘하는 (best)

0641 **best** 최고(의), 최선(의)

[bést]

나는 **최고의** 시험 성적을 받았다　　I had the ( ) test grades
그들 모두는 **최선**을 다했다　　They all did their **best**

어떤 것보다 더 좋거나 잘하는 (better)

0642 **better** 더 좋은, 더 잘하는

[bétər]

나는 **더 좋은** 시험 성적을 받았다　　I had a ( ) test grades
다음 번에 **더 잘할**게요　　I'll do **better** next time

2 개의 바퀴가 **(bi)** + 회전하면서 나가는 자전거 **(cycle)**

18일 0643 **bicycle** 자전거
643~692

[báisikl]

자전거를 타다   ride a **(　　　)**

보통 이상으로 큰 **(big)**

0644 **big** 큰

[bíg]

큰 상자   a **(　　　)** box
큰 박수를 보내다   give a **big** hand

2개의 바퀴로 **(bi)** + 앞으로 나가는 것 **(ke)**

0645 **bike** 자전거, 오토바이

[báik]

산악 **자전거**   a mountain **(　　　)**
자전거를 타다   ride a **bike**

뭔가를 청구하는 종이 **(bill)**

0646 **bill** 계산서 -〉 청구서 -〉 지폐 -〉 법안 -〉 새의 부리

[bil]

전화 요금 **청구서**   the telephone **bill**
계산서를 지불하다   pay the **(　　　)**
법안에 반대 투표하다   vote against a **bill**

살아 있는 생물을 **(bio)** + 연구하는 학문 **(logy)**

0647 **biology** 생물학

[baiάlədʒi]

생물학은 생물을 연구한다   **(　　　)** is the study of living things

양옆의 날개로 하늘을 나는 새 **(bird)**

| 0648 | **bird** | 새 |

[bə́:rd]

새들의 노래   the song of (   )s
새처럼 날다   fly like a **bird**

바깥으로 나와 **(bir)** + 존재하는것 **(th)**

| 0649 | **birth** | 출생, 출산, 출현 |

[bə:rθ]

태어난 달   (   ) month
네 **생일**은 언제니?   When is your **birth**day?

태어난 날

| 0650 | **birthday** | 생일 |

[bə́:rθdèi]

네 **생일**은 언제니?   When is your (   )?
생일 축하해   Happy **birthday**!

아주 작은 양**(bit)**

| 0651 | **bit** | 조금, 잠깐 |

[bit]

약간 더 긴   a (   ) longer
소금을 **조금** 넣다   put in a **bit** of salt

검정색이나 진한 녹색표면의 **(black)** + 평평하고 넓은 판 **(board)**

| 0652 | **blackboard** | 칠판 |

[blǽkbɔ́:rd]

칠판에 쓰다   write on the (   )
칠판을 지우다   erase the **blackboard**

두껍게 누르거나 굵게 짜서**(blan)** + 만든 담요 **(ket)**

0653 **blanket** 담요

[blæŋkit]

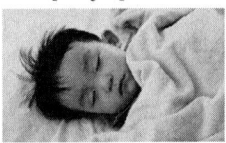

아이에게 **담요**를 덮어 주다	cover the child with a (　　)
트집쟁이	wet **blanket**

앞을 못보거나 앞을 가린 **(blind)**

0654 **blind** 눈 먼 -〉 못보는 -〉 맹목적인 -〉 블라인드

[blaind]

눈먼 사람	a (　　) person
색**맹**(의)	color-**blind**
사랑은 **맹목적**이다	Love is **blind**
창문의 **블라인드**를 내리다	pull down the **blind**s

몸 안에 흐르는 빨간 액체 **(blood)**

0655 **blood** 피, 혈액

[blʌd]

드문 **혈액형**	a rare (　　) type
고**혈**압	high **blood** pressure

과일이 맺기 전에 **(blo)** + 나무에 피는 꽃**(ssom)**

0656 **blossom** (과일나무의) 꽃 / 꽃이 피다

[blɑ́səm]

벚꽃	cherry (　　)
나무들이 **꽃이 피어있다**	The trees are in **blossom**

판판하고 넓은 나무 조각 **(board)**

0657 **board** 판자 -〉 갑판 -〉 탑승하다 -〉 위원회

[bɔːrd]

칠판	a black (　　)
판자를 자르다	cut a **board**
비행기에 **탑승하다**	**board** a plane
위원회 구성원	a **board** member

물위에 떠서 앞으로 나가는 작은 배 **(boat)**

0658 boat 배

[bóut]

어선   a fishing (   )
우리는 호수에서 **배**를 탔다   We took a **boat** on the lake

형상을 이루는 **(bo)** + 기본적이고 중심적인 부분 **(dy)**

0659 body 육체, 몸, 신체

[bádi]

육체와 영혼   (   ) and soul
신체 치수   **body** size

골격을 이루는 **(bo)** + 몸안의 단단한 부분들 **(ne)**

0660 bone 뼈

[boun]

부러진 **뼈**   a broken (   )
우리 몸에는 206개의 **뼈**가 있다   There are 206 **bones** in our body

인쇄된 종이들을 두꺼운 겉표지로 묶은 책 **(book)**

0661 book 책 / 예약하다

[búk]

책을 빌리다   rent a (   )
방을 **예약하다**   **book** a room

책을 **(book)** + 보관하고 **(sto)** + 파는 가게 **(re)**

0662 bookstore 책을 보관하고 파는 가게

[buˈkstɔːr]

나는 책을 사기 위해 **서점**에 갔다   I went to a (   ) to buy a book
헌**책방**   a secondhand **bookstore**

목이 긴 구두 / 강하게 뭔가를 차다 **(boot)**

0663 **boot**   부츠 / (컴퓨터를) 부팅하다

[búːt]

부츠 한 켤레   a pair of (   ) s
컴퓨터를 부팅하다   **boot** up a computer

칸막이 등으로 나눠진 **(boo)** + 별도의 작은 공간 **(th)**

0664 **booth**   작은 공간, 칸막이 자리

[buːθ]

공중전화 박스   a phone (   )
투표 기표소   a voting **booth**

강하고 신나는 자극이 없어 **(bo)** + 지루한 **(red)**

0665 **bored**   지루한

[bɔ́ːrd]

신나거나 지루한   excited or (   )
심심해 죽을 지경이다   be **bored** to death

강하고 신나는 자극이 없어 **(bo)** + 지루하게 하는 **(ring)**

0666 **boring**   지루한, 따분한

[bɔ́ːriŋ]

이 수업이 지루해서 난 따분해 죽겠어.
This class is (   ), and I'm bored to death.

어떤 형태를 갖추고 태어난 **(born)**

0667 **born**   태어난

[bɔ́ːrn]

1996년에 태어나다   be (   ) in 1996
시각장애를 갖고 태어나다 be **born** blind

돌려주기로 하고 **(bor)** + 공짜로 남의 것을 사용하다**(row)**

0668 **borrow** 빌리다

[bárou]

공책을 **빌리다** ( ) a notebook
도서관에서 책을 **빌리다** **borrow** books from the library

서로 독립된 2개 **(both)**

0669 **both** 둘 다~, 양쪽의

[bóuθ]

영어와 불어 **둘다** 말한다 speak ( ) English and French
양손에 in **both** hands

방해하거나 걱정을 끼쳐 **(bo)** + 남을 불편하거나 불안하게 하다 **(ther)**

0670 **bother** 괴롭히다

[bóuθ]

돈을 달라고 부모를 **괴롭히다** ( ) parents for money
돈은 **걱정하지** 마라 Don't **bother** about the money

아래는 넓고 위로 좁아지며 **(bot)** + 맨위에 마개가 있는 병**(tle)**

0671 **bottle** 병

[bάðər]

우유**병** a milk ( )
병을 흔들다 shake the **bottle**

가장 낮은 **(bo)** + 부분이나 면**(ttom)**

0672 **bottom** 바닥, 밑바닥, 아래쪽

[bάtəm]

강**바닥** the ( ) of the river
서류의 **아래쪽**에 서명하다 sign at the **bottom** of paper
최저 가격 the **bottom** price

부딪히고 **(bou)** + 튀어 나오다 **(nd)**

0673 **bound** 튀어 나오다, 튀어 오르다

[baund]

공이 바닥에 맞고 **튀어나왔다**
The ball **(　　　　)**ed back from the bottom

아래는 깊고**(bo)** + 위는 둥글고 넓은**(w)** + 음식 등을 담는 사발**(l)**

0674 **bowl** 사발 / 공굴리기

[boul]

수프 한**그릇**　a **(　　　)** of soup
볼링　　　　**bowling**

평평하고 빤빤한 바깥면을 **(bo)** + 교차하여 만든 사각형 모양의 상자 **(x)**

0675 **box** 상자

[báks]

큰 **상자**　　　a big **(　　　)**
상자를 운반하다　carry a **box**

남자 어린 아이 **(boy)**

0676 **boy** 소년

[bói]

소년과 소녀　a **(　　　)** and a girl

움직임, 생각등을 통제하는**(bra)** + 단단한 머리뼈 안의 조직**(in)**

0677 **brain** 두뇌, 뇌

[bréin]

인간의 **두뇌**　human **(　　　　)**
뇌 조직　　**brain** tissue
뇌를 다치다　hurt my **brain**

주요 부분에서 갈라져 나와 **(bran)** + 뻗어 나간 것 **(ch)**

0678 **branch** 가지 -〉 지점 -〉 분야 -〉 나눠지다

[bræntʃ]

나뭇가지 위에 앉다	sit on the (　　　)
해외 지점	an overseas **branch**
컴퓨터 공학의 한 분야	a **branch** of computer science
저기서 길이 나눠진다	The road **branches** over there

기꺼이 위험하고 힘든 일을 **(bra)** + 할려고 하는 **(ve)**

0679 **brave** 용감한

[breiv]

용감한 군인	a (　　　) soldier
용감한 행위	a **brave** act

밀가루를 구워서 부풀어 오른 빵 **(bread)**

0680 **bread** 빵

[bred]

빵을 굽다	bake (　　　)
빵은 밀가루로 만든다	**Bread** is made from flour

밤잠에서 깨어나 **(break)** + 처음으로 먹는 식사 **(fast)**

0681 **breakfast** 아침식사

[brékfəst]

가벼운 아침식사	a light (　　　)
아침을 먹다	eat **breakfast**

한쪽과 건너편을 **(bri)** + 서로 연결시키는 다리 **(dge)**

0682 **bridge** 다리

[bridʒ]

강 위의 다리	a (　　　) over the river
다리를 건너다	go across a **bridge**

153

환하게 **(brigh)** + 빛나는 **(t)**

0683 **bright**   빛나는, 밝은 -〉 발랄한 -〉 똑똑한

[brait]

빛나는 태양   a ( ) sun
밝은 색깔   **bright** color

남자 **(bro)** + 형제 **(ther)**

0684 **brother**   형, 오빠

[brʌ́ðər]

나의 **형/오빠**   my older(elder,big) ( )

두툼하고 빽빽하게 얇은 털이나 철사들을 묶은 솔 **(brush)**

0685 **brush**   솔 / 솔질하다

[brʌ́ʃ]

그림**붓**   a paint ( )
칫솔   a tooth**brush**
이를 **닦다**   **brush** the teeth

속은 비어 있고 **(bu)** + 둥글게 부풀어오르는 거품 **(bble)**

0686 **bubble**   거품 / 거품이 나다

[bʌ́bl]

비누 **거품**   soap ( )s
거품을 터트리다   pop **bubble**s

떠맡은 **(bur)** + 무거운 것**(den)**

0687 **burden**   짐, 부담 / 부담을 지우다

[bə́ːrdn]

무거운 **짐**   a heavy ( )
그에게 **부담**이 되다   become a **burden** on him

0688 **bus stop** 버스 정류장

[bʎs] [stɑ́p]

시청 가는 **버스 정류장**은 어디죠? Where is the ( ) for City Hall?

얇은 가지들이 부풀고 **(bu)** + 서로 얽혀져 있는 덤불 **(sh)**

0689 **bush** 덤불, 숱많은 머리

[buʃ]

장미 **덤불**　　a rose ( )
덤불 속에 숨다　hide in the **bushes**

목표와 계획을 갖고 **(busi)** + 짜임새 있게 지속적으로 하는 사업 **(ness)**

0690 **business** 사업, 일

[bíznis]

사업 계획　　a ( ) plan
사업에 성공하다　succeed in **business**

시간적인 여유가 **(bu)** + 없는 **(sy)**

0691 **busy** 바쁜, 번화한

[bízi]

바쁜 하루　　a ( ) day
번화한 거리　a **busy** street
숙제 하느라 **바쁘다**　be **busy** with homework

버터처럼 **(butter)** + 날아가는 **(fly)** 나비

0692 **butterfly** 나비

[bʌ́tərflài]

꽃위에 앉아있는 **나비**　a ( ) sitting on the flower
나비처럼 날다　　fly like a **butterfly**

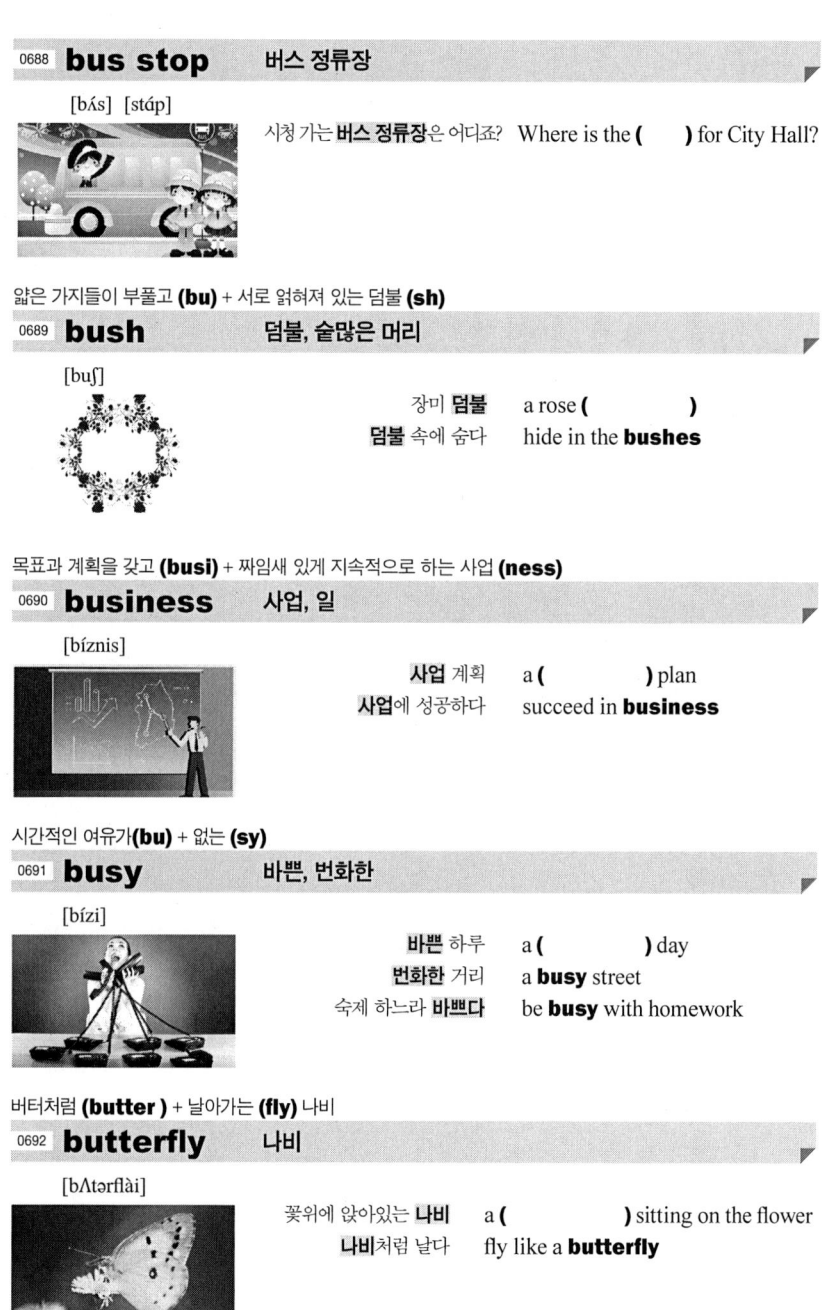

155

19일 693~742

서로 헤어질때 하는 말 **(bye)**

0693 bye 잘가

[bái]

잘가 good ( )

새나 동물을 가두어 놓는 **(ca)** + 창살이 있는 구조물**(ge)**

0694 cage 새장, 우리

[keidʒ]

새장안의 새   a bird in a ( )
우리 속의 사자   a lion in a **cage**

전체 년도를 **(ca)** + 월,주,일로 나눠서 **(len)** + 날짜를 표시한 것 **(dar)**

0695 calendar 달력

[kǽləndər]

2011년도 달력   a ( ) for 2011

분위기나 상태가 **(ca)** + 잔잔하게 진행되는 **(lm)**

0696 calm 잔잔한, 고요한, 침착한 / 평온, 침착함 / 진정시키다

[ka:m]

잔잔한 바다   a ( ) sea
폭풍 전의 고요함   the **calm** before the storm

어떤 활동을 위해 모인 사람들이 **(cam)** + 임시로 살거나 머무르는 장소 **(p)**

0697 camp 캠프

[kǽmp]

청소년 캠프   youth ( )

캠핑을 하는 **(camp)** + 장소 **(site)**

0698 **campsite** 야영장

[kǽmpsàit]

야영장을 청소하다   clean the **(　　　)**
야영장에 도착하다   arrive at the **campsite**

육지를 파서 **(ca)** + 좁고 길게 만든 물길 **(nal)**

0699 **canal** 운하, 수로 / 관

[kənǽl]

수에즈 **운하**   the Suez **(　　　)**
운하를 파다   dig a **canal**

둥글고 길며 **(can)** + 가운데 심지에 **(dl)** + 불을 붙여 밝게 하는 **(e)** 양초

0700 **candle** 양초

[kǽndl]

촛불을 켜다   light a **(　　　)**

설탕 등을 녹여 둥글고 **(can)** + 단단하게 만든 사탕 **(dy)**

0701 **candy** 사탕

[kǽndi]

사탕을 삼키다   swallow a **(　　　)**

둥글고 앞부분이 톡 튀어 나와 있는 모자, 보통 야구모자 **(cap)**

0702 **cap** (야구) 모자

[kǽp]

모자를 쓰고 있다   wear a **(　　　)**

어떤 그룹에서**(ca)** + 가장 핵심적이고 **(pi)** + 중요한 것과 관련된 **(tal)**

0703 **capital**   수도 -> 중대한 -> 대문자 -> 자본금

[kǽpətl]

한국의 **수도**	the ( ) of Korea
중대한 과오	a **capital** error
대문자	**capital** letter
자본금	a **capital** fund

어떤 그룹에서 머리 역할을 **(cap)** + 하는 사람**(tain)**

0704 **captain**   주장, 선장, 우두머리

[kǽptən]

| 축구팀 **주장** | the ( ) of soccer team |
| 쿡 **선장** | **captain** Cook |

일정한 탑승 공간이 있고**(ca)** + 엔진등의 힘으로 굴러가는 차 **(r)**

0705 **car**   차

[ká:r]

| 장난감 **차** | a toy ( ) |
| **차**를 운전하다 | drive a **car** |

뭔가에 대하여 신경쓰는 **(care)** + 상태의 **(ful)**

0706 **careful**   조심하는, 신중한

[kέərfəl]

| 말과 행동을 **조심하도록** 해 | Be ( ) of what you say and do |
| **주의 깊은** 운전 | **careful** driving |

뭔가에 대하여 신경쓰지 **(care)** + 않는 상태의 **(less)**

0707 **careless**   부주의한, 무관심한

[kέərlis]

| **부주의한** 말 | a ( ) word |
| 그의 부인은 그의 일에 **무관심하다** | His wife is **careless** of his work |

과장하고 생략하여 **(car)** + 간단하고 재밌게 그린 만화 **(toon)**

0708 **cartoon** 만화(영화)

[kɑːrtúːn]

만화(영화)를 보다   see a (   )
만화를 그리다   draw a **cartoon**

0709 **cartoonist** 만화가

[kɑːrtúːnist]

발생하여 **(ca)** + 존재하는 것 **(se)**

0710 **case** 사건 -> 경우 -> 예

[keis]

살인**사건**   a murder (   )
그런 **경우**에   in such **case**
흔히 있는 **예**   a common **case**

갖고 다니며 **(ca)** + 바로 바로 사용할 수 있는 **(sh)** 돈

0711 **cash** 현금

[kæʃ]

현금으로 지불하다   pay in (   )
현금 카드   a **cash** card

둘레에 **(ca)** + 튼튼하고 **(st)** + 높은 담으로 둘러싸인 성 **(le)**

0712 **castle** 성

[kǽsl]

오래된 **성**   the old (   )
모래**성**을 쌓다   build a sand **castle**

움크렸다가 빠르게 쥐나 새를 덮치는 고양이 **(cat)**

0713 cat　　　고양이

[kǽt]

게으른 **고양이**　　a lazy ( )

방안의 지붕이나 가장 높은 부분의 **(cei)** + 수평면 **(ling)**

0714 ceiling　　　천장

[síːliŋ]

낮은 **천장**　　a low ( )
천장을 올려다보다　　look up at the **ceiling**

좋거나 특별한 일을 함께 모여 **(ce)**+ 같이 즐거워하기 위한 **(le)** + 특별한 행사 **(bration)**

0715 celebration　　축하행사, 기념행사

[sèləbréiʃən]

생일 축하/결혼 **기념행사**　　(birthday / wedding) ( )s

각 번호가 각각의 작은 방처럼 있는 **(cell)** + 소리를 듣고 보내는 전화기 **(phone)**

0716 cell phone　　휴대전화

[sélfòun]

휴대 전화를 사용하다　　use a ( )
휴대전화를 잃어버리다　　lose one's **cell phone**

무덤들이 **(ce)** + 모여있는 **(me)** + 일정한 지역 **(tery)**

0717 cemetery　　(공동)묘지

[sémətèri]

묘지에 매장되다　　be buried in a ( )

160

원형이나 구형을 이루는 어떤 것의 **(cen)** + 정확한 중심부분**(ter)**

0718 **center**   중심, 중심지, 센터
[séntər]

원의 **중심**   the ( ) of a circle
재활용 **센터**   a recycling **center**

원형이나 구형을 이루는 어떤 것의**(cen)** + 정확한 중심부분과 관련된 **(tral)**

0719 **central**   중앙의, 중심의
[séntər]

소설의 **중심** 인물   the ( ) character in a novel
중앙 정부   **central** government

인간의 한평생인 100년의**(cen)** + 기간 **(tury)**

0720 **century**   세기, 100년
[séntʃəri]

1913~2013년

21**세기**   the 21th ( )
지난 **100년** 동안   during the past **century**

일정한 말이나 행동으로 **(cere)** + 진행되는 **(mo)** + 공식적인 행사**(ny)**

0721 **ceremony**   의식, 식
[sérəmòuni]

결혼**식**   a wedding ( )
졸업**식**   a graduation **ceremony**

어떤 사실에 근거하여 **(cer)** + 확신하는 **(tain)**

0722 **certain**   확신하는 -> 확실한, 틀림없는 -> 어떤 -> 약간의
[sə́:rtn]

승리를 **확신하**다   be ( ) of victory
어떤 사람   a **certain** person
어느 정도까지는   to a **certain** degree

서로 (chai) + 한 줄로 연결된 것(n)

0723 chain　　사슬 / 일련, 띠 / 체인점

[tʃein]

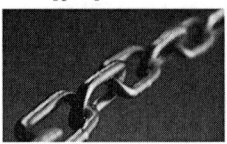

시계줄　　a watch ( )
개를 **사슬**에 묶어 놓다　　keep a dog on a **chain**

등받이가 있어 (cha) + 편안한 1인용 의자 (ir)

0724 chair　　의자

[tʃέər]

의자에 앉다　　sit on a ( )

부드럽고 깨지기 쉽고 (chal) + 칠판에 글씨를 쓸때 사용하는 분필 (k)

0725 chalk　　분필

[tʃɔ:k]

분필 한 조각　　a piece of ( )
흰 **분필**로 쓰다　　write with white **chalk**

뭔가가 실현되거나 나타날 (chan) + 가능성의 정도(ce)

0726 chance　　가능성 -〉 기회 -〉 위험 -〉 우연 -〉 우연히 ~하다, 발생하다

[tʃæns]

또 한번의 **기회**　　another ( )
모험을 한 번 해 보죠　　I will take a **chance**
나는 그들을 **우연**히 만났다　　I met them by **chance**
나는 **우연히** 거기에 있었다　　I **chanced** to be there

다른 것과 비교하여 (cha) + 두드러지게 나오는 (rac) + 것(ter)

0727 character　　성격, 인격 -〉 특징 -〉 등장 인물 -〉 글자

[kǽriktər]

까다로운 **성격**　　a difficult ( )
특징이 없는 얼굴　　a face without any **character**
주요 **등장 인물**　　the main **character**
한**자**　　Chinese **characters**

마음을 강하게 사로잡아 (char) + 끌어당기는 (ming)

0728 charming 매력적인

[tʃάːrmiŋ]

매력적인 미소   a (   ) smile
매력 있는 젊은 아가씨   a **charming** young lady

생각한 가격보다 (chea) + 낮거나 돈이 적게 드는 (p)

0729 cheap 값싼

[tʃiːp]

저 옷은 **싼**티가 난다   That clothes looks (   )
싼 차   a **cheap** car

크게 소리치면서 (chee) + 힘을 불어 넣다 (r)

0730 cheer 기운내다, 응원하다

[tʃíər]

기운을 내다   (   ) up
팀을 **응원하**여 승리하게 하다   **cheer** a team to victory

계란이나 고기를 얻기 위하여 (chic) + 키우는 닭 (ken)

0731 chicken 치킨

[tʃíkən]

튀긴 **닭**   a fried (   )

가장 크거나 중요한 (chie) + 사람이나 상태(f)

0732 chief 우두머리 / 주된, 최고의

[tʃiːf]

경찰 **서장**   a police (   )
그의 패배의 **주된** 이유   the **chief** reason for his defeat

어른들의 돌봄이 필요한 어린 아이 **(child)**

0733 **child** 아이, 어린애

[tʃáild]

어린 **아이**   a young (   )
어린애조차 그것을 할 수 있다   Even a **child** can do it

어른들의 돌봄이 필요한 어린 아이들 **(children)**

0734 **children** 아이들

[tʃíldrən]

많은 **아이들**   many (   )
아이들을 키우다   raise **children**

선택 가능한 여러가지 중에서 **(choi)** + 하나를 선택하는 것 **(ce)**

0735 **choice** 선택, 결정

[tʃɔ́is]

선택하다   make a (   )
네가 **결정**해!   The **choice** is yours!

음식 등을 집는 **(chop)** + 길고 얇은 젓가락 **(stick)**

0736 **chopstick** 젓가락

[tʃa'pstik]

숟가락과 **젓가락**   a spoon and (   )
젓가락을 사용하다   use **chopsticks**

기독교인들이 신을 숭배기 위해 **(chur)** + 모이는 장소 **(ch)**

0737 **church** 교회

[tʃə́ːrtʃ]

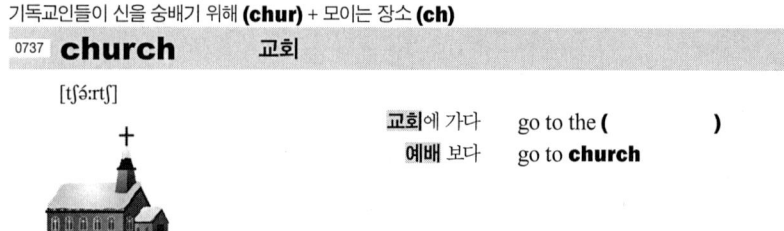

교회에 가다   go to the (   )
예배 보다   go to **church**

완전히 어떤 공간을 감싸면서 **(cir)** + 곡선으로 이뤄진 모양**(cle)**

0738 circle 원, 원형, 동그라미 / 원을 그리다

[sə́:rkl]

원을 그리다 draw a ( )
올바른 그림에 **원을 그리세요** **Circle** the correct picture

어떤 나라의**(ci)** + 국적을**(ti)** + 갖고 있는 사람**(zen)**

0739 citizen 시민, 국민

[sítəzən]

미국 **시민** an American ( )
선량한 **시민** a good **citizen**

많은 사람들이 사는 큰 도시 **(city)**

0740 city 도시

[síti]

아름다운 **도시** a beautiful ( )
도시 생활의 스트레스 the stress of **city** life

전체를 어떤 기준에 의해 나눈 **(cla)** + 각각의 그룹**(ss)**

0741 class 계급, 계층 -〉 학급 -〉 수업, 수업시간 -〉 분류하다

[klǽs]

중산**층** the middle ( )
같은 **반** the same **class**
수업에 지각하다 be late for **class**

같은 교실에서**(class)** + 함께 공부하는 친구 **(mate)**

0742 classmate 반 친구, 급우

[klǽsmèit]

나의 새로운 **반 친구** my new ( )
나의 가장 친한 **급우** my best **classmate**

20일 0743 clean
743~792

더럽거나 방해하는 것이 **(clea)** + 없는 **(n)**

깨끗한 -> 순수한 -> 청소하다 -> (먹어서) 접시를 비우다

[klí:n]

깨끗한 공기	( ) air
순금	**clean** gold
난 매일 내 방을 **청소한다**	I **clean** my room every day

더럽거나 방해하는 것이**(clea)** + 없거나 없애는 **(r)**

0744 clear

맑은 -> 방해가 없는 -> 티없는 -> 치우다, 제거하다

[kliər]

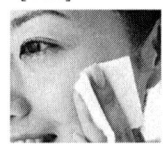

맑은 하늘	a ( ) sky
이해했니?	Are you **clear**?
티없는 피부	**clear** skin
아침 식사후에 식탁을 **치우다**	**clear** the table after breakfast

공장이 아닌 사무실에서 **(cle)** + 사무, 판매등 서비스 업무를 하는 사람**(rk)**

0745 clerk   사무원, 점원

[klə:rk]

| 사무 **사원** | an office ( ) |
| 판매 **점원** | a sales **clerk** |

방해나 문제들을 **(cle)** + 잘 해결하는 **(ver)**

0746 clever   영리한, 똑똑한 / 기발한

[klévər]

| 똑똑한 개 | a ( ) dog |
| 그녀는 **영리하고** 예쁘다 | She is **clever** and pretty |

특정 지역의**(cli)** + 평균적인 날씨 **(mate)**

0747 climate   기후

[kláimit]

| 온화한 **기후** | a mild ( ) |
| **기후**를 변화시키다 | change the **climate** |

166

진행되는 시간,거리,속도 등을 **(clo)** + 재거나 알려주는 시계 **(ck)**

0748 **clock** 시계

[klák]

알람**시계**   an alarm ( )
증기**시계**   a steam **clock**

옷,신발 등을 보관하는**(clo)** + 벽에 붙어있는 가구 **(set)**

0749 **closet** 벽장

[klázit]

벽장안에 코트를 걸다   hang the coat in the ( )

목화,나일론 등의 물질에서 추출한 실을**(clo)** + 짜고 결합한 것**(th)**

0750 **cloth** 천, 직물

[klɔ:θ]

천으로 만든 가방   a ( ) bag
질긴 **천**   strong **cloth**

천으로 만들어진 **(cloth)** + 몸에 걸치거난 입는 옷**(es)**

0751 **clothes** 옷

[klouðz;klouz]

젖은 **옷**   wet ( )
옷을 갈아입다   change **clothes**

천으로 만들어진 **(cloth)** + 일정한 양식의 옷 **(ing)**

0752 **clothing** 옷

[klóuðiŋ]

겨울**옷**   winter ( )
얇은 **옷**   thin **clothing**

하늘을 덮고 있는 (clou) + 수중기 덩어리 (d)

0753 cloud 구름

[kláud]

먹**구름** a dark (   )
구름 위로 날다 fly above the **cloud**

하늘을 덮고 있는 (clou) +수증기 덩어리가 많은 (dy)

0754 cloudy 흐린, 구름이 많은

[kláudi]

흐린 하늘 a (   ) sky
흐리고 안개 낀 **cloudy** and foggy

공통의 활동을 하기 위해 사람들이 모인 클럽 (club)

0755 club 동아리, 클럽

[klʌb]

동아리에 가입하다 join the (   )

어떤 문제나 사건등을 (c) + 푸는데 도움이 되는 정보 (lue)

0756 clue 단서, 실마리

[kluː]

미스터리를 푸는 **단서** a (   ) to a mystery

어떤 곳으로 (coa) + 가게 하는 것(ch)

0757 coach 코치 -) 수레, 객차 -) 지도하다

[koutʃ]

수영 **코치** a swimming (   )
수레를 타다 ride a **couch**
축구 팀을 **지도하다** **coach** a soccer team

까맣고 둥그런 모양으로 **(coa)** + 연료로 사용되는 물질**(l)**

0758 **coal** 석탄
[koul]

석유와 **석탄**   oil and (   )
불에 석탄을 약간의 **석탄**을 넣다   put some **coals** on the fire

바다와 만나는 일정한 육지 = 일정한 육지**(coa)** + 바다와 만나는**(st)**

0759 **coast** 해안
[koust]

한국의 동**해안**   the east (   ) of Korea
해안을 따라 있는 나무들   trees along the **coast**

남녀가 함께 받는 교육 = 남녀를 함께 **(co)** + 타고난 능력을 밖으로**(e)** + 이끌어내는 **(duc)** + 것**(ation)**

0760 **coeducation** 남녀 공학
[kòuedʒəkéiʃən]

남녀 공학 학교   a (   ) school

동그랗게 **(coi)** + 감긴 것 **(l)**

0761 **coil** (전기)코일, 감긴것 / 똘똘 말다
[kɔil]

코일을 감다   wind a (   )
밧줄을 **똘똘 감다**   **coil** a rope

동그랗고 **(co)** + 작은 동전**(in)**

0762 **coin** 동전, 주화
[kɔin]

지폐와 **동전**   notes and (   )
유로화 **동전**   a euro **coin**

건딜만한 온도보다 **(col)** + 훨씬 낮은 온도의 **(d)**

0763 **cold** 추운, 차가운 / 감기

[kóuld]

차가운 공기 ( ) air
감기에 걸리다 catch a **cold**

전문 기술,특정학과만을 **(col)** + 가르치고 훈련하는 대학 **(lege)**

0764 **college** 단과대학, 전문학교

[kάlidʒ]

대학 교수 a ( ) professor
대학에 들어가다 enter a **college**

물체가 **(co)** + 빛을 반사하면서 **(lo)** + 생기는 색깔, 색 **(r)**

0765 **colo(u)r** 색, 색깔

[kΛlər]

색종이 ( )ed paper
빨간색이 2002년의 **색깔**이었다 Red was the **color** for 2002

물체가 **(co)** + 빛을 반사하면서 **(lo)** +생기는 색깔, 색조가 **(r)** + 풍부한 **(ful)**

0766 **colorful** 화려한, 다채로운

[kΛlərfəl]

화려한 조명 ( ) lighting
형형색색의 가을 나뭇잎들 **colorful** autumn leaves

둥근 손잡이 **(co)** + 아래에 달린 이빨들로 **(m)** + 머리를 빗는 빗 **(b)**

0767 **comb** 빗 / 빗다

[koum]

그녀의 머리를 **빗다** ( ) her hair
참**빗** a fine-tooth **comb**

사람들을 **(co)** + 웃길려고 만들어진 **(me)** + 다양한 연극이나 영화**(dy)**

0768 comedy   코미디, 희극

[kάmədi]

코미디 영화   a ( ) movie
희극에서 연기하다   play in a **comedy**

완전히 **(com)** + 안정되고 편안한 것**(fort)**

0769 comfort   위로, 편안함, 안락

[kΛmfərt]

몇 마디 **위로**의 말   a few words of ( )
안락하게 살다   live in **comfort**

완전히 **(com)** + 안정되고 편안한**(fortable)**

0770 comfortable   편안한, 안락한, 기분 좋은

[kΛmfərtəbl]

편안한 침대   a ( ) bed
편안한 가정   a **comfortable** home

사람들을 **(co)** + 웃게 만드는 **(mic)**

0771 comic   만화, 희극의

[kάmik]

만화책   ( ) book
희극 배우   a **comic** actor

완전히 **(com)** + 장악하는 것 **(mand)**

0772 command   명령(하다) -> 지배하다 -> ~ 내려다 볼 수 있는 위치에 있다

[kəmǽnd]

명령에 따르다   follow ( )s
조용히 하라고 **명령하다**   **command** silence
바다를 **지배하다**   **command** the sea
그 호텔은 강을 잘 **내려다 볼 수 있는 위치에 있다**
   The hotel **commands** a fine view of the river

함께 (com) + 연결되는 공통부분의 (mon)

0773 common 공동의, 공통의 → 흔한 → 보통의, 평범한

[kάmən]

공공의 이익   ( ) good
공동 관심사   a **common** interest
상식   **common** sense
평범한 아이   a **common** kid

함께 (com) + 정보나 생각을 교류하여 (muni) + 서로 알게 되는 것(cation)

0774 communication 의사소통, 소통, 전달 / 통신

[kəmjùːnəkéiʃən]

대중 **전달**, 매스컴   mass ( )
통신 시스템   a **communication** system

함께 (com) + 일정한 공간에 (pa) + 있거나 뭔가 하는 것 (ny)

0775 company 단체 → 회사 → 친구 → 함께 있음

[kΛmpəni]

회사에서 일하다   work at a ( )
나쁜 **친구**를 사귀다   keep bad **company**
친구들과 **함께 있는** 즐거운 시간   a pleasant time in the **company** of friends

특정한 일이 (com) + 요구하는 바를 (pe) + 충분히 감당하거나 수행해낼 수 있는(tent)

0776 competent 유능한, 능숙한

[kάmpətənt]

유능한 교사   a ( ) teacher
그녀는 자기의 일에 아주 **능숙하**다   She is very **competent** in her work

서로 (com) + 기량, 재능 등을 겨루기 위한(peti) + 행사 (tion)

0777 competition 경쟁, 경기, 시합

[kάmpətíʃən]

경쟁에서 이기다   win a ( )
자유 **경쟁**   free **competition**
수영 **경기**   a swimming **competition**

여러 음을 결합하여 **(com)** + 음악을 만드는 사람 **(poser)**

0778 **composer** 작곡가

[kəmpóuzər]

클래식 음악 **작곡가**   a classical (   )
댄스곡 **작곡가**   a dance **composer**

강하게 **(com)** + 압박당하여 **(pul)** + 뭔가를 해야하는 **(sory)**

0779 **compulsory** 의무적인, 강제적인

[kəmpʌ́lsəri]

의무 교육   (   ) education
의무적인 군복무   **compulsory** military service

여럿이 함께 **(com)** + 음악과 노래을 공연하는 음악회 **(cert)**

0780 **concert** 연주회, 음악회, 콘써트

[kánsəːrt]

연주회장   a (   ) hall
록 **콘써트**에 가다   go to the rock **concert**

모두를 함께**(con)** + 이끌어 가는 사람**(ductor)**

0781 **conductor** 차장, 승무원, 지휘자

[kəndʌ́ktər]

기차 **차장**   a train (   )
유명한 **지휘자**   a famous **conductor**

서로 **(con)** + 섞여있는 **(fused)**

0782 **confused** 혼란스러운

[kənfjúːzd]

헷갈리니?   Are you (   )?
걷잡을 수 없는 흥분   **confused** excitement

서로 함께 **(con)** + 기뻐하는 **(gratula)** + 것 **(tion)**

0783 **congratulation** 축하

[kəngrætʃuléiʃən]

시험 결과I시험 잘 본 게] **축하**해! ( ) s on your test results!

사람들이 서로 **(con)** + 자기의 실력을 시험하거나 겨루는 것 **(test)**

0784 **contest** 대회

[kántest]

말하기 **대회** the speech ( )
대회에서 우승하다 win the **contest**

서로 **(con)** + 연결되어 있는**(ti)** + 거대한 육지 **(nent)**

0785 **continent** 대륙

[kántənənt]

아시아는 가장 큰 **대륙**이다 Asia is the largest ( )
아프리카 **대륙** the African **continent**

서로 대립하면서 **(cont)** + 완전히 다른 **(rary)**

0786 **contrary** ~와 반대로, 정반대의

[kántrəri]

사실과는 **반대로** ( ) to fact
정반대의 의견들 **contrary** opinions

열을 가해 구운**(coo)** + 달콤한 과자**(kie)**

0787 **cookie** 쿠키, 과자

[kúki]

초콜릿 칩 **쿠키** chocolate chip ( )
행운의 **과자** fortune **cookie**

적당하게 **(coo)** + 온도가 낮은 **(l)**

0788 cool 시원한 / 멋진 / 냉철한

[ku:l]

그 물은 아주 **시원하**다   The water is so **(**   **)**
그는 **멋지**다   He is **cool**
그는 머리가 **냉철하**다   He has a **cool** head

껍질에 덮혀서 **(co)** + 길쭉하게 둥근 열매들이 오밀조밀하게 자라는 옥수수 **(rn)**

0789 corn 옥수수

[kɔːrn]

옥수수를 재배하다   grow **(**   **)**
옥수수빵   **corn** bread

2개 이상의 선이나 면이 **(cor)** + 만나는 지점 **(ner)**

0790 corner 모퉁이, 코너

[kɔ́ːrnər]

모퉁이에서 돌다   turn at the **(**   **)**

완전히 **(cor)** + 똑바른 상태 **(rect)**

0791 correct 고치다 / 올바른

[kərékt]

틀린 데를 **고치다**   **(**   **)** errors
올바른 그림에 동그라미 하시오   Circle the **correct** picture

완전히 **(cor)** + 정확하게 **(rectly)**

0792 correctly 정확히

[kəréktli]

정확하게 단어를 발음하다   pronounce the word **(**   **)**
단어들을 **정확히** 철자하다   spell words **correctly**

21일 793~842

열매에 **(co)** + 하얗고 부드러운 솜들이 **(tto)** + 붙어자라는 **(n)** 목화

0793 cotton 면, 솜, 목화

[kɑ́tn]

면 셔츠	a ( ) shirt
목화 밭들	**cotton** fields

목구멍을 통과하여 **(cou)** + 갑자기 공기를 터트리는 것 **(gh)**

0794 cough 기침 / 기침하다

[kɔːf]

기침을 하다	have a ( )
기침과 재채기를 하다	**cough** and sneeze

지배권과 질서가 유지되는 **(coun)** + 일정한 지역 **(try)**

0795 country 토지, 지역 -> 국토, 나라 -> 고국 -> 고향, 시골

[kʌ́ntri]

전국	a whole ( )
외국	a foreign **country**
시골에 살다	live in the **country**

같은 종류로 이루어진 **(cou)** + 2~3개의 사물이나 사람 **(ple)**

0796 couple 한쌍, 부부 / 몇몇의

[kʌpl]

신혼 부부	a new married ( )
며칠 후에	in a **couple** of days

위험이나 고통에 맞서는 **(cou)** + 정신적인 용기 **(rage)**

0797 courage 용기

[kə́ːridʒ]

정직과 용기	honesty and ( )
진실을 말하는 용기	the **courage** to tell the truth

일정한 (cou) + 방향으로 (r) + 진행되는 것(se)

0798 course 흐름 -〉 과정 -〉 방침, 방향

[kɔːrs]

진행을 계속하다	keep the ( )
학습**과정**	a **course** of study
행동**방침**	a **course** of action
물론이지	Of **course**

서로 부딪히는 (cour) + 일정한 장소 (t)

0799 court 코트 -〉 법정 -〉 궁궐, 대궐

[kɔːrt]

테니스 **코트**	a tennis ( )
민사 **법정**	the civil **courts**
궁궐에 가다	go to **Court**

삼촌,고모등의 (cou) + 자식(sin)

0800 cousin 사촌

[kʌzn]

| **사촌** | a first ( ) |
| 프랑스에서 온 **사촌** | a **cousin** from France |

큰 젖에서 우유를 짜는 암소 (cow)

0801 cow 암소

[káu]

| **암소**의 우유 | ( )'s milk |

소를 키우는 젊은 사람 (cowboy)

0802 cowboy 목동, 카우보이

[káubɔ́i]

| 텍사스 출신의 **카우보이** | a ( ) from Texas |

177

뭔가 깨지거나 터지면서 생긴 (crac) + 가늘고 긴 자국 (k)

0803 crack 금 / 깨지다, 깨트리다

[kræk]

벽에 생긴 **금**들	(　　)s in the wall
얼음이 **깨졌다**	The ice **crack**ed
계란 하나를 **깨다**	**crack** an egg

온전한 상태를 벗어나(cra) +제 정신이 아닌(zy)

0804 crazy 미친, 열광하는

[kréizi]

그는 축구에 **미쳤**다	He is (　　) about football
나를 **미치게** 만들다	drive me **crazy**
너 **미쳤**니?	Are you **crazy**?

새롭고 독창적인 (creative)

0805 creative 창의적인

[kriéitiv]

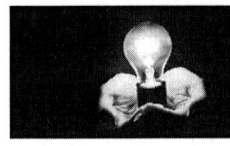

| **창의적인** 아이디어 | a (　　) idea |
| **창의적** 사고 | **creative** thinking |

새로운 것을 (crea) + 생각해내는 능력 (tivity)

0806 creativity 창의력

[krì:eitívəti]

| 그는 **창의력**이 풍부하다 | He is a man of (　　) |
| **창의력**을 발휘하다 | use one's **creativity** |

배나 비행기 안에서 (cre) + 일하는 사람(w)

0807 crew 승무원

[kru:]

| 승객과 **승무원** | the passengers and (　　) |
| 열차 **승무원** | a train **crew** |

야구처럼 공을 던지고 받고**(cric)** + 치는 운동경기**(ket)**

0808 **cricket**   크리켓

[kríkit]

크리켓을 하다   play (   )

논밭에서 생산하고**(cro)** + 수확하는 곡식이나 채소**(p)**

0809 **crop**   농작물, 수확량

[krap]

농작물을 재배하다   grow (   )s
올해의 커피 **수확량**   this year's coffee **crop**

일정한 공간에 **(crow)** +많은 것들이 몰려있는**(ded)**

0810 **crowded**   붐비는, 빽빽한

[kráudid]

붐비는 거리   (   ) streets
아주 **빽빽한** 일정   a very **crowded** schedule

왕의 머리에 쓰는 둥그런 왕관 **(crown)**

0811 **crown**   왕관

[kraun]

왕의 **왕관**   the king's (   )
어떤 사람을 **왕위에 올리다**   **crown** a person king

한 사회의 구성원들이 **(cu)** + 기르고 **(l)** + 가꾸어 온 것**(ture)**

0812 **culture**   갈고 가꿈 -〉(생물,식물의) 재배, 배양 -〉 수양, 교양 -〉 문화

[kʌ́ltʃər]

꽃 **재배**   (   ) of flowers
교양 있는 사람   a man of **culture**
다른 **문화**   a different **culture**

179

뭔가에 강한 관심을 보이는

0813 curious 호기심이 많은

[kjúəriəs]

호기심 많은 소녀   a ( ) girl
모든 것에 호기심이 많다   be **curious** about everything

아주 고불고불하게 **(cur)** + 휘말린 **(ly)**

0814 curly 곱슬의

[kə́:rli]

곱슬머리   ( ) hair
타고난 곱슬머리   naturally **curly** hair

오랫동안 진행되고 **(cus)** + 계속 해온 것**(tom)**

0815 custom 관습 -〉 습관 -〉 관세(~s) -〉 단골 고객

[kʌ́stəm]

외국의 관습   foreign ( )s
6시에 일어나는 것이 그녀의 습관이다   It is her **custom** to get up at six
세관을 통과하다   pass **custom**s
단골 고객   a **customer**

사랑스럽고 예쁜 **(cute)**

0816 cute 귀여운

[kjú:t]

작고 귀여운 아기   a small and ( ) baby
귀여운 강아지   a **cute** dog

아기를 들어올리는 아빠 (dad)

0817 dad 아빠

[dǽd]

아빠가 나를 도서관에 데려갔다   ( ) took me to the library

아빠의 애칭 **(daddy)**

0818 daddy 아빠(애칭)

[dǽdi]

아이들은 종종 그들의 아버지를 **아빠**라고 부른다
Children often call their father **(   )**

매일 매일 진행되고 발생하는 **(daily)**

0819 daily 일상의

[déili]

일상 생활　　the **(   )** life
일상 습관　　**daily** habit

뭔가의 영향으로 **(da)** + 입게 되는 **(ma)** + 큰 상처나 손해**(ge)**

0820 damage 피해, 손해, 손상 / 손상을 입히다

[dǽmidʒ]

홍수 **피해**　　flood **(   )**
두뇌 **손상**　　brain **damage**
심각한 **손해**　　serious **damage**
흡연은 당신의 건강에 심각하게 **손상**을 입힌다
Smoking seriously **damages** your health

손해, 죽음 등 안좋은 것이 **(dan)** + 발생할 가능성이 있는 상태 **(ger)**

0821 danger 위험

[déindʒər]

북극곰들은 **위험**에 처해 있다　　Polar bears are in **(   )**
그를 **위험**에서 구하다　　save him from **danger**

빛이 없거나 부족한 **(dark)**

0822 dark 어두운

[daːrk]

먹구름　　a **(   )** cloud
어두운 밤　　a **dark** night

181

빛이 없거나 부족한 (dark) + 상태 (ness)

0823 **darkness** 어둠

[dá:rknis]

해가 지고 **어둠**이 내렸다   The sun went down and ( ) fell
어둠 속에(서)   in the **darkness**

기초가 되는 (da) + 사실이나 정보 (ta)

0824 **data** 자료, 데이터

[déitə]

자료를 모으다   collect ( )
많은 양의 **데이터**   a large quantity of **data**
데이터를 이용하다   use **data**

정해진 (da) + 연 월 일(te)

0825 **date** 날짜 / 데이트(하다)

[deit]

달력에 **날짜**를 표시하다   mark the ( ) on a calendar
오늘이 **며칠**이니?   What **date** is it today?
소녀와 **데이트하다**   **date** a girl

어떤 사람의 (dau) + 여자 후손(ghter)

0826 **daughter** 딸

[dɔ́:tər]

아들과 **딸**   a son and a ( )
아름다운 **딸**   a beautiful **daughter**

날이(da) + 밝을(w) + 무렵(n)

0827 **dawn** 새벽

[dɔ:n]

새벽에 일어나다   rise at ( )
새벽부터 밤까지 일하다   work from **dawn** till night

태양이 뜨고 질 때까지의 시간 **(day)**

0828 **day** 하루, 날
[déi]

바람 부는 **날**에	on a windy ( )
그 **날**	that **day**
그 **당시**	those **days**
요즈음	these **days**

죽거나 움직이는 않는 **(dead)**

0829 **dead** 죽은
[déd]

| 죽은 동물 | a ( ) animal |
| 컴퓨터가 **작동을 안한다** | My computer is **dead** |

깊이 사랑하거나 부담되는 가격의 **(dear)**

0830 **dear** 친애하는, 비싼
[diər]

| 나의 **친애하는** 친구 | a ( ) friend of mine |
| **비싸게** 팔다 | sell **dear** |

죽거나 움직이지 않는 것 **(death)**

0831 **death** 죽음, 사망
[deθ]

| 갑작스런 **죽음** | a sudden ( ) |
| 출생에서 **죽음**까지 | from **birth** to death |

남에게**(de)** + 갚아야 하는 돈**(bt)**

0832 **debt** 빚, 채무
[det]

| **빚**을 청산하다 | pay off my ( ) |
| **빚**이 없는 | clear of **debt** |

183

깊이 생각하고 **(de)** + 결정하는 것 **(cision)**

0833 decision 결정

[disíʒən]

결정할 시간이다   It's time to make a ( )
공평한 **결정**   an even **decision**

배의 윗부분의 **(dec)** + 평평하고 넓은 부분 **(k)**

0834 deck 갑판

[dek]

파도가 **갑판**을 휩쓸었다   The wave swept the ( ) of the ship
승객이 **갑판**에 나와있다   The passenger is on **deck**

뭔가를 부착하여 **(deco)** + 더 매력적으로 보이게 하다 **(rate)**

0835 decorate 장식하다

[dékərèit]

방을 꽃과 그림으로 **장식하다**
( ) a room with flowers and pictures

아래 방향으로 깊게 **(dee)** + 떨어져 있는 **(p)**

0836 deep 깊은 / 깊게

[di:p]

깊은 강   ( ) river
이 구멍은 매우 **깊**다   This hole is very **deep**

크고 **(dee)** + 나뭇가지 같은 뿔이 자라는 **(r)** 사슴

0837 deer 사슴

[diər]

사슴을 사냥하다   hunt ( )
사슴이 숨도록 도와주다   help a **deer** hide

어떤 상태, 범위 등의 **(de)** + 크기나 수준을 나타내는 것 **(gree)**

0838 **degree**   정도 -〉 학위 -〉 도 (온도, 각도)

[digríː]

어느 **정도**까지는	to a certain ( )
법학 **학위**	a law **degree**
45도 **각도**	a 45 **degree** angle

매우 기분좋은 **(de)** + 맛이나 향을**(li)** + 갖고 있는 **(cious)**

0839 **delicious**   맛있는

[dilíʃəs]

맛있는 음식	( ) food
맛있는 식사	a **delicious** meal
맛있어 보이다	look **delicious**

표정이나 행동으로 드러내며 **(de)** + 아주 크게 기뻐하는 것 **(light)**

0840 **delight**   (큰) 기쁨 / 기쁘게 하다

[diláit]

| **기뻐서** 웃다 | laugh with (   ) |
| 나는 그 소식에 **기뻤다** | I was **delighted** at the news |

국민이 뽑은 대표자에 의해 **(demo)** + 통치하거나 다스려지는 정치 제도 **(cracy)**

0841 **democracy**   민주주의, 민주국가

[dimάkrəsi]

| **민주주의**를 보호하다 | protect (   ) |
| **민주주의** 원칙 | the principles of **democracy** |

전체 속에서 **(de)** + 각각 나누어진**(part)** + 것**(ment)**

0842 **department**   백화점, 부, 국

[dipάːrtmənt]

백화점	( )
서비스 **부서**	the service **department**
국장	a **department** chairman

22일 843~892

한 건물에 각각 나누어진 공간에서 **(department)** + 다양한 물건을 배열,판매하는 곳**(store)**

0843 department store 백화점
[dipá:rtmənt] [stɔ́:r]

롯데 **백화점**   the Lotte (   )

쓸모가 없어 아래로 **(de)** + 버리거나 버려진 사막 **(sert)**

0844 desert 사막 / 버리다
[dézərt] [dizə́:t]

끝없는 **사막**   the endless (   )
사막에 낙타를 **버리다**   desert a camel in the **desert**

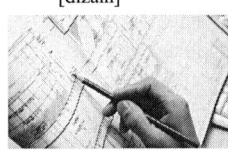

구체적이고 상세하게 **(de)** + 어떤 목적에 맞게 **(si)** + 그리거나 그려진 것**(g n)**

0845 design 디자인(하다) / 계획, 설계도
[dizáin]

화려한 **디자인**   a colorful (   )
집을 위한 **설계도**   a **design** for a house
옷을 **디자인하다**   **design** a dress

일하거나 공부할때 앞에 놓고 사용하는 책상 **(desk)**

0846 desk 책상
[désk]

책상 위에 앉으면 안 된다   You should not sit on the (   )

숨겨진 일, 사건 등을 **(de)** + 추적하여 **(tec)** + 뭔가를 알아내는 사람**(tive)**

0847 detective 탐정
[ditéktiv]

탐정 소설   a (   ) novel
사립 **탐정**   a private **detective**

강력하고 사악한 **(de)** + 힘을 갖고 있는 존재**(vil)**

0848 **devil**   악마

[dévl]

악마처럼 보이다   look like the **(**   **)**
붉은 **악마**   Red **Devils**

각각 나누어져 있는 숫자판,계기판 **(dial)**

0849 **dial**   계기판 / 전화걸다

[dáiəl]

그는 그 번호로 **전화를 건** 뒤 기다렸다
He **(**   **)**led the number and waited

2명이 **(dia)** + 서로 말하는 것 **(log)**

0850 **dialog**   대화

[dáiəlɔ̀ːg]

짧은 **대화**   a short **(**   **)**
대화를 연습하다   practice the **dialog**

마름모꼴 무늬의 **(dia)** + 얇은 종이나 천 **(per)**

0851 **diaper**   기저귀, 냅킨

[dáiəpər]

천 **기저귀**   a cloth **(**   **)**
아기의 **기저귀**를 갈다   change a baby's **diaper**

일별로 나눠 **(di)** + 뭔가를 기록하는 수첩같은 것 **(ary)**

0852 **diary**   일기, 일지

[dáiəri]

매일 **일기**를 쓰다   keep a **(**   **)** every day
수업 **일지**   a class **diary**

구체적이고 정확한 뜻을 알게 해주고 **(diction)** + 알파벳 순서로 **(na)** + 구성된 책 **(ry)**

0853 **dictionary** 사전

[díkʃənèri]

영한 **사전**   an English - Korean (   )
사전이 필요하다   need a **dictionary**

서로 멀리 **(di)** + 떨어져 있어 **(fe)** + 같지 않은 상태 **(rence)**

0854 **difference** 차이

[dífərəns]

양자 간의 **차이**를 구별하다   tell the (   ) between the two

서로 멀리 **(di)** + 떨어져 있어 **(fe)** + 같지 않은**(rent)**

0855 **different** 다른, 다양한

[dífərənt]

다른 색깔   a (   ) color
다른 문화   a **different** culture
다양한 학습 유형들   **different** learning types

다루고 처리하는데 많은 힘과 노력이 필요한 = 많은 **(di)** + 힘과 노력이 필요한 **(f fi)** + 다루고 처리하다 **(cult)**

0856 **difficult** 어려운, 까다로운

[dífikʌlt]

그 시험은 나에게 너무 **어려웠**다   The test was too (   ) for me
어려운 문제들   **difficult** problems
까다로운 상관   a **difficult** boss

목표나 임무를 완수하기 위하여 **(dili)** + 열심히 꾸준하게 하는 **(gent)**

0857 **diligent** 부지런한

[dílədʒənt]

부지런한 일꾼   a (   ) worker
정직하고 **부지런한**   honest and **diligent**

밥을 차려 놓고 먹는 **(dining)** + 방 **(room)**

0858 **dining room**　식당

[dáiniŋ ru:m]

식당에서 먹다　eat at a (　　　　)

손님을 초대하여 함께 먹는 잘 차려진 저녁식사 **(dinner)**

0859 **dinner**　저녁식사

[dínər]

그를 **저녁식사**에 초대하다　invite him to (　　　　)

정하여 **(di)** + 향하는 **(rec)** + 곳**(tion)**

0860 **direction**　방향

[dirékʃən]

남쪽 **방향**　southern (　　　　)
반대 **방향**　the opposite **direction**
방향 감각　a sense of **direction**

더러운 **(dir)** + 어떤 것이 묻은 **(ty)**

0861 **dirty**　더러운

[də́:rti]

더러운 옷　(　　　　) clothes
더러운 손을 씻다　wash **dirty** hands

여러 각도로 상세하게 **(dis)** + 논의, 검토하는 것 **(cussion)**

0862 **discussion**　토론, 토의

[diskʌ́ʃən]

그룹 **토론**　a group (　　　　)
토론하다　have a **discussion**

189

납작하고 (di) + 아래로 음푹 패인 그릇 (sh)

0863 dish   접시 -> 음식 -> 설거지

[diʃ]

유리 **접시**	a glass ( )
달콤한 **음식**	a sweet **dish**
설거지 하다	do the **dish**es

길이나 논밭옆의 (di) + 폭이 좁고 작은 물길 (tch)

0864 ditch   도랑

[ditʃ]

논 옆에 **도랑**을 파다   dig a ( ) beside the ricefield

의학 등 깊고 체계적인 교육을 받은 사람 (doctor)

0865 doctor   의사, 박사

[dáktər]

의사의 진찰을 받다   see a ( )

주인의 발 아래에서 꼬리를 흔드는 개 (dog)

0866 dog   개

[dɔ́:g]

개를 훈련시키다   train a ( )

생명이 없는 (do) + 사람이나 동물 모양의 장난감 (ll)

0867 doll   인형

[dal]

| 예쁜 **인형** | a pretty ( ) |
| **인형**을 갖고 놀다 | play with a **doll** |

미국이나 호주의 화폐

0868 **dollar**　달러
[dάlər]

1달러짜리 지폐　　a (　　　　) bill

돌출된 입을 갖고 있고 **(dol)** + 점프하면서 빠르게 헤엄치는 돌고래 **(phin)**

0869 **dolphin**　돌고래
[dάlfin]

돌고래들을 죽이다　　kill the (　　　　)s

어떤 공간으로 **(doo)** + 들어가고 나올 수 있는 문**(r)**

0870 **door**　문
[dɔ́ːr]

뒷문　　back (　　　　)
문을 열어라　　Open the **door**
문을 닫아라　　Close the **door**

어떤 사실이 거짓일거라 생각하다 = 거짓일거라 생각하다**(doub)** + 어떤 사실이**(t)**

0871 **doubt**　의심 / 의심하다
[daut]

그의 정직성을 의심하다　　(　　　　) his honesty
의심 없이　　without **doubt**

아래 층 = 아래에 있는 **(down)** + 계단들 **(stairs)**

0872 **downstairs**　아래층으로 / 아래층(의)
[dáunstέərz]

아래층으로 내려오다　　come (　　　　)
아래층으로 내려가다　　go **downstairs**

강 아래쪽에 있는 **(down)** + 도시의 중심가 **(town)**

0873 **downtown** 시내, 도심지, 번화가

[daˈun taˈun]

시내의 식당에서   at a (　　　) restaurant
시내에 큰 쇼핑몰이 있다   There is a big shopping mall **downtown**

12개짜리 한묶음 **(dozen)**

0874 **dozen** 다스, 12개

[dʌzn]

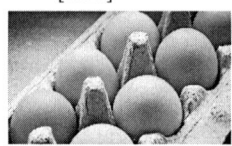

계란 1 다스   an (　　) eggs
반 다스   a half **dozen**

연필 등을 사용해 뭔가를 그리는 것 **(drawing)**

0875 **drawing** 그림, 그림그리는 것

[drɔ́ːiŋ]

펜화   a pen (　　　)
나는 그림 그리는데 소질이 없다   I'm not good at **drawing**

잠잘때나 미래에 **(drea)** + 떠오르거나 이루고 싶은 일 **(m)**

0876 **dream** 꿈 / 꿈꾸다

[driːm]

어린 시절의 꿈   a childhood (　　　)
꿈이 실현되다   **Dream**s come true

몸 위에서 아래로 흘러내리는 옷 **(dress)**

0877 **dress** 드레스, 옷

[drés]

결혼식 드레스   a wedding (　　　)
옷을 디자인하다   design a **dress**

약을 **(drug)** + 보관하고 파는 가게 **(store)**

0878 **drugstore** 약국

[drʌ́gstɔ̀ːr]

약국에서 약간의 약을 사다   buy some medicine at the (   )
길모퉁이의 **약국**   the **drugstore** on the corner

둥근 틀위에 **(dru)** + 팽팽하게 가죽을 덮어 만든 북 **(m)**

0879 **drum** 북 / (북을 치듯) 계속 두드리다

[drʌm]

북을 치다   beat a (   )
박자를 맞춰 손가락으로 책상을 **치다**   **drum** my fingers on a desk

물기나 수분이 없거나 부족한 **(dry)**

0880 **dry** 건조한 / 말리다, 건조시키다

[drai]

건조한 날씨   (   ) weather
사막처럼 덥고 **건조한**   hot and **dry** like a desert
옷을 햇볕에 **말리다**   **dry** my clothes in the sun

둔한 몸집과 평평한 부리로 꽥꽥 거리는 오리 **(duck)**

0881 **duck** 오리

[dʌ́k]

오리 알   a (   ) egg
오리 도널드   Donald **duck**

정해지거나 예정된 것에 맞추는 **(due)**

0882 **due** ~때문에, 덕분에 -> ~하기로 예정된 -> 주어야 하는 -> 적절한, 마땅한

[djuː]

호우 **때문에** 나는 갈 수 없었다   (   ) to heavy rain, I couldn't go
그 보고서는 내일이 **기한**이다   The report is **due** on tomorrow
그에게 **지불되어야 하는** 돈   the money **due** to him

무디고 **(du)** + 약한 **(ll)**

0883 dull 지루한 → 무딘 → 둔한

[dʌl]

지겹고 **지루한** 영화	a boring and ( ) movie
무딘 칼	a **dull** knife
둔한 학생	a **dull** student

완전히 말을 할 수 없는 **(dumb)**

0884 dumb 벙어리의, 말을 못하는

[dʌm]

그녀는 태어날 때부터 **말을 못했다**	She was born ( )
말 못하는 동물들	**dumb** animals

마땅히 **(du)** + 해야하는 것**(ty)**

0885 duty 의무, 직무, 세금

[djúːti]

병역 **의무**	military ( )
권리들와 **의무들**	rights and **duties**
수입세	import **duties**

보통의 경우보다 더 일찍 시작하거나 시작되는 부분 = 더 일찍 시작하거나 시작되는 부분 **(ear)** + 보통의 경우보다 **(ly)**

0886 early 일찍 / 초기

[ə́ːrli]

일찍 일어나다	get up ( )
오늘 아침 **일찍**	**early** this morning
2000년대 **초기**	the **early** 2000s

우리가 살고 움직이는 **(ear)** + 곳 **(th)**

0887 earth 지구, 땅, 흙

[əːrθ]

지구를 오염시키다	pollute the ( )
지구상의 생명	life on **earth**

쉽고 편안한 **(easy)**

0888 easy
쉬운, 편안한

[íːzi]

쉬운 방법   an ( ) way
편안한 삶   an **easy** life
쉽게 생각해   Take it **easy**

생활하는데 **(eco)** + 필요한 재화나 서비스를 **(no)** + 획득하고 이용하는 모든 활동 **(my)**

0889 economy
경제

[ikánəmi]

시장 **경제**   the market ( )
자본주의 **경제**   the capitalist **economy**

바깥**(e)** + 가장자리 끝부분**(dge)**

0890 edge
가장자리 -> 변두리 -> 칼날

[edʒ]

침대 **가장자리**   the ( ) of the bed
도시 **변두리**에   at the **edge** of the town
날카로운 **칼날**   a sharp **edge** of the knife

밖으로 **(e)** + 타고난 소질,능력 등을 이끌어 내는 **(duc)** + 것 **(ation)**

0891 education
교육

[èdʒukéiʃən]

초등 **교육**   elementary ( )
체육   Physical **Education**
교육 받다   receive an **education**

작용하여 **(ef)** + 어떤 결과가 나타나는 것**(fect)**

0892 effect
효과 / 결과 / 영향

[ifékt]

나쁜 **효과**   an ill ( )
원인과 **결과**   cause and **effect**
특수 **효과**   special **effects**
부정적인 **영향**   a negative **effect**

23일 893~942

뭔가에 대하여 **(ef)** + 힘을 들여 애쓰는 것 **(fort)**

0893 effort   노력
[éfərt]

작은 **노력**   small ( )
굉장한 **노력**이 필요하다   take great **effort**
그녀를 도우려고 **노력**하다 make an **effort** to help her

부화되면 아기새가 나오는 타원형 모양의 알 **(egg)**

0894 egg   알
[ég]

거위 **알**   a goose ( )
알을 낳다   lay an **egg**

2개중에 **(ei)** + 어떤 하나 **(ther)**

0895 either   둘중에 하나 / (부정문) ~또한 아니다
[íːðər]

너나 그녀 **둘 중 한 사람**이 가야 한다   ( ) you or she is to go
나는 그것을 안 좋아해. 나도 **그래**   I don't like it.' 'Me **either**

나이가 많거나 사회적 위치상 위에 **(el)** + 있는 **(der)**

0896 elder   손위의, 어른의
[éldər]

형 ( ) brother
우리나라에서는 **웃어른**들이 먼저 먹는다   The **elder**s eat first in our country

투표와 같은 일정한 절차를 통해 바깥으로 **(e)** + 특정 직위,직책에 적합한 사람을 뽑는 것 **(lection)**

0897 election   선거
[ilékʃən]

선거에서 투표하다   vote in an ( )
선거에 지다   lose an **election**

전자들이 **(e)** + 서로 밀고 **(lec)** + 당기면서 **(tri)** + 생기는 찌릿한 전기 **(city)**

0898 **electricity** 전기

[ilektrísəti]

전기를 켜다　　turn on the **(　　　　)**
전기를 절약하다　save **electricity**

가장 기본적인 **(ele)** + 단계나 **(men)** + 수준의 **(tary)**

0899 **elementary** 초보의, 초급의 / 아주 쉽고 간단한

[èləméntəri]

초등학교　　　　　　an **(　　　　)** school
아주 쉽고 간단한 질문들　**elementary** questions

이미 언급된 것 외에 **(el)** + 추가로 있는 것 **(se)**

0900 **else** 그 밖의 / 또 다른

[els]

그 밖의 다른 것　　anything **(　　　　)**
그 밖에 아무도 질문에 대답하지 못했다
　　　　　　　No one **else** could answer the question

어떤 공간이 **(em)** + 텅 빈 **(p)** + 생태의 **(ty)**

0901 **empty** 내부가 텅 빈

[émpti]

빈 자리　　an **(　　　　)** seat
빈 깡통　　an **empty** can

어떤 것의 끝 부분 **(end)**

0902 **end** 끝 / 끝나다

[énd]

이달 말　　　　the **(　　　　)** of this month
수업은 4시에 끝난다　The class **ends** at 4

197

진행되는 것의 끝 부분 **(ending)**

0903 ending 끝, 결말

[éndiŋ]

끝없는, 영원한   never (   )
결말을 추측하다   guess the **ending**

서로 **(ene)** + 싸우거나 해치고자 하는 적**(my)**

0904 enemy 적

[énəmi]

적군의 병력   the (   ) forces
적을 공격하다   attack an **enemy**

사람이나 물체가 갖고 있는 **(ener)** + 일을 할 수 있게 하는 힘 **(gy)**

0905 energy 에너지, 힘 / 활기, 정력

[énərdʒi]

태양 에너지   solar (   )
항상 활기가 넘치는   always full of **energy**

갖고 있는 지식 등을**(en)** + 적용하여**(gi)** + 기계 등을 다루는 사람**(neer)**

0906 engineer 기술자, 기사

[èndʒiníər]

소프트웨어 기술자   a software (   )
전기 기사   an electrical **engineer**

모자람이 없이 **(enou)** + 원하거나 필요한 만큼 있는 **(gh)**

0907 enough 충분한 / 충분히

[inʌ́f]

충분한 음식   (   ) food
고기가 충분히 익었다   The meat is cooked **enough**
그 집을 사기에 충분한 돈   **enough** money to buy the house

모든 부분을 (enti) + 포함하는 (re)

0908 entire 전체의, 온

[intáiər]

완전한 자유 ( ) freedom
온 마을 the **entire** village
전 세계에 영향을 끼치다 affect the **entire** world

안에 편지 등을 넣고 (enve) + 접거나 붙이는 (lope) 봉투

0909 envelope 봉투

[énvəlòup]

봉투에 우표를 붙이다 put a stamp on the ( )
봉투를 열다 open an **envelope**

주위를 둘러싸고 (en) +직간접적으로 영향을 미치는 (viron) + 환경 (ment)

0910 environment 환경

[inváiərənmənt]

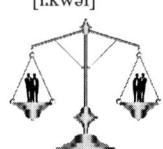

깨끗한 환경 a clean ( )
환경을 보호하다 protect the **environment**

비교 대상끼리 (equa) + 서로 같은 (l)

0911 equal 동등한 -〉 평등한 -〉 ~와 같다

[í:kwəl]

모든 사람은 동등하다 All men are ( )
평등한 권리 an **equal** right
크기가 코끼리와 같다 **equal** an elephant in size

어떤 목적, 활동에 (equi) + 필요한 (p) + 여러가지 것들(ment)

0912 equipment 장비, 기구, 설비

[ikwípmənt]

야영 장비 camping ( )
새로운 운동 기구 new exercise **equipment**

쓰여진 것을 **(e)** + 문지르거나 닦아서 **(ra)** + 없애는 **(ser)** 지우개

0913 **eraser** 지우개

[iréisər]

칠판 **지우개** a blackboard ( )
연필과 **지우개** a pencil and an **eraser**

올바른 기준에서 벗어나서 **(er)** + 틀린 것 **(ror)**

0914 **error** 오류, 실수, 잘못

[érər]

오류 메시지 an ( ) message
수학에서 **실수**를 하다 make an **error** in math

다른 것과 비교하여 **(es)** + 두드러지게 **(pecially)**

0915 **especially** 특별히, 특히

[ispéʃəli]

특별히 너를 위해 샀어 I bought it ( ) for you
나는 과일을 좋아한다. **특히** 사과를 I like fruit, **especially** apples

본질을 **(es)** + 구성하는 요소로 **(sent)** + 꼭 있거나 해야 하는 **(tial)**

0916 **essential** 필수적인, 본질적인, 근본적인

[isénʃəl]

물은 생명에 **필수적**이다 Water is ( ) to life
근본적인 사실 an **essential** fact

0917 **etc.** 기타 등등

[et sétərə]

콜라, 주스, 맥주 **등** cola, juice, beers, ( )

한 개가 있고 **(e)** + 그 옆이나 그 위에 하나가 더 있는 **(ven)**

0918 **even**
[íːvən]

평평한 -> 짝수의 -> ~조차, ~까지 -> 훨씬

평탄한 도로	an **(**) road
짝수	an **even** number
어린애**조차** 그것을 할 수 있다	**Even** a child can do it
이 로봇은 춤**까지** 출 수 있다	This robot can **even** dance

해가 지고 **(eve)** + 잠자기 전까지의 시간 **(ning)**

0919 **evening**
[íːvniŋ]

저녁

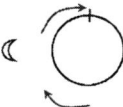

오늘(어제/내일) **저녁**   this [yesterday, tomorrow] **(**)

바깥으로 **(e)** + 나타난 것 **(vent)**

0920 **event**
[ivént]

행사 / 사건

| 학교 자선 **행사** | a school charity **(**) |
| 중대한 **사건** | a big **event** |

각각의 모든 부분의 **(every)**

0921 **every**
[évri]

모든, 모두의 -> (not과 함께) 모두가 ~ 인것은 아니다 -> 매~, ~ 마다

| **모든** 어린이들은 행복해야 한다 | **(**) child should be happy |
| 아빠는 5일**마다** 세차하신다 | Dad washes the car **every** five days |

각각의 모든 **(every)** + 것 **(thing)**

0922 **everything**
[évriθiŋ]

모든 것, 모두 / 전부, 가장 중요한 것

| **모든 것**이 잘되고 있다 | **(**) is going well |
| 난 **모든 것**을 알고 있다 | I know **everything** |

의도적으로 남을 해치는 **(e)** + 비도덕인 악**(vil)**

0923 evil　　　악

[íːvəl]

선과 **악**　　good and ( )
필요**악**　　a necessary **evil**

조금도 어긋남이 없이 완벽하게 **(exac)** + 들어맞게 **(tly)**

0924 exactly　　정확하게, 꼭

[igzǽktli]

정확하게 내가 말한 대로 해라　　Do ( ) as I said
정확하게 그 선수를 치다　　hit the player **exactly**

주의 깊게 살펴보는 것 **(exam)**

0925 exam　　시험

[igzǽm]

기말**고사**　　final ( )
시험을 준비하다　　prepare for the **exam**
시험을 보다　　take an **exam**

어떤 상태를 주의 깊게 살펴보는 것 = 주의깊게 살펴본다 **(exami)** + 어떤 상태**(na)** + 것 **(tion)**

0926 examination　　시험 / 조사, 검사

[igzæmənéiʃən]

시험에 합격하다　　pass the ( )
입학 **시험**　　entrance **examination**s

어떤 것의 특징을 잘 나타내는 **(exam)** + 대표적이고 전형적인 부분 **(ple)**

0927 example　　예, 보기

[igzǽmpl]

예를 들면　　for ( )
좋은 **예**를 들다　　give a good **example**

보통 수준을 뛰어 넘는 = 뛰어 넘는 **(ex)** + 보통 수준**(cel)** + 그러한 상태 **(lent)**

0928 excellent 뛰어난, 우수한

[éksələnt]

너는 정말 **뛰어난** 일을 했다   You did an ( ) job
우수한 성적을 받다   get **excellent** grades

바깥으로 **(ex)** + 감정이 들뜨거나 격렬해지는 **(cit)** + 상태의 **(ed)**

0929 excited 흥분한, 신나는

[iksáitid]

신나거나 지루한   ( ) or bored
흥분한 군중   an **excited** crowd
나는 너무 **흥분해**서 잠을 잘 수 없었다
   I was so **excited** that I couldn't sleep

바깥으로 **(ex)** + 나갈 수 있는 곳**(it)**

0930 exit 출구

[égzit]

화재시 **출구**   a fire ( )
가장 가까운 **출구**가 어디에 있죠?   Where is the nearest **exit**?

뭔가 하는데 **(ex)** + 들어가는 비용이**(pen)** + 많이 드는**(sive)**

0931 expensive 비싼

[ikspénsiv]

비싼 다이아몬드   an ( ) diamond
그 청바지는 너무 **비싸**다   The blue jeans are too **expensive**

실제로 **(ex)** + 직접 해보면서 **(peri)** + 알게 되는 것**(ence)**

0932 experience 경험 / 경험하다

[ikspíəriəns]

고통스러운 **경험**   a painful ( )
다양한 문화를 **경험하다**   **experience** different cultures

자기 나라 바깥으로 **(ex)** + 물건 등을 팔아 내보내는 것 **(port)**

0933 export 수출 / 수출하다

[ikspɔ́ːrt]

미국의 곡물 **수출**   American's grain ( )
자동차를 외국에 **수출하다**   **export** cars to foreign countries

바깥으로 **(ex)** + 생각, 느낌 등을 드러내어 나타내는 것 **(pression)**

0934 expression 표현

[ikspréʃən]

흥미로운 **표현**   an interesting ( )
표현을 반복하다   repeat the **expression**

요금을 내고 **(express)** + 고속으로 차를 달릴 수 있는 도로 **(way)**

0935 expressway 고속도로

[ikspréswèi]

고속도로 휴게소   an ( ) rest area
고속도로에 진입하다   enter the **expressway**

겉, 앞쪽으로 드러나는 부분 **(face)**

0936 face 얼굴, 생김새, 안색 -> 표면, 면 -> 면목, 체면 -> 향하다, 직면하다

[féis]

나의 **얼굴**을 씻다   wash my ( )
지표**면**   the **face** of the earth
건물은 동쪽을 **향한다**   The building **faces** the east

실제로 발생했거나 발생하고 있는 것 **(fact)**

0937 fact 사실

[fækt]

사실은   in ( )
흥미로운 **사실**   an interesting **fact**
사실을 숨기다   hide the **fact**

기계를 사용하여 **(fac)** + 제품을 생산하는 공장 **(tory)**

0938 **factory** 공장

[fǽktəri]

재활용 **공장**   the recycling (   )
공장에서 일하다   work in a **factory**

밖으로 넓게 **(fai)** + 펼쳐지는 **(r)**

0939 **fair**   공정한 -〉 꽤 많은 -〉 밝게 빛나는 -〉 맑은 -〉 박람회

[fɛər]

공정한 게임   a (   ) game
상당수의   a **fair** number of
금발   **fair** hair
맑은 날씨   **fair** weather

많이 접해서 **(fami)** + 잘 알거나 쉽게 알아볼 수 있는 **(liar)**

0940 **familiar**   익숙한, 친숙한, 잘 아는

[fəmíljər]

귀에 익은 목소리   a (   ) voice
한국문화에 **익숙하다**   be **familiar** with Korean culture

서로 **(fa)** + 밀접하게 연결된 가족 **(mily)**

0941 **family**   가족

[fǽməli]

가족 모임   a (   ) reunion
가족을 사랑하다   love my **family**

아주 **(fa)** + 많은 사람들에게 알려진 **(mous)**

0942 **famous**   유명한

[féiməs]

유명한 스타   a (   ) star
이탈리아는 피자로 **유명하다**   Italy is **famous** for pizza

24일 943~992

상상속에 **(fan)** + 있는 **(cy)**

0943 **fancy** 화려한 -> 터무니 없는 -> 상상하다

[fǽnsi]

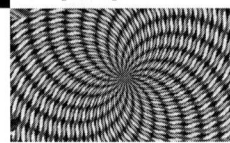

화려한 넥타이   a ( ) necktie
터무니 없는 가격에   at a **fancy** price
그를 영화배우라고 **상상하다**   **fancy** him as an actor

상상속에 **(fan)** + 존재하는 **(ta)** + 여러가지 것들**(sy)**

0944 **fantasy** 공상, 환상

[fǽntəsi]

상상의 세계에 살다   live in a ( ) world
공상 소설   **fantasy** novel

기준점에서 멀리 떨어져 있는 **(far)**

0945 **far** 멀리, 먼곳으로 -> (경과, 정도등이) 나아가, 훨씬-> 극단적인

[fáːr]

나의 집은 여기에서 **멀다**   My house is ( ) from here
먼 미래에   **far** into the future
이것이 **훨씬** 좋다   This is **far** better

교통수단을 이용하면서 **(fa)** + 그 대가로 지불하는 돈**(re)**

0946 **fare** 요금, 운임

[fɛər]

택시 **요금**을 지불하다   pay the taxi ( )
항공 **운임**   air **fares**

농작물, 동물들을 키우는 일정한 장소 **(farm)**

0947 **farm** 농장

[fáːrm]

양돈**농장**   a pig ( )
양어**장**   a fish **farm**
농장을 경영하다   run[keep] a **farm**

빠르게 (fa) + 움직이는 (st)

0948 **fast** 빠른 / 단식(하다)

[fæst]

급행 열차   a (   ) train
빠르게 움직이다   move **fast**

너무 많은 살이 (fa) + 붙어 있는(t)

0949 **fat** 뚱뚱한 / 지방, 기름

[fæt]

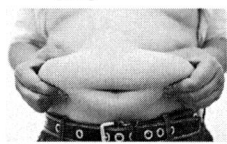

뚱뚱한 남자   a (   ) man
뚱뚱해지다   get **fat**

자식을 만들고 태어나게 하는 아버지 (father)

0950 **father** 아버지

[fáːðər]

이분은 우리 **아버지**야   This is my (   )

전체중에 (fau) + 잘못되거나 부족한 어떤 것(lt)

0951 **fault** 잘못 / 결점

[fɔːlt]

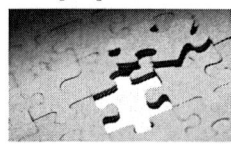

그의 **잘못**을 용서하다   excuse his (   )
결점들에도 불구하고 그녀를 사랑한다   I love her despite her **faults**

어떤 것보다(fa) + 더 좋아하는 것(vor)

0952 **favor** 호의 → 찬성하다 → 총애하다

[féivər]

호의를 베풀어 줄 수 있으세요?   Will you do me a (   )?
제안에 **찬성하다**   **favor** a proposal
어떤 색깔을 **가장 좋아하**십니까?   Which color do you **favor**?

어떤 것 **(fa)** + 보다 더**(vo)** + 좋아하거나 잘하는 **(rite)**

0953 **favorite**　　가장 좋아하는, 특히 잘하는

[féivərit]

내가 **가장 좋아하는** 과목　my (　　) subject
네가 **가장 좋아하는** 선생님은 누구니?　Who is your **favorite** teacher?

특별한 일을 축하하기 위하여 **(fea)** + 많은 사람들이 모여 즐기는 큰 잔치 **(st)**

0954 **feast**　　피로연, 축하연 / 잔치, 축제

[fi:st]

결혼식 **피로연**　a wedding (　　)
잔치를 벌이다　give a **feast**

새의 몸에 **(fea)** + 붙어 있는 **(the)** + 부드러운 깃털**(r)**

0955 **feather**　　깃털, 깃

[féðər]

깃털처럼 가벼운　as light as a (　　)
칠면조 **깃털**　a turkey **feather**

같은 곳에 있거나 혹은 동질감을 느끼는 **(fel)** + 동료 **(low)**

0956 **fellow**　　동료, 녀석, 사나이

[félou]

전우　a (　　) soldier
바보같은 **녀석**　a stupid **fellow**

일정한 땅 주위에 **(fen)** + 빙둘러 쳐진 방벽 **(ce)**

0957 **fence**　　울타리

[fens]

정원 **울타리**　the garden (　　)
농장 주변에 **울타리**를 치다　put a **fence** around the farm

평상시 보다 (fe) + 더 뜨거운 상태 (ver)

0958 **fever** 열

[fíːvər]

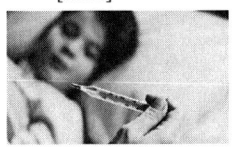

고열이 나다   have a high (   )
다이어트 열풍   diet **fever**

아주 조금 있는 (few)

0959 **few** 거의 없는 -> 조금 있는 -> 소수의 사람(것)

[fjú:]

그는 **거의** 친구가 **없다**   He has (   ) friends
그는 **몇 명**의 친구가 있다   He has a **few** friends
며칠 뒤에   a **few** days later

뭔가 진행되거나 이루지는 (fie) + 일정한 공간 (ld)

0960 **field** 밭, 들판 -> 경기장 -> 분야, 범위 -> 경기에 참가시키다

[fi:ld]

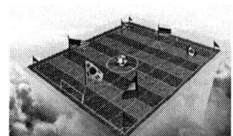

쌀**밭** = 논   a rice (   )
밀 **밭**   a **field** of wheat
축구**장**   a soccer **field**

기세가 (fie) + 거칠고 센 (rce)

0961 **fierce** 사나운, 격렬한

[fiərs]

사나운 개   a (   ) dog
격렬한 싸움   a **fierce** fighting

서로 치고 박는 것 (fight)

0962 **fight** 싸움 / 싸우다

[fáit]

누군가와 **싸우다**   have a (   ) with
적과 **싸우다**   **fight** an enemy

바깥으로 (fi) + 나타나는 어떤 형태 (gure)

0963 figure   숫자 -> 모양 -> 인물 -> (여성의) 몸매

[fígjər]

정확한 **숫자**들	exact ( )s
둥근 **모양**	a round **figure**
유명한 **인물**	a famous **figure**
그녀는 항상 **몸매**가 좋다	She's always had a good **figure**

시작되고 (fi) + 진행되는 것의 맨 끝부분에 (nally)

0964 finally   마침내, 마지막으로

[fáinəli]

| **마침내** 정상에 도달하다 | reach the top ( ) |
| **마지막으로**, 당신에게 감사드리고 싶습니다 | And **finally**, I would like to thank you |

어떤 문제나 방해가 (fi) + 없는 (ne)

0965 fine   좋은 / 예민한 / 벌금

[fain]

나는 **좋아**요	I'm ( )
비가 오든 **날씨가 좋든**	in rain or **fine**
예민한 귀	a **fine** ear

빛과 열을 내면서 세차게 타오르는 불(fire)

0966 fire   불 -> 불빛, 번쩍인 -> 발사, 사격 -> (비난, 질문)퍼붓기 -> 발사하다-> 해고하다

[fáiər]

번갯불의 **번쩍임**	the ( ) of lightning
불을 피우다	make a **fire**
엄호**사격**	a covering **fire**
한방 **쏘다**	**fire** a shot
그는 그의 직장에서 **해고되**었다	He was **fired** from his job

모양이나 상태가 (fi) + 강하게 연결된 (rm)

0967 firm   굳은, 단단한 -> 단단하게 하다 -> 회사

[fəːrm]

단단한 풋사과	a ( ) green apple
확고한 믿음	**firm** beliefs
식물들 주위의 흙을 **다져주다**	**firm** the soil around the plant
엔지니어링 **회사**	an engineering **firm**

210

서로 (fi) + 딱 맞는 (t)

0968 **fit**
꼭 맞는, 적합한 -> 건강상태가 좋은 -> 꼭 맞다

[fit]

이 **치마**는 나에게 맞지 않다   This skirt doesn't (   ) me
이 목적에 **적합하**다   be **fit** for this purpose

깃대에 묶여 펄럭이는 깃발 **(flag)**

0969 **flag**
기, 깃발

[flæg]

국**기**   a national (   )
기를 흔들다   wave a **flag**

불 위의 타오르는 **(fla)** + 부분 **(me)**

0970 **flame**
불꽃, 불길 / 타오르다

[fleim]

양초의 **불꽃**   the candle (   )
밝은 파란 **불꽃**   a bright blue **flame**

잠깐 비치다가 **(fla)** + 사라지는 **(sh)** + 불빛 **(light)**

0971 **flashlight**
손전등 / (카메라의)플래시

[flæ′ʃlait]

손전등을 비추다   shine a (   )

표면이 고르고 평평한 **(flat)**

0972 **flat**
평평한 -> 균일한 -> 재미없는 -> 단호한 -> 평면, 갯벌

[flæt]

납작한 얼굴   (   ) face
균일 가격   a **flat** price
시시한 농담   a **flat** joke
진흙 **개펄**   mud **flat**

211

공중에 떠서 **(fli)** + 이동하는 것**(g h t)**

0973 **flight**   비행, 하늘을 나는 것

[flait]

뉴욕 행 **항공편**   a (   ) to New York
돌아오는 **비행기편**에서   on the return **flight**

많은 비로 하천이 넘쳐 **(floo)** + 땅을 덮는 것 **(d)**

0974 **flood**   홍수 / 홍수지게 하다

[flʌd]

홍수로 집을 잃다   lose houses by the (   )
강물이 **넘쳐서** 마을이 물에 잠겼다   The river **flood**ed the village

건물내부의 평평한 바닥 **(floor)**

0975 **floor**   바닥

[flɔ́ːr]

바닥이 미끄럽다   The (   ) is slippery
바닥에 눕다   lie on the **floor**

부드럽게 갈아 만든 곡물가루 **(flour)**

0976 **flour**   가루, 밀가루

[fláuər]

빵은 **밀가루**로 만든다   Bread is made from (   )
쌀**가루**   rice **flour**

줄기 끝에서 아름답게 피어나는 꽃 **(flower)**

0977 **flower**   꽃

[fláuər]

아름다운 **꽃**   a beautiful (   )
꽃을 따다   pick **flowers**

공기를 불어 넣어 **(flu)** + 소리를 내는 악기**(te)**

0978 flute 플루트, 피리

[fluːt]

| 플루트를 불다 | play the ( ) |
| 대나무 피리 | a bamboo **flute** |

지표면 위에 짙게 퍼져있는 안개 **(fog)**

0979 fog 안개

[fɔːg]

| 짙은 안개 | a thick ( ) |
| 산은 안개로 덮여 있었다 | The mountain is covered with **fog** |

안개 낀 **(foggy)**

0980 foggy 안개낀

[fɔ́ːgi]

| 흐리고 안개 낀 | cloudy and ( ) |

특정 지역에서 오랫동안 **(fol)** + 진행되거나 살아온 여러가지 것들**(k)**

0981 folk 민속의 / 사람들

[fouk]

민속 마을	a ( ) village
민요	a **folk** song
시골 사람들	country **folks**

어떤 것의 **(fo)** + 바로 뒤에 오는 **(llowing)**

0982 following 다음의, ~이후에 / 지지자

[fálouiŋ]

다음 이야기	the ( ) story
그는 많은 지지자가 있다	He has a large **following**
수업이후에 질문하세요	**Following** the class, ask questions

213

먹을 수 있고 배를 든든하게 채워주는 음식 **(food)**

0983 food 음식

[fú:d]

내가 가장 좋아하는 **음식**　my favorite (　　　)
음식을 요리하다　cook the **food**

지능, 판단력 등이 모자르거나 부족한 사람 **(fool)**

0984 fool 바보

[fú:l]

바보처럼 보이다　look like a (　　　)

지능, 판단력 등이 **(foo)** + 부족하거나 모자란 상태의 **(lish)**

0985 foolish 어리석은, 바보같은

[fú:liʃ]

어리석은 사람　a (　　　) man
그는 **바보같은** 실수를 저질렀다　He made a **foolish** mistake

손발을 이용하여 **(foot)** + 공을 차고 잡는 운동경기 **(ball)**

0986 football 미식축구

[fútbɔ́:l]

축구 시합　a (　　　) match
축구를 하다　play **football**

뭔가에 영향을 주는 강한 힘 **(force)**

0987 force 힘, 폭력 -〉 (복수)군사력 -〉 강요하다

[fɔ:rs]

우리를 끌어당기는 지구의 **힘**　the Earth's (　　　) pulling us down
군사력　military **force**
적군의 **병력**　the enemy **forces**
사람들에게 어떤 것을 사라고 **강요하다**
　force the people to buy anything

한 나라의 바깥에서 **(fo)** + 발생하는 것과 **(rei)** + 관련된 **(gn)**

0988 foreign 외국의

[fɔ́:rən]

외국 a ( ) country
외국 여행 **foreign** travel
외국어 a **foreign** language

한 나라의 바깥에서 온 사람 **(foreigner)**

0989 foreigner 외국인

[fɔ́:rənər]

외국인을 만나다 meet a ( )
많은 **외국인**들이 한국을 방문하고 있다
Many **foreigners** are visiting Korea

빽빽하게 나무들로 우거진**(fo)** +넓은 **(re)** + 지역**(st)**

0990 forest 숲

[fɔ́:rist]

소나무 **숲** a pine ( )
우리는 **숲**속을 걸었다 We walked in the **forest**
숲에서 야영하다 camp in a **forest**

기대 혹은 다른 사람에 비해서 **(for)** + 더 좋게 나타나는 것 **(tune)**

0991 fortune 행운, 운 / 큰 돈

[fɔ́:rtʃən]

행운의 과자 ( ) cookie
그는 **운** 좋게도 시험에 합격했다
He had the good **fortune** to pass the exam
큰 돈을 쓰다 spend a **fortune**

기대 혹은 다른 사람보다 더 좋게

0992 fortunately 운 좋게

[fɔ́:rtʃənətli]

다행히 그는 시험에 합격했다 ( ), he passed the test

215

25일 0993~1042

앞쪽으로 (for) + 쭉 나아가는 (ward)

0993 forward 앞으로 / 보내다
[fɔ́ːrwərd]

앞으로 달려가다 run ( )
앞으로 2칸 가세요 Go **forward** 2 space
내 편지를 나의 새 주소로 **보내다** **forward** my mail to my new address

뭔가를 지탱하는 (foun) + 가장 아래부분 (dation)

0994 foundation 기초, 설립, 근거
[faundéiʃən]

약한 **기초** a weak ( )
학교의 **설립** the **foundation** of the school
근거없는 소문 a rumor without **foundation**

누르면 분수처럼 잉크가 퍼지고 (fountain) + 글을 쓸 수 있는 필기도구(pen)

0995 fountainpen 만년필
[fáuntənpen]

잉크 없는 **만년필** a ( ) without ink
만년필로 소설을 쓰다 write a novel with the **fountainpen**

숨기거나 거짓 없이 있는그대로 (frankly)

0996 frankly 솔직히
[frǽŋkli]

그에게 **솔직하게** 말하다 talk to him ( )
솔직히 말하면 **frankly** speaking

어떤 압박이나 통제가 (f) + 없는 (ree)

0997 free 자유로운 -〉 한가한 -〉 무료의 -〉 자유롭게 하다
[friː]

한가할 때 in my ( ) time
오늘 **한가하니?** Are you **free** today?
설탕이 **없는** sugar-**free**

갓 만들거나 존재하는 **(fre)** + 상태의 **(sh)**

0998 fresh 신선한, 새로운

[freʃ]

| 신선한 공기 | ( ) air |
| 신선한 야채 | **fresh** vegetable |

서로 **(f)** + 도움을 주고 받는 친구 **(riend)**

0999 friend 친구

[frénd]

| 나의 가장 친한 **친구** | my best ( ) |
| **친구**들과 놀다 | play with **friends** |

미끄러운 피부,긴 뒷다리로 펄쩍 뛰어오르는 개구리 **(frog)**

1000 frog 개구리

[frag]

| 계단 밑에 **개구리** 한 마리가 있다 | A ( ) is at the bottom of the stairs |
| **개구리**가 뱀에게 먹히다 | A **frog** is eaten by a snake |

앞쪽으로 향해 있는 **(fron)** + 부분이나 면 **(t)**

1001 front 앞부분, 정면

[frʌnt]

| 앞문 | ( ) door |
| 컴퓨터 앞에 앉다 | sit at **front** of the computer |

나무나 줄기에 붙어 자라고 **(fru)** + 안에 씨가 있는 과일 **(it)**

1002 fruit 과일

[fruːt]

| 과일 샐러드 | a ( ) salad |
| 과일 주스 한잔 | a glass of **fruit** juice |

217

완전히 꽉 찬 (full)

1003 full 가득찬 -〉(용적, 수량, 정도등이) 최대한-〉 배가 부른 -〉 충분히

[fúl]

뭔가로 **가득**하다	be ( ) of
보름달	**full** moon
종일근무, 정규직	**full** time
나는 배부르다	I am **full**

편안하고 부담없는 즐거움 (fun)

1004 fun 재미, 즐거움

[fʌn]

재미삼아	for ( )
그들은 함께 **즐거움**을 가졌다	They had **fun** together

특정한 목적, 사업,행사 등에 쓸 돈 (fund)

1005 fund 기금

[fʌnd]

자선 **기금**	a charity ( )
국제 통화 **기금**	the International Monetary **Fund**

죽은 사람을 관에 넣어 (fune) + 땅에 묻거나 화장하는 장례식 (ral)

1006 funeral 장례식

[fjúːnərəl]

할아버지의 **장례식**에 참석하다	attend my grandfather's ( )
장례식 차	a **funeral** car

빽빽하고 두툼한 털 (fur)

1007 fur 모피, 털

[fəːr]

모피 모자	a ( ) hat
아름다운 **털**	a beautiful **fur**

방이나 집 등에서 필요한 물건들로 **(fur)** + 설치하고 **(ni)** + 필요한 때에 이용하는 가구 **(ture)**

1008 furniture   가구

[fə́ːrnitʃər]

사무용 **가구**   office ( )
가구 한 점   a piece of **furniture**

정도나 범위가 **(fur)** + 더 크거나 더 먼 **(ther)**

1009 further   더 멀리, 더 먼 / 게다가

[fə́ːrðər]

1마일 **더** 가다   go a mile ( )

앞으로 **(fu)** + 나타날 때 **(ture)**

1010 future   미래

[fjúːtʃər]

그의 **장래**를 걱정하다   worry about his ( )
미래를 위한 계획들   plans for the **future**
먼 **미래**에   in the distant **future**

얻거나 갖게 되는 것 **(gain)**

1011 gain   얻다 / 이득

[gein]

체중이 **늘다**   ( ) weight
내 시계는 하루 2분 **빨리 간다**   My watch **gains** two minutes a day
이득과 손실   **gain** and loss

그림 등을 구경할 수 있는 **(gal)** + 좁고 긴 건물이나 장소 **(lery)**

1012 gallery   미술관

[gǽləri]

미술관   ( )
작품을 **미술관**에 전시하다   exhibit works in a **gallery**

건물 안이나 옆의 **(ga)** + 자동차 등을 보관하는 곳 **(rage)**

1013 garage   차고

[gərάːdʒ]

차를 **차고**에 두다   put the car in the ( )
차를 후진시켜 **차고**에서 빼다   back a car out of the **garage**

식물을 키울 수 있는 **(gar)** + 집안의 땅 **(den)**

1014 garden   정원

[gάːrdn]

정원에 나무가 하나 있다   There is a tree in the ( )
장미 **정원**   a rose **garden**

식물을 키우고 재배하는 것 **(gardening)**

1015 gardening   식물재배, 원예

[gάːrdniŋ]

야채 **재배**   vegetable ( )
원예에 관심이 있다   be interested in **gardening**

쉽게 잘 타는 공기와 같은 물질 **(gas)**

1016 gas   가스 / 가솔린

[gǽs]

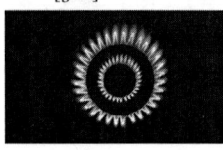

공기 중의 나쁜 **가스**   bad ( ) in the air
주유소   **gas** station

건물 바깥의 큰 문**(gate)**

1017 gate   대문

[géit]

학교의 정문   the main ( ) of a school
철문   an iron **gate**

흩어져 있는 것을 (ga) + 한곳에 모으는 것 (thering)

1018 gathering 모임, 수집
[gǽðəriŋ]

가족 **모임**   a family (   )
정보**수집**   information **gathering**

밝고 쾌활한 (gay)

1019 gay 명랑한, 화려한
[gei]

명랑한 웃음   (   ) laughter
화려한 색깔들   **gay** colors

각각의 모든 부분을 (gene) + 포함하는(ral)

1020 general 일반적인, 종합의 / 장군
[dʒénərəl]

일반적인 의견   the (   ) opinion
위대한 **장군**   a great **general**
종합 병원   a **general** hospital

전체적으로

1021 generally 전체적으로
[dʒénərəli]

일반적으로 말하면   (   ) speaking
나는 **대체적으로** 그의 생각에 동의한다
I **generally** agree to his ideas

부드럽고 상냥한 (gentle)

1022 gentle 부드러운, 온화한
[dʒéntl]

부드러운 미소   a (   ) smile
온화한 바람   a **gentle** wind

몸이나 손을 움직여 **(ges)** + 의사를 표현하는 것 **(ture)**

1023 **gesture** 몸짓, 손짓

[dʒéstʃər]

화난 **몸짓**　　an angry (　　　)
그녀는 그들에게 안으로 들어오라고 **손짓했다**
　　　　　　　She **gestured** for them to come in

움직여 일어서다 **(get up)**

1024 **get up** 일어나다

[gét ʌp]

일찍 **일어나다**　(　　　) early
일어나면 제일 먼저 잠자리부터 정리해라
　　　　　　　After you **get up**, make the bed first

죽은 사람의 형체나 실체가 없는 유령 **(ghost)**

1025 **ghost** 유령

[goust]

유령이 있다고 믿다　believe in (　　　)s
유령을 보다　　　　see a **ghost**

아주 큰 사람이나 상태 **(giant)**

1026 **giant** 커다란 / 거인

[dʒáiənt]

커다란 거북　a (　　　) turtle
외눈 **거인**　　a one-eyed **giant**
음악의 **거장**　a musical **giant**

주어진 **(gif)** + 어떤 것**(t)**

1027 **gift** 선물 / 재능

[gift]

생일 **선물**을 받다　　get a birthday (　　　)
그는 음악에 **재능**이 있다　He has a **gift** for music

아주 긴 **(gi)** + 목과 다리를 갖고 있는 기린 **(raffe)**

1028 giraffe 기린

[dʒəræf]

기린은 목이 길다   The ( ) has a long neck

계속 성장하는 어린 여자 아이 **(girl)**

1029 girl 소녀

[gə́ːrl]

예쁘고 사랑스러운 **소녀**   a pretty and lovely ( )

아주 크게 기뻐하는 **(glad)**

1030 glad 기쁜

[glǽd]

너를 만나서 **기뻐**   I'm ( ) to meet you

빛이 나고 딱딱하며 **(gla)** + 투명한 유리 **(ss)**

1031 glass 유리 / (복수) 안경

[glǽs]

한**잔**의 물   a ( ) of water
안경을 쓰다   wear **glasses**

위대하고 빛나는 것 **(glory)**

1032 glory 영광

[glɔ́ːri]

하느님의 **영광**   the ( ) of God
영광의 순간   the moment of **glory**
영광을 얻다   gain **glory**

각각의 손가락을 넣어 끼는 장갑 **(glove)**

1033 glove 　　　장갑

[glʌv]

흰색 **장갑**　　a white (　　　)
장갑 한 켤레　a pair of **gloves**

열심히 노력하여 **(goa)** + 궁극적으로 도달하고자 하는 것 **(l)**

1034 goal 　　　골, 목표

[goul]

페널티 **골**　　a penalty (　　　)
목표를 세우다　set a **goal**

세상을 창조하고 지배하는 신 **(god)**

1035 God 　　　신

[gad]

바다의 **신**　　　the (　　　) of the sea
신의 존재를 믿다　believe in **god**

밝은 노랑색으로, 가장 잘 늘어나고 퍼지는 금속 **(gold)**

1036 gold 　　　금

[góuld]

금 목걸이　　a (　　　) necklace

보통 수준보다 더 위에 있는 = 보다 위에 있는 **(goo)** + 보통 수준 **(d)**

1037 good 　　　좋은 -〉 유익한 -〉 잘하는

[gud]

그 수프는 맛이 **좋**다　　The soup tastes (　　　)
유익한 음식을 고르다　choose good **food**
그는 수학을 **잘한**다　　He is **good** at math

좋고 유익한 것들 -> 상품

1038 **goods** 상품

[gudz]

공장에서 **상품**을 생산하다   produce (   ) in factories
상품 가격   the price of the **goods**
상품의 매매   buying and selling **goods**

한 나라의 통치권을 갖고 있는 **(govern)** + 조직 및 구성원 **(ment)**

1039 **government** 정부

[gʌ́vərnmənt]

중앙 **정부**   central (   )
지방 **자치 단체**   local **government**

진행되거나 존재하는 각각의 **(gra)** + 등급 **(de)**

1040 **grade** 학년 -> 점수 -> 등급

[gréid]

1**학년**   the first (   )
좋은 **성적**을 받다   get good **grades**
고**급** 옷   high-**grade** clothes

각각의 작은 낱알 **(grain)**

1041 **grain** 낱알, 곡식

[grein]

밀**알**   a (   ) of wheat
모래 한 **알**   a **grain** of sand
미국의 **곡물** 수출   American's **grain** export

각 단어들을**(gram)** + 결합하여 쓰고 말하는 법 **(mar)**

1042 **grammar** 문법

[grǽmər]

영**문법**   English (   )
문법상의 잘못들   faults of **grammar**

아주 크고 압도적인 **(grand)**

26일 1043~1092

1043 **grand** 웅장한, 화려한
[grænd]

웅장한 지리산   a ( ) Ziri mountain
야심찬 구상   a **grand** design
많은 저명한 사람들   a lot of **grand** people

부모님의 엄마

1044 **grandmother** 할머니
[grǽndmʌ̀ðər]

할아버지와 할머니   grandfather and ( )

부모님의 부모

1045 **grandparents** 조부모
[grǽndpɛ̀ərənt]

작은 송이들이 서로 뭉쳐서 자라는 포도 **(grape)**

1046 **grape** 포도
[gréip]

맛이 신 포도   sour ( )s
청포도   green **grapes**

땅에서 자라는 **(gra)** + 삐쭉삐쭉한 모양의 풀 **(ss)**

1047 **grass** 잔디, 풀밭
[græs]

잔디를 깎다   cut the ( )
잔디에 눕다   lie on the **grass**
풀밭에 있는 토끼   a rabbit in the **grass**

고마움을 느끼거나 표하고 싶어하는 (grateful)

1048 grateful 감사하는

[gréitfəl]

도와주셔서 **감사합**니다   I'm ( ) for your help

엄숙하고 심각한 (gra) + 장소나 상태 (ve)

1049 grave 무덤 / 중대한

[greiv]

죽은 사람을 **무덤**에 묻다   bury the dead in a ( )
중대한 위기에 처하다   be in **grave** danger

회색의

1050 gray 회색의

[grei]

회색 정장   a ( ) suit
그의 머리카락은 **반백**이 되었다   His hair turned **gray**

평균보다 훨씬 크거나 수준이 높은 (great)

1051 great 위대한, 아주 좋은

[gréit]

위대한 예술가   a ( ) artist
아주 좋은 생각   a **great** idea

더 많은 것을 가지려고 하는 (greedy)

1052 greedy 탐욕스러운

[gríːdi]

돈에 **욕심 많은**   ( ) for money
욕심 많고 이기적인   **greedy** and selfish

만나거나 헤어질 때**(gree)** + 서로에게 하는 말이나 행동 **(ting)**

1053 greeting 인사

[gríːtiŋ]

공손한 **인사** polite ( )s
서로 **인사**를 나누다 exchange **greeting**s each other

땅의 **(groun)** + 표면 **(d)**

1054 ground 땅, 운동장 / 근거, 이유

[graund]

땅에 구멍을 파다 dig a hole in the ( )
땅에 앉다 sit on the **ground**
그는 건강상의 **이유**로 직업을 그만두었다
He stopped the job on health **grounds**

관련된 많은 사람이나 물건들의 묶음 **(group)**

1055 group 집단, 무리

[gruːp]

한 **무리**의 사람들 a ( ) of people
그 록 **그룹**은 십대들로 구성되어 있다
The rock **group** is made up of teenagers

어떤 곳에 초대되거나 머무르는 사람 **(guest)**

1056 guest 손님

[gest]

특별한 **손님** a special ( )
우리는 저녁식사에 1명의 **손님**을 초대했다
We invited a **guest** to dinner

방아쇠를 당기면 탄환이 나가는 총 **(gun)**

1057 gun 총

[gʌn]

장난감 **총** a toy ( )
그에게 **총**을 쏘다 fire a **gun** at him
총을 소지하다 carry a **gun**

갖고 있고 **(ha)** + 반복적으로 나타나는 것 **(bit)**

1058 habit   습관

[hǽbit]

일상 **습관**	daily ( )
담배 피는 **습관**	a smoking **habit**
식**습관**	an eating **habit**

머리나 몸에 자라는 아주 얇은 머리카락**(hair)**

1059 hair   머리카락

[héər]

짧은 **머리**	short ( )
그녀의 **머리카락**을 잡아당기다	pull her **hair**

전체를 반으로 나눴을때 그 한 부분 **(half)**

1060 half   반, 1/2 -> 30분 -> 절반의 ~의 반의

[hǽf]

반달	( ) moon
반시간 동안	for **half** an hour
빵의 **절반**	**half** of the bread

건물안의 넓은 공간 **(hall)**

1061 hall   홀, 회관

[hɔ́:l]

연주회**장**	a concert ( )
학생**회관**	the Students' **Hall**

건물안의 통로 **(hallway)**

1062 hallway   복도

[hɔ́:lwèi]

사람들이 **복도**를 따라 뛰고 있었다
People are running along a ( )

229

뭔가를 잡고 (han) + 건네주는 손(d)

1063 hand 손 -〉 솜씨, 필적, 수완 -〉 건네주다

[hǽnd]

나의 왼**손** my left ( )
그는 그림그리는데 **솜씨**가 있다 He has good **hands** in painting
그 책을 나에게 **건네 주**세요 Please **hand** me the book

손에 갖고 다니며 (handker) + 코를 풀때 사용하는 얇고 작은 수건 (chief)

1064 handkerchief 손수건

[hǽŋkərtʃif]

노란 **손수건** a yellow ( )
손수건을 넷으로 접다 fold a **handkerchief** in four

손으로 잡을 수 있도록 (hand) + 덧붙여 놓은 것(dle)

1065 handle 손잡이 / 다루다

[hǽndl]

컵의 **손잡이** the ( ) of the cup
아이들을 잘 **다루다** **handle** children well

손을 잡고 (hand) + 서로 흔드는 것(shake)

1066 handshake 악수(하다)

[hǽ'ndʃeik]

악수로 그를 맞이하다 greet a him with a ( )
그녀는 나와 **악수**했다 She gave me a **handshake**

손으로 조각한듯 (hand) + 잘생긴 (some)

1067 handsome 잘생긴

[hǽnsəm]

키 크고 **잘생긴** tall and ( )
잘 생긴 남편 a **handsome** husband

좋은 일이 생기거나 생활이 만족스러워 **(hap)** + 기쁨이나 즐거움으로 가득찬 상태의 **(py)**

1068 **happy**   행복한

[hǽpi]

행복함을 느끼다   feel (   )
행복한 결말   a **happy** ending

마음, 상황, 성질 등이 **(ha)** + 힘들거나 단단한 **(rd)**

1069 **hard**   굳은, 단단한 -> 어려운, 힘든-> 거친, 격렬한 -> 굳게, 단단히 -> 열심히

[hάːrd]

딱딱한 침대   a (   ) bed
어려운 시험   a **hard** test
열심히 공부하다   study **hard**

거의 ~ 아니다

1070 **hardly**   거의 ~ 아니다

[hάːrdli]

나는 **거의** 야채를 먹지 않는다   I (   ) eat vegetables
그는 지난 밤에 **거의** 잠자지 않았다   He **hardly** slept last night

온전한 상태를 위협하는 **(harmful)**

1071 **harmful**   해로운

[hάːrmfəl]

흡연의 **해로운** 효과   the (   ) effect of smoking
건강에 **해로운**   **harmful** to health

서로 조화롭고 아름답게 **(har)** + 연결되는 상태 **(mony)**

1072 **harmony**   조화, 화합

[hάːrməni]

색의 **조화**   (   ) of colors
조화롭게 함께 살다   live together in **harmony**

231

다 자란 농작물을 **(har)** + 거두어 들이는 것 **(vest)**

1073 harvest   수확, 추수
[háːrvist]

풍작   the good (　　　　)
가을은 **추수**의 계절이다   Fall is the season of **harvest**

급하게 서둘러 **(hastily)**

1074 hastily   급히, 서둘러서
[héistili]

급하게 준비한 음식   a (　　　　) prepared food
급하게 먹다   eat **hastily**
경솔히 판단하다   judge **hastily**

가장자리에 챙이 있는 모자 **(hat)**

1075 hat   모자
[hǽt]

모자를 벗다   take off a (　　　　)

아주 높게 날고, 매서운 눈을 갖고 있는 새 **(hawk)**

1076 hawk   매
[hɔːk]

매와 같은 눈을 갖고 있다   have eyes like a (　　　　)
매처럼 집중해서 보다   watch like a **hawk**

식물을 잘라서 말린 것 **(hay)**

1077 hay   건초
[hei]

건초 더미   a pile of (　　　　)
건초를 만들다   make **hay**

머리에 **(head)** + 무겁게 지속되는 고통 **(ache)**

1078 **headache**　두통
[hédèik]

두통이 있다　　　have a **(　　　　　)**
두통약을 먹다　　take a **headache** pill

아무 탈 없이 온전한 상태 **(health)**

1079 **health**　건강
[helθ]

건강 관리　　　　　**(　　　　)** care
정신 **건강**　　　　mental **health**
나는 **건강**을 위해 운동한다　I exercise for my **health**

몸 또는 마음이 온전한 **(healthy)**

1080 **healthy**　건강한
[hélθi]

나는 **건강해**지려고 노력한다　I'm trying to get **(　　　　)**
건강한 생활의 비결　　　　　a tip for a **healthy** life

몸안에서 힘차게 뛰는 심장 **(heart)**

1081 **heart**　심장, 마음
[ha:rt]

약한 **심장**　　　　　　weak **(　　　　)**
내 **심장**이 뛰는 것을 듣다　hear my **heart** beat
친절한 **마음**　　　　　　a kind **heart**
뭔가를 **마음**으로 암기하다　learn something by **heart**

뜨겁거나 더운 **(hea)** + 기운 **(t)**

1082 **heat**　열, 더위 / 데우다, 뜨겁게 하다
[hi:t]

태양열　　　the **(　　　　)** of the sun
음식을 **데우다**　**heat** up the food

아주 높은 하늘 위의 **(hea)** + 신이 사는 곳 **(ven)**

1083 heaven   천국, 하늘, 하느님

[hévən]

천국에 가다   go to (   )
하늘을 올려다보다   look up into the **heavens**

너무 많이 **(hea)** + 있는 **(v y)**

1084 heavy   무거운 -> 매우 많은 -> 기름기가 많은

[hévi]

무거운 배낭   a (   ) backpack
폭설   **heavy** snow
기름기 많은 음식   **heavy** food

높은 정도 **(height)**

1085 height   높이, 키

[háit]

저 건물의 **높이**는 얼마인가요?   What is the (   ) of the building?
키가 얼마예요?   What is your **height**?

서로 만났을때 **(hel)** + 하는 말 **(lo)**

1086 hello   여보세요, 이봐, 어이, 안녕

[helóu]

그녀에게 **안부**를 전하다   say (   ) to her

알을 품고 있는 암탉 **(hen)**

1087 hen   암탉

[hén]

암탉과 수탉   a (   ) and a cock

현재 있는 곳 **(here)**

1088 here 여기

[híər]

| 여기에 오다 | come ( ) |
| 여기 저기에 | here and **there** |

훌륭하고 강한 사람 **(hero)**

1089 hero 영웅, 남주인공

[híərou]

전쟁 **영웅**	a war ( )
국민적 **영웅**이 되다	become a national **hero**
영화 **남주인공**	a movie **hero**

서로 만났을때 편하게 하는 말 **(hi)**

1090 hi 안녕, 야, 이봐

[hái]

높은 수준에 있는 **(high)**

1091 high 높은 -> 비싼, 고가의 -> 높이, 비싸게, 높게

[hái]

높은 산	a ( ) mountain
고등학교	**high** school
높이 뛰다	jump **high**

주변의 땅보다 약간 높고 비탈진 언덕 **(hill)**

1092 hill 언덕

[híl]

| **언덕**을 오르다 | climb a ( ) |
| **언덕**을 내려가다 | go down a **hill** |

27일 1093~1142

과거부터 현재까지 **(his)** + 발생한 여러가지 사건들 **(tory)**

1093 **history** 역사

[hístəri]

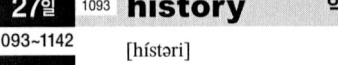

우리의 긴 **역사**   our long (   )
역사 수업   a **history** class

한가한 시간에 **(ho)** + 재미로 하는 것들 **(bby)**

1094 **hobby** 취미

[hǽbi]

너의 **취미**는 뭐니?   What's your (   )?
내 **취미**는 사진찍는 거야   My **hobby** is taking pictures

뭔가를 뚫거나 파낸 자리 **(hole)**

1095 **hole** 구멍

[houl]

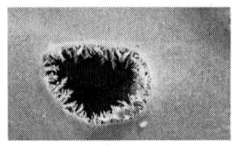

외투에 난 **구멍**   a (   ) in the coat
구멍을 파다   dig a **hole**

진행하던 일이나 공부를 놓고 **(ho)** + 쉬거나 노는 **(li)** + 날 **(day)**

1096 **holiday** 휴가

[hάlədèi]

휴가 계획   plan for a (   )
여름 **휴가**   the summer **holidays**

속이 깊게 파인 **(hollow)**

1097 **hollow** 속이 빈, 음푹 팬, 힘없는

[hάlou]

속이 빈 나무   a (   ) tree
움푹 팬 표면   a **hollow** surface
힘없는 목소리   a **hollow** voice

가족이 함께 살고 생활하는 가정 (home)

1098 home 가정, 집

[hóum]

집에 일찍 오다   come ( ) early
집에 머물다   stay at **home**

고향이 (home) + 그리워서 생긴 병 (sick)

1099 homesick 향수병의

[hóumsìk]

고향이 그리워 **향수병**에 걸리다   feel ( ) for the hometown

태어나고 자란 (home) + 작은 마을 (town)

1100 hometown 고향

[hou'mtaun]

고향을 떠나다   leave the ( )
고향으로 돌아오다   return to the **hometown**

숨기거나 꾸밈없이 (hone) + 바르고 곧은 (st)

1101 honest 정직한, 솔직한

[άnist]

정직한 소년   an ( ) boy
그녀는 자신의 감정에 **솔직하**다   She is **honest** about her feeling

아주 훌륭하다고 인정받는 것 (honor)

1102 honor 명예 / 존경하다

[άnər]

왕을 만나는 것은 큰 **명예**이다   It's a great ( ) to meet king
위대한 왕으로 **존경 받고** 있다   be **honored** as a great king

가능한 뭔가를 바라다 **(hope)**

1103 hope　　　바라다

[hóup]

선생님이 되기를 **희망하다**　**(** 　　　**) to be a teacher**
나는 그러길 **바래**　**I hope so**

하늘과 **(ho)** +땅 또는 바다가 **(ri)** + 맞닿아 경계를 이루는 선 **(zon)**

1104 horizon　　　수평선

[həráizn]

수평선위의 배　**a ship on the (** 　　　**)**
해가 **수평선** 아래로 가라앉았다　**The sun sinked below the horizon**

아주 큰 뿔 **(horn)**

1105 horn　　　뿔, 경적

[hɔːrn]

악마의 **뿔**　**the devil's (** 　**)**
경적을 울리다　**sound the horn**

사람들이 타고 다닐 수 있는 큰 동물 **(horse)**

1106 horse　　　말

[hɔ́ːrs]

경**마**　**(** 　**) racing**
말에 올라타다　**get on a horse**
말을 타다　**ride a horse**

아픈 사람을 **(hos)** + 진찰하고 치료하는**(pi)** + 곳 **(tal)**

1107 hospital　　　병원

[hǽspitl]

병원에 가다　**go to the (** 　　　**)**
병원에 입원해 있다　**be in(the) hospital**

뜨거운 온도의 **(hot)**

1108 hot 뜨거운, 더운 -> (몸이) 열이 있는 -> 매운 -> 화끈한

[hát]

덥고 습기 있는	( ) and humid
가을이 되었지만 여전히 **덥다**	It's fall, but it's still **hot**
매운 음식	**hot** food

큰 분침 시계바늘이 한 바퀴 돈 시간 **(hour)**

1109 hour 1시간

[áuər]

| 나는 하루에 8**시간** 잠잔다 | I sleep 8 ( ) s a day |
| 한 **시간** 동안 | for an **hour** |

사람들이 사는 건물 **(house)**

1110 house 집

[háus]

| 작은 **집** | a little ( ) |
| **집**을 청소하다 | clean the **house** |

집에서 하는 일 **(housework)**근

1111 housework 집안일

[háuswə́:rk]

| **집안일**을 하다 | do ( ) |
| 그녀가 **집안일** 하는 것을 돕다 | help her with the **housework** |

앞의 문장과 반대되는 문장을 이끌때 **(however)**

1112 however 그러나 / 아무리 ~해도

[hauévər]

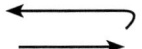

나는 그곳에 가고 싶지 않다. **그렇지만** 가야 했다
I don't want to go there. ( ) I had to go
나는 돈이 **아무리** 많이 들어도 차를 사고 싶다
I want to buy a car, **however** much it costs

엄청나게 큰 (huge)

1113 huge　　거대한

[hju:dʒ]

거대한 파도　　a (　　) wave
거대한 용　　　a **huge** dragon
엄청난 수의 군중　a **huge** crowd

배가 텅비어 (hun) + 음식을 원하는 상태 (ger)

1114 hunger　　굶주림, 배고픔

[hʌ́ŋgər]

굶주림으로 죽다　die of (　　)
극도의 배고픔　　extreme **hunger**

배가 텅비어 (hun) + 음식을 원하는 (gry)

1115 hungry　　배고픈

[hʌ́ŋgri]

난 아직도 배가 고프다　I am still (　　)
배고픈 여우　　　　　a (　　) fox

추적하고 잡는 사람 (hunter)

1116 hunter　　사냥꾼

[hʌ́ntər]

사슴 사냥꾼　　　　　a deer-(　　)
사냥꾼처럼 매우 배고픈　as hungry as a **hunter**

아주 크게 (hu) + 만세를 부르는 것 (rrah)

1117 hurrah　　환성, 만세

[hərá:]

환성을 지르다　cry "(　　)"
국왕 만세!　　**Hurrah** for the King!

여자와 결혼하여 **(hus)** + 함께 사는 남자 **(band)**

1118 husband 남편

[hʌzbənd]

부부(**남편**과 부인)   (   ) and wife
전**남편**   ex-**husband**

1~2개의 방이 있는 작은 오두막집 **(hut)**

1119 hut 오두막집

[hʌt]

통나무 **오두막집**   a wooden (   )
오두막을 짓다   build a **hut**

물을 만드는 **(hydro)** + 기체 **(gen)**

1120 hydrogen 수소

[háidrədʒən]

수소와 산소   (   ) and oxygen
수소 폭탄   a **hydrogen** bomb

물이 얼어서 생긴 차가운 얼음 **(ice)**

1121 ice 얼음

[áis]

얼음을 녹이다   melt (   )
아이스크림   **ice** cream

얼음으로 이루어진 **(ice)** + 아주 큰 덩어리 **(berg)**

1122 iceberg 빙산

[áisbəːrg]

많은 **빙산**이 녹고 있다   Many (   )s are melting
빙산의 일각   the tip of the **iceberg**

마음속에 (i) + 갖고 있거나 떠오르는 생각(dea)

1123 idea　　　생각, 의견, 견해

[aidíːə]

좋은 **생각**　　a good ( )
어리석은 **생각**　a foolish **idea**
전혀 **모르**다　　have no **idea**

일하거나 움직이는 것을 싫어하는 (idle)

1124 idle　　　게으른, 한가한

[áidl]

게으른 학생　an ( ) student
한가한 오후　**idle** afternoon

건강한 상태가 무너진 (ill)

1125 ill　　　아픈, 나쁜

[íl]

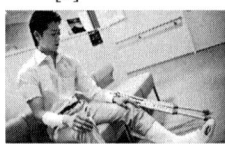

병들다　　get ( )
나쁜 감정　**ill** feeling

중간에 멈추거나 보류없이 즉시 = ~없이 (im) + 중간에 멈추거나 보류하는 (mediate) + 그런 상태로 (ly)

1126 immediately　　즉시

[imíːdiətli]

즉시 대답하다　answer ( )
즉시 그만두시오　Stop it **immediately**

자기 나라로 다른 나라의 물건등을 사들이는 것 = ~안으로 (im) + 항구 (port)

1127 import　　수입(하다)

[impɔ́ːrt]

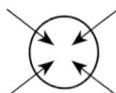

소고기 **수입**　　　　beef ( )s
석유 **수입**　　　　**imports** of oil
인도에서 면화를 **수입하다**　**import** cotton from India

다른 대상에 큰 의미나 영향을 **(impor)** + 미치는 **(tant)**

1128 important   중요한

[impɔ́ːrtənt]

중요한 사람   a very (   ) person(VIP)
사랑은 우리 인생에서 매우 **중요하**다
                  Love is very **important** in our life

발생하거나 될 수 없는 = ~아닌 **(im)** + 발생하거나 될 수 있는 **(possible)**

1129 impossible   불가능한

[impásəbl]

불가능한 꿈   an (   ) dream
그녀에게 거짓말하는 것은 **불가능하**다   It's **impossible** to lie to her

마음속에 **(im)** + 강하게 새겨지는 **(pressive)**

1130 impressive   인상적인, 감명깊은

[imprésiv]

인상적인 연설   an (   ) speech
매우 **인상적**으로 보인다   look very **impressive**

앞의 문장이나 뭔가를 한번 더 강조하여 **(indeed)**

1131 indeed   정말로, 참으로

[indíːd]

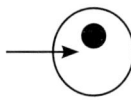

어려울 때 친구가 **정말로** 친구다
                  A friend in need is a friend (   )
정말 기쁘다   I am glad **indeed**

다른 것에 의존하지 않는 = ~ 않는 **(in)** + 다른 것에 의존하는 **(dependent)**

1132 independent   독립의, 독립적인

[ìndipéndənt]

독립국   an (   ) country
부모로부터 **독립하**다   be **independent** of my parents

더 이상 나눠지지 않는 각각의 개인 = ~ 아닌 **(in)** + 나눠지는 각각의 존재 **(dividual)**

1133 **individual**　개인

[ìndəvídʒuəl]

개인의 권리　the rights of an (　　　)
개인차　**individual** difference

문 안쪽의 **(indoor)**

1134 **indoor**　실내

[indɔː'r]

실내 수영장　an (　　) swimming pool
실내화　**indoor** shoes

인간 삶에 필요한 재화를**(in)** + 대규모로 열심히**(du)** + 생산하는 활동이나 산업의 **(strial)**

1135 **industrial**　산업의, 공업의 / 부지런한

[indʌstriəl]

산업 혁명　the (　　　　) revolution
산업 재해　an **industrial** accident

인간 삶에 필요한 재화를**(in)** + 대규모로 열심히**(du)** + 생산하는 활동이나 산업 **(stry)**

1136 **industry**　산업, 공업 / 근면

[índəstri]

관광 산업　the tourist (　　　)
중공업　heavy **industry**

뭔가를 알려주는 정보 **(information)**

1137 **information**　정보

[ìnfərméiʃən]

개인 정보　personal (　　　)
도움이 되는 정보　helpful **information**
새로운 정보를 얻다　get new **information**

안쪽과 관련된 (inner)

1138 inner 내부의

[ínər]

안쪽 방   an ( ) room
내적 자아   the **inner** self

돌아오는 횟수 (inning)

1139 inning 회

[íniŋ]

9회 초   the first half of the ninth ( )
9회 말   the second half of the ninth **inning**

몸체가 (in) + 머리,가슴,배로 나뉘어진 곤충 (sect)

1140 insect 곤충

[ínsekt]

해충   a harmful ( )
곤충을 채집하다   collect **insects**

전체 내용과 관련되어 (in) + 그것을 구체적으로 잘 설명해주는 것 (stance)

1141 instance 예, 경우, 보기

[ínstəns]

예를 들어   for ( )
가장 잘 알려진 예   the best known **instance**
이런 경우에   in this **instance**

다른 것을 대신하여 어떤 것이 있는 = 어떤 것이 있는 (ins) + 다른 것을 대신하여 (tead)

1142 instead 그 대신에

[instéd]

종이컵 대신에 컵을 쓰다   use a cup ( ) of a paper cup
커피 대신에 차를 마시다   drink tea **instead** of coffee

245

28일
1143~1192

뭔가를 **(in)** + 구체적으로 지시, 설명하는 것 **(struction)**

1143 instruction 지시, 교육, 설명서
[instrʌkʃən]

의사의 **지시**   the doctor's (　　　)s
연 만들기 **설명서**   the **instructions** for making a kite

뭔가를 하는데 **(instru)** + 함께 사용되는 도구나 장치 **(ment)**

1144 instrument 기구
[ínstrəmənt]

악기   a musical (　　　)
의료 **기구**   a medical **instrument**

어떤 것의 **(in)** + 사이에서 **(te)** + 발생하는 것 **(rest)**

1145 interest 관심 / 이자
[íntərəst, -tərèst]

음악에 **관심**이 있다   have an (　　　) in music
높은 **이자**   a high **interest**

어떤 것에 **(in)** + 마음이 끌려 **(ter)** + 주의를 기울이는 **(rested)**

1146 interested 관심있는
[íntərəstid]

너는 음악에 **관심이 있**니?   Are you (　　　) in music?
원예에 **관심이 있**다   be **interested** in gardening

마음 속에서 **(inte)** + 관심,흥미를 일으키는 **(resting)**

1147 interesting 흥미를 일으키는, 재미있는
[íntərəstiŋ]

재미있는 이야기   an (　　　) story
그 영화는 **흥미진진**했다   The movie was **interesting**

국가들 사이에 관련된 = ~ 사이에 **(inter)** + 국가들 **(nation)** + 관련된 **(al)**

1148 international 국제의, 국제적인

[ìntərnǽʃənəl]

국제 공항 an ( ) airport
국제 무역 **international** trade

둘 사이가 **(inti)** + 매우 가깝고 친한 **(mate)**

1149 intimate 친밀한, 친근한

[íntəmət]

친한 친구들 ( ) friends
친근한 사이 **intimate** relationship

단단하고, 녹슬기 쉬운 철 / 철을 달구어 옷주름을 펴다

1150 iron 철 / 다림질 하다

[áiərn]

그 문은 철로 만들어졌다 The gate is made of ( )
셔츠를 다림질하다 **iron** a shirt

완전히 바다에 둘러싸인 **(is)** + 땅 **(land)**

1151 island 섬

[áilənd]

제주도 Jeju ( )

안에서 밖으로 부각되거나 나오는 것 **(issue)**

1152 issue 쟁점 -〉 발행물 - 〉 ~ 판

[íʃuː]

사회적 쟁점 a social ( )
쟁점을 흐리지 마라 Don't confuse the **issue**
그 잡지의 이번 달 발행물 this month's **issue** of the magazine

247

위쪽으로 벽을 덮으며 자라는 담쟁이 덩굴 **(ivy)**

1153 **ivy** 　　　　담쟁이 덩굴

[áivi]

담쟁이 덩굴로 뒤덮인 벽　　an (　　) -covered wall

뚜껑이 있는 볼록하고 둥그런 항아리 **(jar)**

1154 **jar** 　　　　항아리, 단지

[dʒaːr]

꿀**단지**　　a honey (　)
물 **항아리**　　a water **jar**

질긴 청바지 **(jean)**

1155 **jean** 　　　　청바지

[dʒiːn]

꽉 끼는 **청바지**　　tight (　　)s
그 **청바지**는 너무 비싸다　　The blue **jeans** are too expensive

쫙 분출되는 것 **(jet)**

1156 **jet** 　　　　제트기 / 분출구

[dʒet]

제트 비행기　　a (　) plane
제트기를 벌판에 착륙시키다　　land the **jet** in a field
요리기구의 가스 **분출구**를 청소하다　　clean the gas **jets** on the cooker

단단하고**(je)** + 아름답게 빛나는 보석 **(wel)**

1157 **jewel** 　　　　보석

[dʒúːəl]

값비싼 **보석**　　an expensive (　　)
보석을 끼다　　set a **jewel**

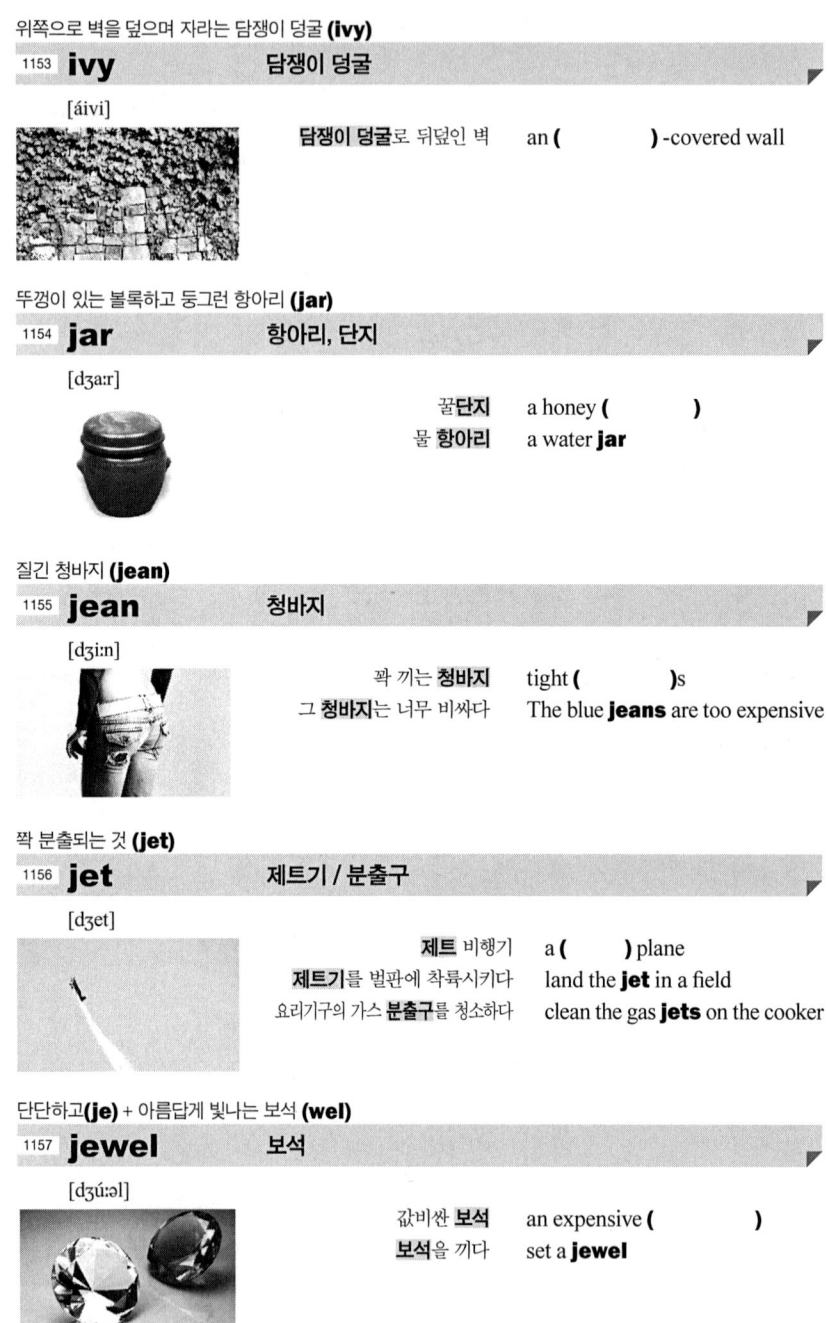

생계를 위해 일정기간 하는 일 **(job)**

1158 job   직업, 일

[dʒab]

시간제 **직업**   a part-time (   )
새로운 **직장**을 찾다   find a new **job**

재미있는 **(jo)** + 말이나 행동 **(ke)**

1159 joke   농담(하다)

[dʒouk]

농담하다   tell a (   )
그냥 **농담**한 거에요   I'm just **joking**

아주 길고 힘든 **(jour)** + 여행 **(ney)**

1160 journey   여행

[dʒə́ːrni]

긴 **여행**   a long (   )
자동차 **여행**을 하다   take a car **journey**

뛸 듯이 기뻐하는 것 **(joy)**

1161 joy   기쁨

[dʒɔi]

기쁨의 눈물   tears of (   )
기뻐서 날뛰다   jump for **joy**

옳고 그름을 판단하는 것 **(judge)**

1162 judge   재판관 / 판단하다

[dʒʌdʒ]

현명한 **재판관**   a wise (   )
표지를 보고 책을 **판단하지** 마라   Don't **judge** a book by its cover
사람을 **판단하다**   **judge** a person

큰 나무들로 (jun) + 우거진 밀림 (gle)

1163 jungle 밀림

[dʒʌ́ŋgl]

아마존 **밀림** the Amazon ( )
사자는 **밀림**의 왕이다 A lion is the king of the **jungle**

나이가 더 어리거나 사회적 위치상 더 아래에 있는 (juni) + 사람이나 상태의 (or)

1164 junior 손아래의, 어린

[dʒúːnjər]

하급 사원 ( ) clerk
그녀는 나보다 나이가 2살 **적다** She is my **junior** by 2 years

정확하게 서로 딱 맞는 (just)

1165 just 틀림없이, 꼭 -) 오직, 단지, 조금 -) 이제 막~ -) 올바른, 공정한 -)적정한, 적절한

[dʒʌ́st]

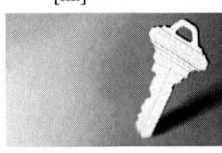

정확히 6시다 It's ( ) at six
물이 **막** 끓으려고 한다 The water's **just** about to boil
오직 이번 한 번만요 **Just** this once
공정한 사회 a **just** society

자물쇠에 넣고 열거나 잠그는 열쇠 (key)

1166 key 열쇠

[kíː]

자동차 **열쇠** a car ( )
열쇠를 자물쇠안에 넣다 insert a **key** into a lock

장난치며 노는 작은 어린 아이 (kid)

1167 kid 아이

[kíd]

한 **아이**가 장난감차를 갖고 놀고 있다
A ( ) is playing with a toy car

다른 사람을 대하는 태도가 친절하고 상냥한 **(kind)** / 비슷한 것끼리의 묶음 **(kind)**

1168 kind   친절한 / 종류

[kaind]

친절한 간호사   a ( ) nurse
어떤 **종류**의 게임을 좋아하니?   What **kind** of games do you like?

초등학교 전의 아이들이 **(kinder)** + 모여 놀고 공부하는 곳 **(garten)**

1169 kindergarten   유치원

[kíndərgà:rtn]

친절한 **유치원** 선생님   a kind ( ) teacher
대부분의 아이들은 5살에 **유치원**에 간다
                Most kids start **kindergarten** at age 5

어떤 곳을 지배하는 왕 **(king)**

1170 king   왕

[kíŋ]

세종 **대왕** ( ) Sejong
궁전에는 현명한 **왕**이 살고 있었다   A wise **king** lived in the palace

음식을 요리하고 **(ki)** + 설거지 등의 집안일을 하는 곳 **(tchen)**

1171 kitchen   부엌

[kítʃən]

부엌에서 요리하다   cook in the ( )

하늘 높게 나는 연 **(kite)**

1172 kite   연 / 솔개

[kait]

연을 날리다   fly a ( )
꼬리가 긴 **연**   a long-tailed **kite**

날카로운 날로 **(kni)** + 자르거나 찌르는 칼 **(fe)**

1173 knife 칼

[náif]

칼로 자르다   cut with a (   )
날카로운 **칼**   a sharp **knife**

종이 등에 어떤 정보를 적어 **(la)** + 붙여 놓은 표 **(bel)**

1174 label 라벨, 꼬리표, 상표 / 레벨을 붙이다

[léibəl]

상자에 **라벨**을 붙이다   put a (   ) on the box
병에 **라벨을 붙이다**   **label** a bottle

교양있고 성숙한 여자 **(lady)**

1175 lady 숙녀

[léidi]

숙녀와 신사   a (   ) and a gentleman

육지로 둘러싸인 **(la)** + 많은 물이 있는 호수 **(ke)**

1176 lake 호수

[læm]

우리는 **호수**에서 배를 탔다   We took a boat on the (   )

엄마양 옆에 붙어다니는 작은 새끼양 **(lamb)**

1177 lamb 새끼양

[læm]

양처럼 순한   as mild as a (   )

지구 표면의 **(lan)** + 마른 땅 **(d)**

1178 land
육지 / 땅에 닿다, 착륙하다, 내리다

[lænd]

	육지와 바다	( ) and sea
	비행기를 공항에 **착륙시키다**	**land** an airplane in the airport
	기차에서 **내리다**	**land** from a train

문자나 음성을 통하여 **(lan)** + 생각이나 감정등을 표현하는 언어체계 **(guage)**

1179 language
언어

[læŋgwidʒ]

	외국**어**	a foreign ( )
	신체 **언어**	body **language**
	수화	sign **language**

보호개에 덮여 **(lan)** + 밝게 사방을 밝혀주는 랜턴 **(tern)**

1180 lantern
랜턴

[læntərn]

	랜턴을 켜다	light a ( )
	어두운 방에 **랜턴**을 비추다	shine a **lantern** into the dark room

규모면에서 **(lar)** + 아주 큰 **(ge)**

1181 large
넓은, 큰

[láːrdʒ]

	넓은 방	a ( ) room
	대가족	a **large** family

지속되는 시간이나 순서상의 마지막 부분 **(last)**

1182 last
지난 -〉 마지막 -〉 최근에 -〉 지속되다

[læst]

	지난 주	( ) week
	마지막 기회	the **last** chance
	그 회의는 3시간 동안 **지속된다**	The meeting **lasts** for 3 hours
	그를 가장 **최근**에 본 게 언제였죠?	When did you see him **last**?

보통의 경우나 예정된 시간보다 늦게 도착하거나 발생한 **(late)**

1183 **late**   늦은 -> 최근의 -> 이전의-> 늦게, 최근에

[léit]

수업에 **지각하다**	be ( ) for class
최근 날씨	the **late** weather
늦봄	**late** spring

미래의 **(la)** + 시간에 **(ter)**

1184 **later**   후에, 나중에

[léitər]

| 나중에 봐 | See you ( ) |
| 2년 후에, 그는 가수가 되었다 | Two years **later**, he became a singer |

세탁과 **(laun)** + 건조가 필요한 옷이나 물건 **(dry)**

1185 **laundry**   세탁, 세탁소

[lɔ́:ndri]

세탁실	a ( ) room
세탁하다	do the **laundry**
빨래를 삶다	boil **laundry**

몸과 마음이 축 늘어져 있는 **(lazy)**

1186 **lazy**   게으른

[léizi]

| 게으른 고양이 | a ( ) cat |
| 그는 너무 **게을러서** 매일 운동을 할 수 없다 | He is too **lazy** to exercise every day |

평평하고 얇은 나뭇잎 **(leaf)**

1187 **leaf**   잎, 나뭇잎

[líːf]

| 녹색 잎 하나 | a green ( ) |
| 낙엽들 | fallen **leaves** |

수량이 가장 적은 **(least)**

1188 least 가장 적은, 최소한의

[líːst]

최소한의 양   the **(　　　)** amount
최소한 10명   at **least** 10 people

단계별,체계적으로**(lec)** + 설명하고 알려주는 강의 **(ture)**

1189 lecture 강의(하다)

[léktʃər]

매우 지루한 **강의**   a very dull **(　　　)**
특별 **강연**을 하다   give a special **lecture**

왼편 왼쪽 **(left)**

1190 left 왼쪽

[léft]

나의 **왼쪽** 팔   my **(　　　)** arm
좌우를 살피다   look **left** and right

개별적으로 **(le)** + 배우고 연습하는 것 **(sson)**

1191 lesson 과 → 수업 → 교훈

[lésn]

제 1**과**   **(　　　)** 1
피아노 **수업**   a piano **lesson**
중요한 **교훈**   an important **lesson**

종이 위에 **(le)** + 글자를 써서 **(tte)** + 다른 사람에게 보내는 것**(r)**

1192 letter 편지 / 문자

[létər]

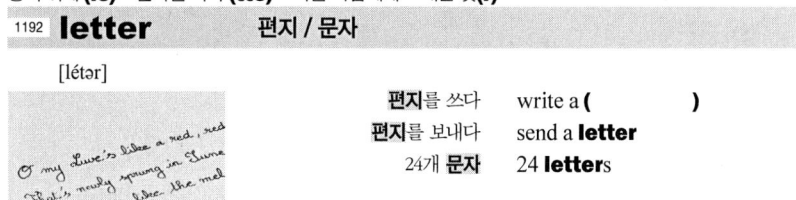

편지를 쓰다   write a **(　　　)**
편지를 보내다   send a **letter**
24개 **문자**   24 **letter**s

억압, 지배로부터 **(li)** + 벗어난 **(ber)** + 상태**(ty)**

29일 1193 **liberty** 자유
1193~1242
[líbərti]

자유를 얻기 위해 싸우다   fight for **(   )**
자유의 여신상   the Statue of **Liberty**

책을 정리해서 모아두고 **(lib)** +볼 수 있고 빌려주는 도서관 **(rary)**

1194 **library** 도서관
[láibrèri]

도서관에는 조용히 해라   Be quiet in the **(   )**
도서관에서 책을 빌리다   borrow books from the **library**
도서관에서 책을 읽다   read in a **library**

공식적으로 뭔가를 할 수 있는 권리나 증명서 **(license)**

1195 **license** 면허(증), 사용권
[láisəns]

운전 면허증을 따다   get a driver's **(   )**
소프트웨어 사용권   a **license** for the software

계속 활동하면서 살아가는 것 **(life)**

1196 **life** 생명, 생활, 삶
[laif]

그녀의 생명을 구하다   save her **(   )**
일상 생활   daily **life**
아내로서 그녀의 삶   her **life** as a wife

에너지가 나와 빛나는 빛 **(light)**

1197 **light** 빛 -〉 불을 켜다 -〉 밝은 -〉 연한 -〉 가벼운
[láit]

촛불을 켜다   **(   )** a candle
빨간 불에서 멈추다   stop at the red **light**
연한 갈색   **light** brown
가벼운 가방   a **light** bag

일정한 한계 **(limit)**

1198 **limit**　　　제한(하다)

[límit]

시간 **제한**　　a time (　　　)
속도를 **제한하다**　　**limit** the speed
우리의 자유를 **제한하다**　　**limit** our freedom

길게 이어지는 줄 **(line)**

1199 **line**　　　줄, 노선

[láin]

긴 **줄**　　long (　　　)
줄을 서다　　stand in **line**
서울 부산 **노선**　　the Seoul - Busan **line**

긴 갈기가 **(li)** + 뒷머리와 앞가슴에 빙둘러 있는 숫사자 **(on)**

1200 **lion**　　　사자

[láiən]

사자는 밀림의 왕이다　　A (　　　) is the king of the jungle

일정한 순서로 뭔가 쭉 적혀있는 것 **(list)**

1201 **list**　　　목록

[list]

쇼핑 **목록**　　a shopping (　　　)
목록에 있는 이름들　　names on the **list**

크기,수량이 작거나 적은 **(little)**

1202 **little**　　　작은, 적은 -〉 어린 -〉 소량의 -〉 잠깐, 잠시 -〉전혀~ 않다

[lítl]

나의 **새끼** 손가락　　my (　　　) finger
어린 왕자　　The **little** prince
단지 **조금**　　just a **little**
우리는 돈이 **조금** 있다　　We have a **little** money
우리는 돈이 **거의 없다**　　We have **little** money

257

가족들이 일상생활을 하는 **(living)** + 방 **(room)**

1203 **living room**   거실

[líviŋruːm]

거실에서 tv를 보다   watch TV in the (   )

실어 옮기기 위해 꾸려놓은 짐 **(load)**

1204 **load**   짐 / 싣다

[loud]

무거운 **짐**을 나르다   carry a heavy (   )
배에 상품들을 **싣다**   **load** a ship with goods

길고 두툼한 빵 한 덩어리 **(loaf)**

1205 **loaf**   빵 한덩어리

[louf]

빵 한 **덩어리**   a (   ) of bread
빵 2 **덩어리**   two **loaves** of bread

현재 얘기되거나 자신이 살고 있는 **(lo)** + 일정한 곳의 **(cal)**

1206 **local**   지역의, 지방의

[lóukəl]

지역 병원   a (   ) hospital
지역 사회   the **local** community

단단히 고정시키고 잠그는 것 **(lock)**

1207 **lock**   자물쇠 / 잠그다

[lak]

자물쇠에 열쇠를 넣고 돌리다   turn the key in the (   )
문을 **잠그다**   **lock** the door

자르거나 쪼개지 않은 통나무 **(log)**

1208 **log** 통나무

[lɔ(:)g]

통나무 다리 a ( ) bridge
통나무를 톱질하다 saw a **log**

혼자 있어 외로운 **(lonely)**

1209 **lonely** 외로운, 고독한

[lóunli]

외로운 삶 a ( ) life
혼자 살아서 **외로움**을 느끼다 live **alone** and feel lonely

길게 늘어지는 **(long)**

1210 **long** 긴 / 갈망하다

[lɔːŋ]

긴 목 a ( ) neck
시간이 얼마**동안** 걸리니? How **long** does it take ?
평화를 **갈망하다** **long** for a peace

많은 수량**(lot)**

1211 **lot** 많은 수량

[lát]

많은 물/책 (a ( ) of / lots of) water/books

소리가 큰 **(loud)**

1212 **loud** 큰, 시끄러운

[laud]

큰 목소리로 말하다 speak in a ( ) voice
시끄러운 음악 **loud** music

큰 소리로 (loudly)

1213 loudly 　　큰 소리로

[láudli]

큰 소리로 말하다　　talk (　　　　)
모든 사람들이 일어서서 크게 환호성을 지른다
All the people stand and cheer **loudly**

매우 아름답고 기분 좋은 (lovely)

1214 lovely 　　사랑스러운, 즐거운

[lʌ́vli]

사랑스러운 미소　　a (　　　　) smile
우리는 즐거운 시간을 보냈다　　We had a **lovely** time

보통 수준보다 낮은 (low)

1215 low 　　낮은 / 낮게

[lou]

낮은 천장　　a (　　　　) ceiling
낮은 가격　　**low** price

우연히 발생하는 (luc) + 좋은 것 (k)

1216 luck 　　운, 행운

[lʌk]

행운을 빌게요　　I wish you good (　　　　)

하루의 중간에 (lun) + 먹는 식사 (ch)

1217 lunch 　　점심

[lʌ́ntʃ]

정오에 점심을 먹다　　eat (　　　　) at noon
점심 식사 후 졸리다　　get sleepy after **lunch**

나이든 여자를 정중하게 부를때 **(ma'am)**

1218 ma'am   부인

[mæm]

네, **부인**   Yes, (   )

외부 동력으로 움직이며**(ma)** + 특정한 작업을 하는 장치 **(chine)**

1219 machine   기계

[məʃíːn]

세탁**기**   a washing (   )
복사**기**   a copy **machine**
기계를 작동시키다   run a **machine**

정신 상태가 파괴된 **(mad)**

1220 mad   미친

[mǽd]

미친 개   a (   ) dog
그는 새차를 **몹시 갖고 싶어**했다   He was **mad** for a new car

여러가지 얘기들을 모아서 **(mega)** + 정기적으로 발행하는 책 **(zine)**

1221 magazine   잡지

[mǽgəzíːn]

패션 **잡지**   a fashion (   )
십대를 위한 **잡지**   a **magazine** for teenagers

신비한 힘이나 기술을 사용하여 **(ma)** + 불가능한 것을 해보이는 것 **(gic)**

1222 magic   마술

[mǽdʒik]

마술 (   ) tricks
마술 쇼를 하다   do a **magic** show

편지, 소포 등을 모으고 배달하는 것 **(mail)**

1223 **mail** 메일 / 우편으로 보내다

[meil]

이**메일**을 보내다 send an e-(　　　)
그에게 책을 **우편으로 보내다** **mail** a book to him

여러가지 중에서 **(mai)** + 가장 크거나 중요한 **(n)**

1224 **main** 주요한

[mein]

주요 등장 인물 the (　　　) character
주요한 생각 a **main** idea
주요 문제 a **main** problem

알이 아닌 엄마 몸에서 태어나고 **(mam)** + 엄마젖을 먹고 크는 동물 **(mal)**

1225 **mammal** 포유동물

[mǽməl]

고래는 **포유동물**이다 Whales are (　　　)s

손을 사용하는 인간 **(man)**

1226 **man** 인간

[mǽn]

인간은 죽는다 A (　　　) must die
남자와 여자 a **man** and a woman

인간 종류 전체 **(mankind)**

1227 **mankind** 인류

[mǽnkai'nd]

인류의 역사 the history of (　　　)
인류에 봉사하다 serve **mankind**

사회생활이나 인간 관계에서 (ma) + 지켜야하는 바른 행동이나 태도 (nners)

1228 manners 예절

[mǽnərz]

식사 **예절** table (   )
그는 **예의**가 바르다 He has a good **manners**

손으로 세기엔 (man) + 개수가 너무 많은 (y)

1229 many 많은

[méni]

많은 아이들 (   ) children
학생들 중 **다수** **many** of students

지구 표면 상태를 일정한 비율로 축소하여 간단한 기호로 그린 것 (map)

1230 map 지도

[mæp]

세계**지도** a world (   )
도로 **지도** a road **map**

정밀한 장식이 가능한 (mar) + 밝은색의 돌 (ble)

1231 marble 대리석

[mάːrbl]

대리석 바닥 a (   ) floor
비너스 **대리석** 조각품 a **marble** sculpture of Venus

서로 연결되면서 힘차게 (mar) + 앞으로 나가는 것 (ch)

1232 march 행진(하다) -〉 흐르다 -〉 3월

[maːrtʃ]

그들은 **행진**하여 마을로 들어왔다 They (   ) ed into the town
시간이 점점 **흐른다** Time **march**es on
3월에 in **March**

여러가지 물건들을 **(ma)** + 사고 파는 **(r)** + 일정한 장소 **(ket)**

1233 **market** 시장

[máːrkit]

수산물 **시장** a fish (　　　　)
시장에서 약간의 생선을 사다 buy some fish at the **market**

뭔가를 능수능란하게 다루는 사람 **(master)**

1234 **master** 주인, 장인 / 숙달하다

[mǽstər]

주인과 하인 the (　　　　) and his servant
외국어를 **숙달하다** **master** a foreign language

숫자, 모양과 관련된 학문 **(math)**

1235 **math** 수학 (mathematics)

[mæθ]

수학 선생님 a (　　　　) teacher
수학에 약하다 be weak in **math**

처리하거나 처리되어야 하는 **(ma)** + 어떤 것 **(tter)**

1236 **matter** 물질, 물체 -〉문제 -〉문제가 되다, 중요하다

[mǽtər]

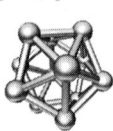

무슨 **일**이니? What's the (　　　　)?
그것은 **중요**하지 않다 It doesn't **matter**

높은 가능성이 **(may)** + 있을때 **(be)**

1237 **maybe** 아마, 어쩌면

[méibiː]

아마 그는 오지 않을 거야 (　　　) he won't come
어쩌면 내가 널 도울 수 있겠지 **Maybe** I'll help you

큰 도시를 다스리는 시장 **(mayor)**

| 1238 | **mayor** | 시장 |

[méiər]

서울 **시장**   the Seoul ( )
그를 **시장**으로 선출하다   elect him **mayor**

정해진 시간에 먹는 식사 **(meal)**

| 1239 | **meal** | 식사 |

[míːl]

하루에 3번 **식사**를 하다   have three ( ) s a day

음식으로 먹는 육상 동물의 고기 = 육상 동물의 고기 **(m)** + 음식으로 먹는 **(eat)**

| 1240 | **meat** | 고기 |

[miːt]

고기를 삶다   boil ( )
육식 동물   **meat** - eating animals

마음속에 **(me)** + 남아있거나 다시 생각해는 능력 **(mory)**

| 1241 | **memory** | 기억(력) |

[méməri]

기억력이 좋다   have a good ( )
고통스런 **기억**   a painful **memory**

대규모로 **(mer)** + 물건을 사고 파는 것 **(chant)**

| 1242 | **merchant** | 상업, 상인 |

[mə́ːrtʃənt]

부유한 **상인**   a wealthy ( )
상업 도시   a **merchant** town

30일 1243~1292

자신의 영향하에 있는 사람에게 베푸는 **(mer)** + 관용이나 인정 **(cy)**

1243 **mercy** 자비
[mə́ːrsi]

무**자비**하게 죽이다   kill without (　　)
자비를 빌다   beg for **mercy**

즐겁고 활기찬 **(merry)**

1244 **merry** 즐거운, 명랑한
[méri]

즐거운 크리스마스   (　　) Christmas
명랑한 목소리   a **merry** voice

딱딱하고 **(me)** + 빛이 나는 변형이 가능한 물질 **(tal)**

1245 **metal** 금속
[métl]

금속을 녹이다   melt (　　)s
중**금속**   a heavy **metal**

종합적이고 **(me)** + 체계적인 방법 **(thod)**

1246 **method** 방법
[méθəd]

수학을 가르치는 **방법**   a (　　) of teaching math
새로운 **방법**을 찾다   find a new **method**

중간 지점의 **(mi)** + 공간이나 위치에 있는 **(ddle)**

1247 **middle** 중간에 있는
[mídl]

중**학생**   a (　　) school student
방 **한가운데**에   in the **middle** of the room

266

적당하게 좋은 (mild)

1248 mild　　온화한, 순한

[maild]

온화한 기후	a (　　) climate
온화한 여성	a **mild** woman
순한 맛	**mild** taste

옛날 로마군인들의 시간당 행군 거리 (mile)

1249 mile　　마일

[mail]

1**마일** 더 가다	go a (　　) further
시속 60**마일**	sixty **miles** per hour

소,염소 등에서 짜낸 (mil) + 하얀 우유 (k)

1250 milk　　우유 / 젖을 짜다

[mílk]

우유를 마시다	drink (　　)
소젖을 **짜다**	**milk** a cow

생각,감정,기억 등 모든 정신 작용이 일어나는 곳 (mind)

1251 mind　　마음 / 신경쓰다

[maind]

마음의 평화	peace of (　　)
마음을 바꾸다	change the **mind**
명**심**하다	keep in **mind**
신경 쓰지마	Never **mind**

매우 (mi) + 작은 부분 (nute)

1252 minute　　분 / 사소한, 세심한

[mínit]

10 **분**	10 (　　)s
잠시만 기다려	Wait a **minute**

267

마주 서면 **(mi)** + 모습을 반사하여 보여주는 거울 **(rror)**

1253 **mirror** 거울

[mírər]

나는 **거울** 속의 나 자신을 보았다 I looked at myself in the ( )

독신 여성에게 쓰는 존칭 **(Miss)**

1254 **Miss** ~양

[mìs]

김**양** ( ) Kim

잘못 **(mis)** + 생각하거나 행한 것 **(take)**

1255 **mistake** 실수

[mistéik]

부주의한 **실수** a careless ( )
실수하다 make a **mistake**
실수를 인정하다 admit a **mistake**

전체를 축소하여 보여주거나 보고 따라할 만한 사물이나 사람 **(model)**

1256 **model** 모형, 모델 -〉모범 -〉~의 모형을 만들다 -〉~의 모델을 하다

[mάdl]

모형 비행기 a ( ) plane
모범 학생 a **model** student
패션 **모델** a fashion **model**

현재나 최근의 시간과 **(mo)** + 관련된 **(dern)**

1257 **modern** 현대의

[mάdərn]

현대 미술 a ( ) art
현대 사회 a **modern** society

아기를 안고 젖을 먹이는 엄마 **(mom)**

1258 **mom** 엄마

[mám]

엄마와 아빠
엄마께 드릴 선물을 사다

( ) and Dad
buy a present for **Mom**

어떤 행위가 **(mo)** +일어나는 바로 그때 **(ment)**

1259 **moment** 순간, 잠시

[móumənt]

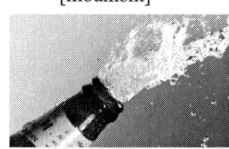

잠시만 기다려 주세요
잠시후에 그가 돌아왔다

Wait a ( ), please
After a **moment**, he returned

일정한 금전적 가치를 갖고 있는 지폐나 동전 **(money)**

1260 **money** 돈

[mÁni]

당신은 어떻게 **돈**을 벌었나요?
돈을 쓰다

How did you make ( )?
spend **money**

수도원에서 명상,기도를 하는 사람 **(monk)**

1261 **monk** 승려, 수도사

[mʌŋk]

불교 **수도승**
수도사

a Buddhist ( )
a religious **monk**

인간처럼 생기고,꼬리가 긴 원숭이 **(monkey)**

1262 **monkey** 원숭이

[mÁŋki]

원숭이가 나무에서 떨어졌다

A ( ) fell off the tree

269

달이**(moon)** 지구를 한 바퀴 돈 기간 **(month)**

1263 month 달, 개월

[mʌ́nθ]

태어난 **달**   birth **(　　　)**
3**개월** 후에   three **months** later

기억을 떠올리게 하는 **(monu)** + 건물이나 물건 **(ment)**

1264 monument 기념비, 기념물

[mɑ́njumənt]

기념비를 세우다   build a **(　　　)**
고대 **기념물**   an ancient **monument**

더 많은 수량의 **(more)**

1265 more 더 많은

[mɔ́:r]

한 블록 **더**   one **(　　　)** block
그녀에 대해서 **더** 말해 주세요   Tell me **more** about her

태양이 뜨고 **(mor)** + 정오까지의 시간 **(ning)**

1266 morning 아침

[mɔ́:rniŋ]

오늘 (어제/내일)**아침**   this(yesterday / tomorrow) **(　　　)**

가장 많은 수량의 **(most)**

1267 most 가장 많은, 대부분의

[móust]

가장 인기 있는 학생   the **(　　　)** popular student
대부분의 내 친구들 이 동네에 산다   **Most** of my friends live in this town

대부분의 경우에

1268 mostly   대개, 대부분

[móustli]

그들은 **대부분** 죽었다   They are ( ) dead
그들은 **대부분** 학생들이다   They are **mostly** students

아기를 낳고 돌보는 어머니 **(mother)**

1269 mother   어머니 / 돌보다

[mʌ́ðər]

아버지와 **어머니**   father and ( )
모국   **mother** country
아기를 **돌보다**   **mother** a baby

점점 올라가고 **(moun)** + 가운데가 뾰족하고, 반대편으로 흘러내리는 산 **(tain)**

1270 mountain   산

[máuntən]

높은 **산**   a high ( )
산더미 같은 일   a **mountain** of work

떼로 몰려다니고, 작고 꼬리가 긴 생쥐 **(mouse)**

1271 mouse   생쥐 / (컴퓨터의) 마우스

[maus]

바퀴 위를 달리는 애완용 **쥐**   a pet ( ) running on the wheel
마우스를 클릭하다   click the **mouse**

움직이는 그림들의 묶음 **(movie)**

1272 movie   영화

[múːvi]

공포 **영화**   horror ( )
영화에 나오다   appear in the **movie**

남자에 대한 존칭 **(Mr)**

1273 Mr ~씨

[wǽgən]

박씨 ( ). Park

결혼한 여자에 대한 존칭 **(Mrs)**

1274 Mrs. ~여사

[wɔ́:l]

이여사 ( ). Lee

손안에 담기에 **(mu)** + 양이 너무 많은 **(ch)**

1275 much (양이) 많은, 다량의 -> 매우, 몹시 -> 많음

[mʌ́tʃ]

많은 시간 ( ) time
그녀는 그녀의 직업을 매우 좋아한다 She likes her job very **much**
나는 그에 대해서 할말이 많다 I have **much** to say about him

흥미롭고 다양한 물건들을 **(mu)** + 전시하고 **(se)** + 보관하는 박물관 **(um)**

1276 museum 박물관

[mjuːzíːəm]

과학 박물관 a science ( )
박물관에 가다 go to the **museum**

박자,고저,장단 등 규칙적인 소리의 흐름 **(music)**

1277 music 음악

[mjúːzik]

음악 소리 the sound of ( )
클래식 음악 classical **music**

음악을 만들거나 노래를 부르는 사람 (musician)

1278 musician 음악가

[mjuːzíʃən]

위대한 **음악가**   a great (   )
타고난 **음악가**   a gifted **musician**

상식적으로 이해,설명이 쉽지 않아 (myste) + 궁금증이나 흥미를 일으키는 것(ry)

1279 mystery 신비, 미스터리

[místəri]

미스터리를 풀다   solve the (   )
그 사건은 **미스터리**로 남아있다   The case remains a **mystery**

다른 것과 구별하기 위하여 (na) + 뭔가에 붙이는 이름 (me)

1280 name 이름 -› 명성 -› 이름을 짓다 -› 지명하다

[néim]

성   (last/family) (   ), surname
이름   given **name**
그는 아버지의 이름을 따서 **이름이 지어**졌다
   He was **named** after his father
나는 그를 주장으로 **지명했다**   I **named** him as a captain

낮에 짧게 자는 잠 (nap)

1281 nap 낮잠

[næp]

낮잠 자다   take a (   )
짧은 **낮잠** 이후에 기분이 상쾌했다
   I felt refreshed after a short **nap**

양쪽 폭이 매우 좁은 = 매우 좁은 (na) + 양쪽 폭이 (rrow)

1282 narrow 좁은

[nǽrou]

좁은 시냇물   a (   ) stream

일정한 영토 안의 국민이나 국가 **(nation)**

1283 **nation** 국가, 국민

[néiʃən]

| 아시아의 **국가**들 | the Asian ( )s |
| 우호적인 **국가** | a friendly **nation** |

일정한 영토안의 **(na)** + 국민,국가와 + 관련된 **(tional)**

1284 **national** 국가의, 국립의

[nǽʃənl]

국립 공원	the ( ) park
국가	a **national** flag
국립 박물관	the **national** museum

어떤 국가에서 태어나거나 그 나라 출신의 **(native)**

1285 **native** 타고난, 태어난

[néitiv]

| **원어민** | a ( ) speaker |
| 나의 **출생** 도시 | my **native** town |

원래부터 존재하고 **(na)** + 생겨나는 것 **(ture)**

1286 **nature** 자연, 천성

[néitʃər]

| 아름다운 **자연** | a beautiful ( ) |
| 그는 **천성**이 착하다 | He is good by **nature** |

푸른 바다를 항해하며 공격과 방어임무를 수행하는 해군 **(navy)**

1287 **navy** 해군 / 진한 푸른색의

[néivi]

| 미국 **해군** 제독 | an admiral in the US ( ) |
| **해군**에 입대하다 | join the **Navy** |

장소나 시간상 아주 가까이에 있는 **(near)**

1288 near   가까이 / 가까운

[níər]

그는 집 **가까이**에서 일한다   He works (   ) the house
가까운 장래에   in the **near** future

어떤 한도에 매우 가까이 **(nearly)**

1289 nearly   거의

[níərli]

거의 매일   (   ) every day
거의 3년 동안   for **nearly** 3 years
열차를 **거의** 놓칠 뻔 했다   I **nearly** missed the train

반드시 **(ne)** + 뭔가 있어야 하거나 해야하는 **(ces)** + 상태의 **(sary)**

1290 necessary   필요한

[nésəsèri]

필요악   a (   ) evil
일상 생활에 꼭 **필요한**   be **necessary** for daily life

가까운 근처에 사는 사람 **(neighbor)**

1291 neighbor   이웃 사람, 이웃

[néibər]

새로운 **이웃**   a new (   )
이웃에 도움을 구하다   seek help from a **neighbor**

2개가 다 ~ 아니다 = 아니다 **(n)** + 2 개중에 하나 **(either)**

1292 neither   ~도, 도 아니다

[níːðər]

먹지**도** 마시지**도 않다**   (   ) eat nor drink
그**도** 나**도** 크지 **않다**   **Neither** he nor I am tall

31일 1293~1342

형제나 자매의 아들 (**nephew**)

1293 nephew 조카
[néfjuː]

| 조카딸과 **조카** | niece and ( ) |
| 그녀의 사랑하는 남자 **조카** | her loving **nephew** |

신경을 자극하거나 신경과 관련된 (**nervous**)

1294 nervous 초조한 / 신경의
[nə́ːrvəs]

| **긴장하**지 마라 | Don't be ( ) |
| **신경**계 | a **nervous** system |

새나 곤충이 알을 낳거나 사는 장소 (**nest**)

1295 nest 둥지
[nést]

| **둥지**를 틀다 | build a ( ) |
| 새가 나무위의 **둥지**를 떠났다 | A bird left the **nest** on the tree |

서로 얽혀있고 속이 보이는 그물 (**net**)

1296 net 그물 / 순~
[net]

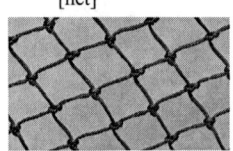

| 고기 잡는 **그물** | a fishing ( ) |
| 연못에 **그물**을 던지다 | cast a **net** in the pond |

어떤 경우라도 ~ 하지 않다 (**never**)

1297 never 결코 ~ 않다
[névər]

| 그들은 **결코** 패스트푸드를 먹지 **않는다** | They ( ) eat fast food |
| **결코** 너를 잊지 **않을**거야 | I will **never** forget you |

새롭게 나타나거나 존재하는 **(new)**

1298 **new** 새로운

[njúː]

새로운 삶을 시작하다 begin a ( ) life
나의 **새로운** 반 친구 my **new** classmate

바로 옆에 있거나 다음에 오는 **(next)**

1299 **next** 다음의 / 다음에

[nékst]

다음 번에 ( ) time
옆집에 **next** door
우리 **다음에** 언제 만날까? When shall we meet **next**?

세심하고 깔끔하게 좋은 **(nice)**

1300 **nice** 좋은 -> 친절한 -> 정밀한

[náis]

당신을 만나서 **좋다** ( ) to meet you
친절한 남자 a **nice** man
정밀한 사격 a **nice** shot

이름 외에 어떤 사람의 특징을 따서 **(nick)** + 부르는 이름 **(name)**

1301 **nickname** 별명, 애칭

[níknèim]

별명을 얻다 get a ( )
그의 **별명**을 부르다 call him by his **nickname**

형제나 자매의 딸 **(niece)**

1302 **niece** 조카딸

[niːs]

조카딸과 조카 ( ) and nephew
친구의 **여자 조카**와 이야기하다 talk with my friend's **niece**

빛이 없거나 약한 어두운 밤 **(night)**

1303 **night** 밤

[náit]

| 밤하늘 | the **( )** sky |
| 2박 3일 | a three-day two-**night** |

뭔가가 없거나 거절할때 **(no)**

1304 **no** 아니다, ~이 없는

[nóu]

| 아뇨, 나는 학생이 아닙니다 | **( )**, I am not student |
| 문제없어 | **No** problem |

순수하고 훌륭한 **(noble)**

1305 **noble** 고귀한

[nóubl]

고귀한 태생의 사람	a man of **( )** birth
고귀한 이상	**noble** ideals
고귀한 행동	a **noble** act

아무도 ~ 않다 **(nobody)**

1306 **nobody** 아무도 ~ 않다

[nóubàdi]

| 아무도 그 사실을 알지 못한다 | **( )** knows the fact |
| 어느 누구도 무슨 말을 할지 몰랐다 | **Nobody** knew what to say |

신경쓰이는 **(noi)** + 불쾌한 소리**(se)**

1307 **noise** 소음, 소리

[nɔiz]

| 시끄러운 소리 | a loud **( )** |
| 여기서는 떠들지 마세요 | Don't make a **noise** here |

아무도(아무것도) ~ 않다 **(none)**

1308 **none** 아무도(아무것도) ~ 않다

[nʌn]

그들 중에 **아무도** 오지 않았다 ( ) of them came
그것은 당신일이 **아니다** It's **none** of your business

일반적인 범위내에 있는 **(normal)**

1309 **normal** 평범한, 정상의

[nɔ́:rməl]

오늘은 **평범한** 하루였다 Today was a ( ) day
정상적인 생활 a **normal** life

뭔가가 없거나 부정할때 쓰는 표현 **(not)**

1310 **not** 아니다, 부정의 의미

[nάt]

아뇨, 나는 그녀를 사랑하지 **않아요**
No, I do ( ) (= don't) love her

뭔가를 보고 **(no)** + 주의를 기울이거나 기억해두는 것**(te)**

1311 **note** 쪽지 -> 지폐 -> 기록하다 -> 주목(하다)

[nout]

난 엄마의 **쪽지**를 읽었다 I read Mom's ( )
10,000원 **지폐** a 10,000 **note**
모든 말을 노트에 **기록하다** **note** down every word
그의 말에 **주목하**세요 Please **note** his words

새롭게**(no)** + 꾸며낸 이야기 **(vel)**

1312 **novel** 소설

[nάvəl]

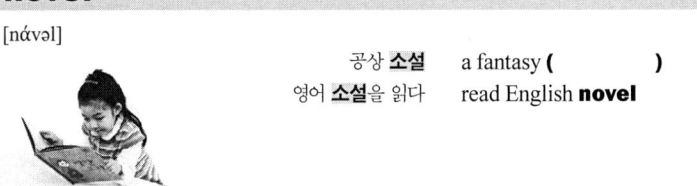

공상 **소설** a fantasy ( )
영어 **소설**을 읽다 read English **novel**

뭔가 진행되거나 발생한 바로 이때 **(now)**

1313 now   지금, 방금, 자

[náu]

지금 당장 와   Come here right **(　　)**
그는 **방금** 떠났다   He left just **now**
자 이제 와서 앉아봐   **Now** come and sit down

아주 작은 원자의 **(nu)** + 중심에 있는 핵과 관련된 **(clear)**

1314 nuclear   핵의

[njúːkliər]

원자력 에너지   **(　　)** energy
핵무기   a **nuclear** weapon
핵전쟁에서 살아남다   survive a **nuclear** war

수량을 **(num)** +표시하는 기호 **(ber)**

1315 number   숫자, 번호

[nʌ́mbər]

수를 세다   count **(　　)**s
나의 전화 **번호**   my phone **number**

옆에서 아픈 사람을 돌보고 치료하는 **(nur)** + 사람 **(se)**

1316 nurse   간호사

[nəːrs]

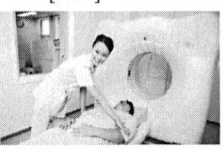

친절한 **간호사**   a kind **(　　)**
간호사, 빨리 와 줘요   **Nurse**, come quickly

공식적으로 약속하는 것 **(oath)**

1317 oath   맹세, 선서, 서약

[ouθ]

거짓 **맹세**   false **(　　)**
맹세하다   make **oath**
법정에서 **선서**하다   take the **oath** in court

반대편에 **(ob)** + 던져진 것 **(ject)**

1318 **object**

물체 -〉 목적 -〉 반대하다

[ábdʒikt]

움직이는 **물체**　　a moving (　　　)
목적을 달성하다　　attain the **object**
그의 계획에 **반대하다**　　**object** to his plan

대륙의 **(o)** + 주변에서 흐르는 아주 큰 바다**(cean)**

1319 **ocean**

대양, 바다

[óuʃən]

태평**양**　　the Pacific (　　　)
바다에서 수영하다　　swin in the **ocean**

1시부터 12시까지의 각각의 시간 **(o'clock)**

1320 **o'clock**

정각 ~ 시

[ə|klɑ:k]

정각 3시에　　at 3 (　　　)

공장이 아닌 곳에서 **(of)** + 행정과 서비스 업무를 하는 곳 **(fice)**

1321 **office**

사무실

[ɔ́:fis]

사무실에서 일하다　　work in an (　　　)
경찰**서**　　Police **office**
본**사**　　the main **office**

행정과 서비스 업무를 하는 사람 **(officer)**

1322 **officer**

공무원, 장교

[ɔ́:fisər]

경찰**관**　　a police (　　　)
육군 **장교**　　an army **officer**

여러 번 또는 되풀이 하여 **(often)**

1323 **often**   흔히, 종종

[ɔ́:fən]

그녀는 **종종** 학교에 늦는다   She is ( ) late for school
엄마는 **종종** 엄마의 친구들을 돕는다   Mom **often** helps her friends

1324 **oh**   오!

[óu]

오, 네 머리가 젖었구나   ( ), your hair is wet

미끄럽고 끈적거리는 기름 **(oil)**

1325 **oil**   기름

[ɔ́il]

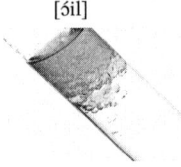

기름과 물   ( ) and water
식용 **기름**   cooking **oil**

오랫동안 살거나 존재한 **(old)**

1326 **old**   늙은, 오래된

[óuld]

늙은 사람들   ( ) people
오래된 사찰   an **old** temple

한번의 **(one)** + 경우 **(ce)**

1327 **once**   한번, 한때 / 일단 ~ 하면

[wʌns]

옛날에   ( ) upon a time
이번 **한 번**만요   Just this **once**
일단 그것을 **하면**, 그것은 쉬워   **Once** you do it, it is easy

단 하나 뿐인 (only)

1328 only
단지, 오직

[óunli]

단지 하루 동안   for ( ) a day
그것은 단지 몇 초밖에 걸리지 않았다   It **only** took a few seconds

뭔가가 바깥으로 열려지는 것 (open)

1329 open
열린, 열다

[óupən]

열려있는 창문   an ( ) window
문을 열어라   **Open** the door

뭔가를 작동시키고 움직이게 하는 사람 (operater)

1330 operator
교환수, 운영자

[ápərèitər]

전화 교환수   a telephone ( )
농장 운영자   a farm **operator**

어떤 것에 대하여(opi) + 갖고 있는 생각이나 판단(nion)

1331 opinion
의견

[əpínjən]

다른 의견   a different ( )
나의 의견을 표현하다   express my **opinion**

관련된 것들을 (or) + 일정한 순서로 정렬 시키는 것 (der)

1332 order
순서 -〉 질서 -〉 명령(하다) -〉 주문

[ɔ́:rdər]

나이 순서로   in ( ) of age
공공질서   public **order**
명령을 따르다   follow an **order**
주문을 받다   take an **order**

큰 몸 (os) + 길고 큰 다리와 목을 갖고 있는 타조 (trich)

1333 ostrich 타조

[ɔ́:stritʃ]

타조알   an (   ) egg
타조는 날지 못한다   An **ostrich** can't fly

둥근 몸, 큰 눈과 날개의 올빼미 **(owl)**

1334 owl 부엉이, 올빼미

[aul]

부엉이는 높은 소리로 운다   The (   ) screams
부엉이처럼 아주 현명한   as wise as an **owl**

철 등을 산화시키고, 동식물이 호흡하는 **(oxy)** + 기체 **(gen)**

1335 oxygen 산소

[ɑ́ksidʒen]

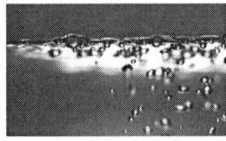

수소와 산소   hydrogen and (   )
산소 마스크를 쓰다   put on an **oxygen** mask

괴로움을 느끼는 상태 **(pain)**

1336 pain 아픔, 고통 / (복수) 수고

[pein]

고통을 느끼다   feel (   )
고통으로 비명을 지르다   scream with **pain**

한 짝을 이루어 **(pa)** + 함께 쓰이는 같은 종류의 2개 **(ir)**

1337 pair 한쌍

[pɛər]

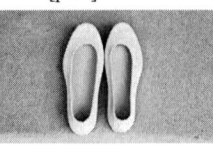

신발 한 켤레   a (   ) of shoes
양말 한 켤레   a **pair** of socks

비슷한 또래의 친한 친구 **(pal)**

1338 **pal**　　친구

[pæl]

나의 글 **친구**　　　my pen (　　　)
미국인 이메일 **친구**를 가지다　　have an American e-**pal**

호화롭고 **(pa)** + 넓은 궁전 **(lace)**

1339 **palace**　　궁전

[pǽlis]

버킹엄 **궁전**　　　Buckingham (　　　)
궁전에는 현명한 왕이 살고 있었다　　A wise king lived in the **palace**

위는 통으로 되어 있고, 다리 양쪽으로 나눠져 다리를 감싸는 바지 **(pants)**

1340 **pants**　　바지

[pǽnts]

긴 **바지**　　　long (　　　)
그는 그 **바지**를 어디서 샀지?　　Where did he get the **pants**?

얇고 표면이 매끈하여 그 위에 뭔가를 기록하는 종이 **(paper)**

1341 **paper**　　종이 / (복수) 서류, 문서

[péipər]

종이 한 장　　　a sheet of (　　　)
종이를 반으로 접다　　fold the **paper** in half
서류를 검토하다　　look through the **papers**

각 부분이 **(pa)** + 쭉 연결되어 나가거나 연결된 상태 **(rade)**

1342 **parade**　　행진 -〉 한줄 -〉 진열

[pəréid]

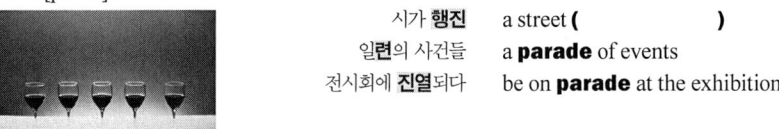

시가 **행진**　　　a street (　　　)
일련의 사건들　　a **parade** of events
전시회에 **진열**되다　　be on **parade** at the exhibition

잘못이나 죄를 벌하지 않고 **(par)** + 덮어 주는 것 **(don)**

32일 1343~1392

1343 pardon 용서(하다)
[páːrdn]

너의 **용서**를 빌다   beg your ( )
도둑을 **눈감아주다** **pardon** a thief

자식을 낳고 **(pa)** + 그들을 양육하는 부모 **(rents)**

1344 parents 부모
[péərənt]

어버이날 ( )' Day
부모님과 함께 산다 live with **parents**

일정한 빈 공터 **(park)**

1345 park 공원 / 주차하다
[páːrk]

공원에 소풍 가다 go on a picnic in the ( )
당신은 길위에 **주차할** 수 없다 You can't **park** on the street

나누어진 부분 **(part)**

1346 part 부분 → 역할 → 헤어지다, 나뉘지다
[paːrt]

이야기의 **일부** ( ) of the story
의사 **역할**을 하다 act the **part** of a doctor
우리는 공항에서 **헤어졌다** We **parted** at the airport

전체가 아닌 일부분의 시간

1347 part-time 부분 시간제의
[páːrt] [táim]

시간제 일/아르바이트 a ( ) job

다른 부분과 **(par)** + 구별되어 **(ti)** + 나타나는 **(cular)**

1348 **particular** 특별한, 특수한

[pərtíkjulər]

특별한 주의를 기울이다   pay ( ) attention
특정 유형의 음식   a **particular** type of food

특정한 뭔가를 하기 위해 **(par)** + 모인 사람들 **(ty)**

1349 **party** 파티 -〉 일행 -〉 정당

[pάːrti]

파티를 준비하다   prepare a ( )
파티를 열다   throw a **party**
정당에 입당하다   join a **party**

교통수단을 **(pass)** + 타고있는 **(en)** +승무원이 아닌 사람들**(ger)**

1350 **passenger** 승객

[pǽsəndʒər]

버스 **승객**들   bus ( ) s
승객을 실어 나르다   carry **passengers**

정상적인 범위를 벗어난**(pa)** + 강렬한 감정 **(ssion)**

1351 **passion** 열정

[pǽʃən]

음악에 대한 그녀의 **열정**   her ( ) for the music
열정적인 사람   a man of **passion**

공항이나 항구를 통과하면서 보여주는 여권 = 통과하면서 보여주는 **(pass)** + 공항이나 항구를 **(port)**

1352 **passport** 여권

[pǽspɔːrt]

여권을 신청하다   apply for a ( )
여권을 보여주다   show the **passport**

이미 지나간 상태나 시간의 **(past)**

1353 **past** 지난, 과거(의)

[pæst]

지나간 해들   the ( ) years
벌써 10시를 넘은   already **past** ten
과거에   in the **past**

통행할 수 있는 좁고 긴 길 **(path)**

1354 **path** 작은 길

[pæθ]

자전거 도로   a bike ( )
숲을 통과하는 오솔길   **path** through the woods

고통이나 괴로움을 **(pa)** + 참고 견디는 상태나 사람 **(tient)**

1355 **patient** 환자 / 인내심 있는, 참을성 있는

[péiʃənt]

환자를 도와주다   help the ( )
간호사들은 참을성 있는 환자를 좋아한다
Nurses like a **patient patient**

진행중에 **(pau)** + 잠깐 멈추거나 쉬는 것 **(se)**

1356 **pause** 일시 중지 / 잠시 멈추다

[pɔːz]

잠시 멈추다   ( ) for a moment
쉬기 위해 잠깐 멈추다   **pause** for taking a rest

평온하고 조용한 상태 **(peace)**

1357 **peace** 평화

[píːs]

전쟁과 평화   war and ( )

평온하고 조용한 (peaceful)

1358 peaceful 평화로운

[píːsfəl]

평화로운 삶   a (   ) life
가장 **평화로운** 장소   the most **peaceful** place

윗부분은 좁고, 아래는 넓은 배 (pear)

1359 pear 배

[péər]

사과와 **배**   an apple and a (   )

속에 흑연 점토가 있는 글씨를 쓰는 도구 = 글씨를 쓰는 도구 (pen) + 속에 흑연 점토가 있는 (cil)

1360 pencil 연필

[pénsəl]

색**연필**   a color (   )
연필로 쓰다   write with a **pencil**

특정 지역의 (peo) + 다양한 사람들 (ple)

1361 people 사람들 -> 민족 -> 인민

[píːpl]

많은 **사람들**   many (   )
아시아의 여러 **민족**들   the **peoples** of Asia
국민의/**국민**에 의한/**국민**을 위한   (of/by/for) the **people**

매운 맛이 나는 양념 (pepper)

1362 pepper 후추

[pépər]

소금과 **후추**   salt and (   )
빨간 **고추**장   red **pepper** paste

미루어 짐작하거나 생각할때 **(per)** + 높은 가능성이 예상되는 경우 **(haps)**

1363 **perhaps** 아마, 어쩌면

[pərhǽps]

아마 비가 올 거야　　( ) it will rain
어쩌면 그것은 사실일지도 모른다　　**Perhaps** that's true

가까이 두고 귀여워하는 동물 **(pet)**

1364 **pet** 애완 동물 / 쓰다듬다

[pét]

난 애완 동물을 가지고 싶어　　I want to have a ( )
나는 강아지를 쓰다듬어 주었다　　I **petted** my puppy

빛에 민감한 필름에 영상을 찍는 사진 **(photo)**

1365 **photo** 사진

[fóutou]

사진첩　　a ( ) album
사진을 찍다　　take a **photo**

빛에 민감한 필름에 **(photo)** + 사람이나 사물을 찍는 사람 **(grapher)**

1366 **photographer** 사진사

[fətágrəfər]

예술 사진가　　an art ( )

먹을 것을 싸서 **(pic)** + 숲이나 공원같은 곳에서 먹는 것 **(nic)**

1367 **picnic** 소풍

[píknik]

소풍 가기 좋은 날씨　　fine weather for a ( )
소풍을 가다　　go on a **picnic**

사람이나 사물의 모양을 **(pic)** + 선이나 색채로 평면위에 표현한 것 **(ture)**

1368 picture
[píktʃər]

그림 -〉 사진 -〉 화면, 영상 -〉 상상하다, 그리다

그림을 그리다	draw ( )s
사진을 찍다	take a **picture**
그녀가 춤추는 것을 **상상하다**	**picture** her dancing

따로 떼어 내거나 떨어져 나온 **(pie)** + 작은 부분**(ce)**

1369 piece
[piːs]

조각, 마디

케이크 한 **조각**	a ( ) of cake
충고 한 **마디**	a **piece** of advice

뚱뚱한 몸, 둥그렇게 말린 짧은 꼬리의 돼지 **(pig)**

1370 pig
[píg]

돼지

뚱뚱한 **돼지**	a fat ( )

짧은 다리, 통통한 몸**(pi)** + 구구거리면 우는 비둘기 **(geon)**

1371 pigeon
[pídʒən]

비둘기

공원에 모여있는 **비둘기**들	( )s gathering in the park
비둘기의 소리	the sound of a **pigeon**

성지를 **(pil)** + 찾아다니며 방문하는 순례자 **(grim)**

1372 pilgrim
[pílgrim]

순례자

이슬람교 **순례자**들	Muslim ( )s
성지에서 돌아온 **순례자**	a **pilgrim** from the Holy Land

가루를 뭉쳐 작고 둥글게 만든 알약 **(pill)**

1373 **pill**   알약
[pil]

수면제   a sleeping (   )
쓴 **알약**을 삼키다   swallow a bitter **pill**

일정한 방향과 속도로**(pi)** + 배나 비행기를 조종하는 사람**(lot)**

1374 **pilot**   조종사 / 조종하다
[páilət]

비행기 **조종사**   an airline (   )
배를 **조종하다**   **pilot** a ship

바늘같이 날카로운 얇은 잎의 소나무 **(pine)**

1375 **pine**   소나무
[páin]

소나무   a (   ) tree
파인애플   a **pine**apple

특정한 장소나 상황 **(place)**

1376 **place**   장소 -〉 (정해진) 자리, 좌석 -〉 입장, 처지 -〉 (어떤 상태, 위치에) 놓다
[pléis]

공공 **장소**에서   in a public (   )
그녀와 **자리**를 바꾸다   change **places** with her
책상위에 책을 **두다**   **place** books on the desk

구체적으로 앞으로 할 일을 계획하는 것 **(plan)**

1377 **plan**   계획(하다)
[plǽn]

수영하러 갈 **계획이다**   (   ) to go swimming
미래를 위한 **계획**   a **plan** for the future

평평하고 긴 날개를 (pla) + 갖고 있는 비행기 (ne)

1378 **plane** 비행기

[plein]

| 비행기에 탑승하다 | board a (   ) |
| 비행기를 타고 가다 | go by **plane** |

일정한 공간에서 (pla) + 태양등의 중심별을 타원형으로 도는 행성 (net)

1379 **planet** 행성

[plǽnit]

태양의 **행성**들   the (   )s of the sun
다른 **행성**들에도 생명체가 있을까?   Is there life on other **planet**s?

일정한 장소에 (pla) + 고정된 것(nt)

1380 **plant** 식물 → 심다 → 설비, 공장

[plǽnt]

식물을 키우다   grow (   )s
나무를 **심다**   **plant** a tree
수력 발전**소**   a water power **plant**

개인용의 납작하고 얇은 접시 (plate)

1381 **plate** 접시

[pleit]

샐러드용 **접시**   a salad (   )
수프 한 **접시**   a **plate** of soup

만족스럽고 즐거운 (pleasant)

1382 **pleasant** 즐거운

[plézənt]

즐거운 경험   a (   ) experience
명랑한 목소리   a **pleasant** voice

넉넉하고 풍부한 **(plenty)**

1383 plenty 풍부함, 많음

[plénti]

충분한 시간 ( ) of time
충분한 돈 **plenty** of money

옷에 별도로 있고 **(poc)** +그 안에 뭔가를 넣고 다닐 수 있는 호주머니 **(ket)**

1384 pocket 주머니, 호주머니

[pákit]

셔츠 **주머니** a shirt ( )

압축적이고 운율이 있는 시를 쓰는 사람 **(poet)**

1385 poet 시인

[póuit]

유명한 **시인** a famous ( )

뾰족한 끝 **(point)**

1386 point 점수/한점 -〉 끝 -〉 아주 조금 -〉 가리키다

[póint]

1**점**을 따다 win a ( )
연필 끝 a **point** of a pencil
강**점** a strong **point**
12시를 **가리키다** **point** to 12 o'clock

법에 의해 강제로 **(po)** + 질서나 안전을 유지하는 경찰 **(lice)**

1387 police 경찰

[pəlíːs]

경찰관 a ( ) offer
경찰서 the **police** station

294

다른 사람을 대하는 태도가 **(po)** + 겸손하고 정중한 **(lite)**

1388 polite 예의바른, 공손한

[pəláit]

친절하고 **예의 바른** kind and ( )
그는 누구에게나 **공손하**다 He is **polite** to everybody

다른 사람에 대한 태도가 **(po)** + 예의바르고 공손하게 **(litely)**

1389 politely 공손하게, 정중히

[pəláitli]

공손하게 절하다 bow ( )
정중히 묻다 **politely** ask

주변환경이 **(pol)** + 더럽게 되는 것 **(lution)**

1390 pollution 오염

[pəlú:ʃən]

대기 **오염** air ( )
토양 **오염** soil **pollution**

작은 호수 **(pond)**

1391 pond 연못

[pand]

깊은 **연못** a deep ( )
연못에 그물을 던지다 cast a net in the **pond**

움푹 패어진 땅에 물 등이 고여 있는 것 **(pool)**

1392 pool 물웅덩이

[pú:l]

수영**장** a swimming ( )
물 **웅덩이** a **pool** of water

최소한의 필요 조건에 **(poo)** + 못 미치는 **(r)**

33일 1393 **poor**　　가난한 -> 질 나쁜 -> 서투른

1393~1442

[puər]

가난한 사람들	( ) people
질 나쁜 포도주	a **poor** wine
그는 영어에 **서투르다**	He is **poor** at English

많은 사람들이 **(popu)** + 좋아하거나 관련된 **(lar)**

1394 **popular**　　인기있는, 대중의

[pάpjulər]

인기 있는 가수	a ( ) singer
가장 **인기 있는** 요리	the most **popular** dish
대중의 지지	**popular** support

사람들의 **(popu)** + 수 **(lation)**

1395 **population**　　인구

[pàpjuléiʃən]

한국의 **인구**	the ( ) of Korea
인구 증가	**population** growth

배가 나가고 들어오고 정박하는 곳 **(port)**

1396 **port**　　항구

[pɔːrt]

부산**항**	Pusan ( )
입**항**하다	put into **port**

뭔가 놓여있는 **(posi)** + 위치나 취하는 자세 **(tion)**

1397 **position**　　위치 / 자세

[pàpjuléiʃən]

나는 책상의 **위치**를 바꾸었다	I changed the ( ) of my desk
앉은 **자세**	sitting **position**

발생하거나 될 수 있는 (possible)

1398 possible   가능한

[pásəbl]

가능하면 if ( )
가능하지만 어려운 일 a **possible** but difficult task

앞에 (po) + 세우거나 놓는 것 (st)

1399 post   우편 -> 지점 -> 게시, 고시하다 -> 자리

[poust]

우체국 ( ) office
결승점 a winning **post**
벽보를 **고시하다** **post** a notice
교사직을 얻다 get a **post** as a teacher

편지봉투 없이 글을 쓰고 보낼 수 있는 우편엽서 (postcard)

1400 postcard   우편엽서

[póustkà:rd]

그림 **엽서** a picture ( )
우편 엽서를 받다 get a **postcard**

땅속에 퍼진 가는 줄기 (po) + 끝에 붙어 (ta) + 자라는 동그란 감자 (to)

1401 potato   감자

[pətéitou]

감자를 튀기다 fry the ( )es
감자를 삶다 boil some **potatoes**
감자를 먹다 eat a **potato**

압력을 가해(pow) + 잘게 부수거나 갈아 만든 가루 (der)

1402 powder   파우더, 가루

[páudər]

베이비 **파우더** baby ( )
가루 비누 soap **powder**

절대적인 존재에게 간절히 바라다 **(pray)**

1403 **pray**　　　기도(하다)

[préi]

기도하고 즐기다　　( ) and enjoy
신의 도움을 **빌다**　　**pray** to God for help

귀하고 중요한 **(precious)**

1404 **precious**　　귀중한

[préʃəs]

귀중한 시간을 낭비하다　　waste ( ) time
귀금속　　a **precious** metal

눈앞에 **(pre)** + 있거나 보여주는 것 **(sent)**

1405 **present**　　출석한 -> 현재 -> 선물 -> 제시하다

[préznt]

나는 그 회의에 **출석**했다　　I was ( ) at the meeting
현재 시간　　the **present** time
여자친구를 위한 **선물**　　a **present** for a girl friend
운전 면허증을 **제시하다**　　**present** a driver's license

가장 높은 **(pre)** + 자리에서 **(si)** + 모임이나 조직을 대표하는사람 **(dent)**

1406 **president**　　대통령, ~ 장

[prézədənt]

그녀를 **대통령**으로 선출하다　　elect her ( )
전**대통령**　　the former **President**
은행**장**　　the bank **president**

생긴 모양이나 상태가 **(pre)** + 눈에 띄는 **(tty)**

1407 **pretty**　　예쁜 / 꽤, 상당히

[príti]

예쁜 소녀가 내 옆에 앉는다　　A ( ) girl sits beside me
그것은 맛이 **꽤** 좋다　　It tastes **pretty** good

298

판매 물품의 **(pri)** + 값**(ce)**

1408 price
[prais]

가격, 값

낮은 **가격**   low **(　　　)**
가격표   a **price** tag
두 배의 **가격**을 지불하다   pay double the **price**

첫번째와 **(pri)** + 관련된 **(mary)**

1409 primary
[práimeri]

주요한, 근본의

성공이 나의 **주요한** 관심사이다   Success is my **(　　　)** concern
전쟁의 **근본** 원인들   the **primary** causes of war

왕의 **(prin)** + 아들 **(ce)**

1410 prince
[prins]

왕자

어린 **왕자**   The little **(　　　)**
왕자와 공주   a **prince** and a princess

가장 크거나 중요한 것과 관련된 **(prin)** + 사람이나 상태 **(cipal)**

1411 principal
[prínsəpəl]

교장 / 주요한

우리 학교 **교장 선생님**   our school **(　　　)**
교장 선생님은 월요일마다 훈화하신다
   The **principal** speaks to us every Monday
그의 실패의 **주요** 원인   a **principal** cause of his failure

죄를 저지른 사람을 가두어 두는 곳 **(prison)**

1412 prison
[prízn]

교도소, 감옥

교도소에 가다   go to **(　　　)**
감옥에서 10년을 보내다   spend ten years in **prison**

특정 개인과 (pri) + 관련된 (vate)

1413 **private**   사적인, 사립의

[práivət]

그녀의 **사**생활   her ( ) life
사립 탐정   a **private** detective

뭔가를 아주 잘한 사람에게 주는 물건이나 돈 (prize)

1414 **prize**   상, 상품

[praiz]

1등 **상**을 타다   win the first ( )
노벨**상** 수상자   a Nobel **Prize** winner

앞에 (pro) + 분명하게 보이는 수준으로 추측될때 (bably)

1415 **probably**   아마

[prábəbli]

아마 당신이 맞을 거예요   You're ( ) right
아마 그는 곧 돌아올꺼야   He'll **probably** be back soon

앞에 있는 (pro) + 장애물 (blem)

1416 **problem**   문제

[prábləm]

문제없어   No ( )
그 **문제**를 해결하다   solve the **problem**

앞으로 (pro) + 만들어 내거나 재배한 것 (duct)

1417 **product**   제품

[prádʌkt]

그 **제품**을 사다   buy the ( )
신**제품**   a brand-new **product**

전문적인 지식을 (pro) + 연구하고 가르치는 교수 (fessor)

1418 **professor** 교수

[prəfésər]

대학 **교수**	a college ( )
법학 **교수**	a law **professor**

앞으로 (pro) + 던져진 것 (ject)

1419 **project** 과제 -> 계획(하다)

[prάdʒekt]

나의 미술 **과제**	my art ( )
사업 **계획**	a business **project**
새로운 사업을 **계획하다**	**project** a new business

앞쪽으로 (pro) + 음성을 (nun) + 내보내는 것 (ciation)

1420 **pronunciation** 발음

[prənʌnsiéiʃən]

영어 **발음**	English ( )
발음을 교정하다	correct **pronunciation**

요구되는 것에 (pro) + 적합하게 (perly)

1421 **properly** 적절하게, 제대로

[prάpərli]

적절하게 행동하다	behave ( )
그 전화기는 **제대로** 작동이 되지 않는다	The phone isn't working **properly**

스스로에게 자부심을 느끼거나 다른 사람보다 우월하다고 느끼는 (proud)

1422 **proud** 자랑스러운, 자만하는

[praud]

나는 네가 **자랑스럽**다	I am ( ) of you
너무 **자만하**지 마라	Don't be too **proud** of yourself

앞선 세대부터(pro) + 이어져 내려오는 짧은 교훈(verb)

1423 **proverb** 격언, 속담

[práva:rb]

한국의 옛 **속담**　　an old Korean ( )

각각의 (pu) + 구성원 모두에게 관련된 (blic)

1424 **public** 공공의, 대중의

[pʌ́blik]

공공장소　　a ( ) place
공무원　　a **public** officer

팽창,수축하는 (pul) + 혈관의 움직임 (se)

1425 **pulse** 맥박

[pʌls]

그녀의 **맥박**을 재다　　take her ( )
약한 **맥박**　　weak **pulse**

펑퍼짐하고 (pump) + 껍질이 두꺼운 호박 (kin)

1426 **pumpkin** 호박

[pʌ́mpkin]

호박을 마차로 변화시키다　　change a ( ) into a coach
펑퍼짐한 **호박**같은 얼굴　　a fat **pumpkin** face

작고 귀여운 강아지 (puppy)

1427 **puppy** 강아지

[pʌ́pi]

작은 **강아지**를 안고 있다　　hold a tiny ( )

깨끗한 영혼을 추구하는 청교도

1428 Puritan 청교도

[pjúərətn]

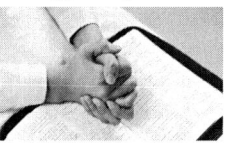

어떤 과정을 통해 (pur) +도달하거나 이루고자 하는 것(pose)

1429 purpose 목적

[pə́:rpəs]

| 당신의 방문 **목적** | the ( ) of your visit |
| 이 **목적**에 적합하다 | be fit for this **purpose** |

복잡하게 흩어진 각각의 부분을 (puzz) + 짜 맞춰 연결하는 수수께끼(le)

1430 puzzle 수수께끼 / 당황스럽게 하다

[pʌzl]

십자말풀이 **수수께끼**	a crossword ( )
어리둥절해 보이다	look **puzzled**
어려운 퍼즐에 **당황하다**	be **puzzled** by difficult puzzles

똑같이 4개로 나누었을때의 (quar) + 한 부분 (ter)

1431 quarter 1/4 -> 15분 -> 지역 -> 4등분하다

[kwɔ́:rtər]

4분의 3	three ( )s
5시 **15분** 전에(=4시 45분)	at a **quarter** to five
중국인 거주**지역**	the chinese **quarter**
그녀는 사과를 **4등분했다**	She **quartered** the apples

왕과 함께 어떤 곳을 지배하는 여왕 (queen)

1432 queen 여왕

[kwí:n]

| 왕과 **왕비** | a king and a ( ) |
| **여왕**벌 | a **queen** bee |

303

의심이나 불확실해서 **(ques)** + 누군가에게 질문하는 것 **(tion)**

1433 **question** 질문 -〉 문제-〉 질문하다 -〉 의심

[kwéstʃən]

질문하다	ask a ( )
그것이 문제다	That is the **question**
나는 그에게 그의 생각을 물었다	I **questioned** him on his idea
그의 사랑에 대해선 의심할 여지가 없다	There is no **question** about his love

매우 빠른 속도로 진행되는 **(quick)**

1434 **quick** 매우 빠른

[kwík]

빠른 서비스   ( ) service

매우 빠르게 **(quickly)**

1435 **quickly** 매우 빠르게

[kwíkli]

빠르게 걷다	walk ( )
빠르게 움직이다	move **quickly**

소리나 움직임 등이 거의 없는 **(quiet)**

1436 **quiet** 조용한

[kwáiət]

조용한 거리	a ( ) street
도서관에는 조용히 해라	Be **quiet** in the library

보통보다 조금 더 좋은 **(quite)**

1437 **quite** 꽤, 매우

[kwait]

그것은 꽤 크다	It's ( ) big
꽤 가능성 있는	**quite** possible

경주하듯이 매우 빠르게 움직이는 것 **(race)**

1438 **race**   경주(하다) / 인종, 민족

[reis]

경주에서 이기다   win a **(　　　　)**
결승선을 향해 **질주하다**   **race** to the finish line
흑인종   the black **race**

타원형의 둥근 채로 공이나 셔틀을 치는 라켓 **(racket)**

1439 **racket**   라켓

[rǽkit]

테니스 **라켓**   a tennis **(　　　　)**

작은 물방울 형태의 물이 **(rai)** + 하늘에서 내리는 것**(n)**

1440 **rain**   비, 비가 오다

[réin]

폭우   a heavy **(　　　　)**
밤새도록 **비가 내렸다**   It **rained** all night

비가 온 후 생기는 **(rain)** + 큰 활 모양의 무지개 **(bow)**

1441 **rainbow**   무지개

[réinbòu]

비가 온 후, **무지개**가 나타났다
After it rained, a **(　　　　)** appeared

비가 오는

1442 **rainy**   비가 오는

[réini]

비 오는 날   a **(　　　　)** day

305

34일
1443~1492

급하고 빠르게 (rapidly)

1443 rapidly
[rǽpidli]
매우 빨리, 신속히

매우 빨리 자라다   grow (   )
시간이 **매우 빨리** 지나갔다   Time passed **rapidly**

충분한 수준,상태가 (ra) + 아닌 (re)

1444 rare
[rɛər]
드문, 귀한

드문 혈액형   a (   ) blood type
소중하고 **귀한** 머리카락   precious and **rare** hair

좀처럼 ~ 않는다

1445 rarely
[réərli]
좀처럼 ~ 않는다

그는 **좀처럼** 늦지 **않는다**   He is (   ) late
기적은 **좀처럼** 일어나지 **않았다**   A miracle **rarely** happened

생쥐보다 몸이 크고, 이빨로 뭔가를 갉아먹는 쥐 (rat)

1446 rat
[ræt]
쥐

물에 빠진 **쥐**   a drowned (   )
쥐구멍   a **rat** hole

어떤 기준대비 변화값 (rate)

1447 rate
[ræt]
비율, 속도, 요금

사망**률**   the death (   )
일년에 7%의 **비율**로 성장하다   grow at the **rate** of 7% a year

어떤 기준과 다르거나 반대로 진행되는 (rather)

1448 rather 약간, 오히려

[ræðər]

오늘 아침 **약간** 일찍 ( ) early this morning
약간 어두운 **rather** dark
따뜻하다기보다는 **오히려** 뜨겁다 It is hot **rather** than warm

뭔가를 할 (rea) + 준비가 된 (dy)

1449 ready 준비가 된 -> 막~ 하려는 -> 준비하다 -> 기꺼이

[rédi]

수영선수들이 **막** 출발하려고 하고 있다
            The swimming players are ( ) to start
기꺼이 내친구들을 돕다 be **ready** to help my friends

보이거나 생각하는 것과 실제 내용이 일치하는 (real)

1450 real 진짜의, 실제의

[ríːəl]

이 로봇은 **진짜** 사람처럼 보인다
            This robot looks like a ( ) person
진정한 이유 a **real** reason

진행하는 방향의 반대편 부분 (rear)

1451 rear 뒤 / 위쪽으로 올리다

[riər]

차의 **뒤쪽** the ( ) of the car
뒷문 the **rear** gate
사다리를 **세우다** **rear** a ladder

어떤 결과,결론이 (rea) + 나올 수 밖에 없는 사정이나 내용(son)

1452 reason 이유 / 이성

[ríːzn]

이유를 알다 know the ( )
그에게 **이유**를 설명하다 explain the **reason** to him

307

현재 바로 직전까지의 기간에 **(recently)**

1453 **recently** 최근에

[ríːsntli]

꽤 **최근에**   quite ( )
최근에 그를 보지 못했다   I haven't seen him **recently**

신선하게 음식 등을 보관하기 위한 **(refrige)** + 상자모양의 냉장고 **(rater)**

1454 **refrigerator** 냉장고

[rifrídʒərèitər]

우유를 **냉장고**에 넣다   put milk in the ( )
최신 모델 **냉장고**   the latest model **refrigerator**

규칙적으로**(re)** + 발생하거나 진행되는 **(gular)**

1455 **regular** 규칙적인, 정규의, 단골의

[régjulər]

규칙적인 운동을 하다   take ( ) exercise
가게의 **단골** 손님들   the shop's **regular** customers
정규 수업들   **regular** classes

규칙적으로

1456 **regularly** 규칙적으로

[régjulərli]

규칙적으로 식사하다   eat ( )

서로 **(re)** + 관련되거나 비교되는 **(lative)**

1457 **relative** 친척 -> 상대적인 -> 관련된

[rélətiv]

가까운 **친척**   a close ( )
상대적인 진리   a **relative** truth
그 사고와 **관련된** 사실들   the facts **relative** to the accident

받고 전달하는 것 (relay)

1458 relay 계주 / 전달하다

[ríːlei]

400미터 **계주**　the 400-meter (   )
그 메시지를 그녀에게 **전달하다**　**relay** the message to her

절대자에 대한 강한 믿음을 갖고 (reli) + 의식이나 교리를 따르는 (gious)

1459 religious 종교의 / 종교적인

[rilídʒəs]

종교의 자유　(   ) freedom
종교적 생활　a **religious** life

발생하거나 알고 있는 것을 (re) + 널리 알리는 것 (port)

1460 report 보고서, 보고 / 신고하다, 보고하다

[ripɔ́ːrt]

성적표　(   ) card
보고서를 쓰다　write a **report**
일기**예보**　weather **report**
경찰에 그 사건을 **신고하다**　**report** the accident to the police

주권이 (re) + 국민이나 국민의 대표에게 있는 정치제도 (public)

1461 republic 공화국

[ripʌ́blik]

대한민국 **공화국**　the (   ) of Korea

어떤 목적에 도움이 되는 (resour) + 것 (ce)

1462 resource 자원

[ríːsɔːrs]

천연 **자원**　natural (   )s
인적 **자원**　human **resources**
자원을 절약하다　save **resources**

어떤 결과나 상황에 대하여 (res) + 책임을 지는 (ponsible)

1463 responsible 책임이 있는, 원인이 되는

[rispánsəbl]

책임 있는 위치   a (   ) position
당신은 당신의 말에 책임이 있다
                     You are **responsible** for your words

전체에서 해당되는 것을 뺀 나머지 부분 (rest)

1464 rest 나머지 부분 -> 휴식, 쉬다, 정지하다 -> 의지하다 -> 기초를 두다

[rést]

나의 **남은** 인생동안   for the (   ) of my life
의사가 나에게 **쉬라고** 말했다   The doctor told me to **rest**
쉬다   take a **rest**
부모에게 **의지하다**   **rest** on parents
과학은 사실에 **기초하다**   Science **rests** on facts

종업원의 도움으로 편안하게(restau) + 음식을 먹을 있는 식당 (rant)

1465 restaurant 식당

[réstərənt]

정말 좋은 **식당**   a really good (   )
식당을 운영하다   run a **restaurant**

다시 (re) + 살아나는 것 (vival)

1466 revival 부활, 부흥

[riváivəl]

경제적 **부흥**   an economic (   )
록 음악에 대한 관심의 **부활**   a **revival** of interest in rock music

급격하고 광범위하게 (revo) + 진행되는 변화 (lution)

1467 revolution 혁명

[rèvəlúːʃən]

산업 **혁명**   the industrial (   )
사회 **혁명**   the social **revolution**

동그랗고 길쭉한 쌀 **(rice)**

1468 rice　　　쌀, 밥, 벼

[ráis]

벼농사　　(　　　　) farming
밥을 먹다　eat **rice**

돈, 영양소 등을 풍부하게 갖고 있는 **(rich)**

1469 rich　　　부유한, 비옥한

[rítʃ]

부유한 사람들　(　　　　) people
벼락 **부자**　the new **rich**
기름진 땅　a **rich** soil

서로 **(ri)** + 복잡하고 이상하게 얽혀있는 수수께끼 **(ddle)**

1470 riddle　　　수수께끼

[rídl]

스핑크스의 **수수께끼**　the (　　　　) of the Sphinx
수수께끼를 풀다　solve a **riddle**

상황, 규범, 사리등에 **(ri)** + 맞는 것 **(g h t)**

1471 right　　　올바른 -> 오른쪽 -> 권리, 정의

[rait]

정답　　the (　　　　) answer
거리의 **우측**　the **right** side of the street
알 **권리**　a **right** to know

가운데가 비어있는 둥근 띠 모양 **(ring)**

1472 ring　　　반지, 울리다

[ríŋ]

금 **반지**　a gold (　　　　)
벨을 **울리다**　**ring** the bell

많은 양의 물이 **(ri)** + 육지를 가로지르며 흐르는 것 **(ver)**

1473 river 강

[rívər]

깊은 **강**   deep ( )
강을 헤엄쳐 건너다   swim across the **river**

차나 사람이 다닐 수 있는 **(roa)** + 잘 다듬어진 조금 큰 길 **(d)**

1474 road 도로, 길

[róud]

도로 표지   a ( ) sign
길을 따라 걸어 가다   walk along the **road**

강제로 남의 것을 뺏는 강도 **(robber)**

1475 robber 강도

[rábər]

은행 **강도**를 잡다   catch a bank ( )
복면 **강도**   a masked **robber**

흔들거리는 둥그렇고 큰 바위 **(rock)**

1476 rock 바위 / 흔들다

[rák]

큰 **바위**   a big ( )
좌우로 **흔들리다**   **rock** from side to side

건물, 차 등을 보호하기 위해 그 위를 덮는 지붕 **(roof)**

1477 roof 지붕

[rú:f]

빨간 **지붕**   a red ( )
차의 **지붕**   the **roof** of a car

어떤 목적을 위해 사용되는 빈 공간 **(room)**

1478 **room** 장소, 공간 -〉방 -〉여지, 기회(다른 가능성의 공간)

[rúːm]

공간을 차지하다	take up the ( )
넓은 **방**	a large **room**
생각할 **여지**	**room** to think about

사물이나 현상이 시작되는 부분 **(root)**

1479 **root** 뿌리, 근원

[ruːt]

나무 **뿌리**	tree ( )s
탐욕은 모든 악의 **근원**이다	Greed is the **root** of all evil

얇은 실을 꼬아 두껍게 만든 줄 **(rope)**

1480 **rope** 줄, 밧줄, 로프

[roup]

줄넘기	jump ( )
밧줄을 묶다	tie a **rope**
등산 전에 **로프**를 점검하다	check the **ropes** before mountain climbing

둥근 꽃잎들이 복잡하게 뭉쳐있고, 향기로운 장미 **(rose)**

1481 **rose** 장미

[róuz]

빨간 **장미**	a red ( )

모양이나 상태가 거친 **(rough)**

1482 **rough** 거친, 울퉁불퉁한, 대강의

[rʌf]

거친 손	( ) hands
울퉁불퉁한 땅	**rough** ground
대강의 스케치	a **rough** sketch

뭔가 진행되고 이뤄지는 일정한 길 **(route)**

1483 route 길, 경로

[ruːt]

서울로 가는 가장 빠른 **길** the shortest ( ) to Seoul
항공**로** an air **route**
다른 **경로**를 취하다 take a different **route**

옆으로 늘어선 줄 **(row)**

1484 row 줄, 열 / 노(젓다)

[rou]

방 뒤쪽에 한**줄**로 앉다 sit in a ( ) at the back of the room
앞에서 2번째 **줄** two **rows** from the front
배를 **저어** 바다로 나가다 **row** a boat out to sea

거칠고 수준낮게 **(rudely)**

1485 rudely 무례하게

[rúːdli]

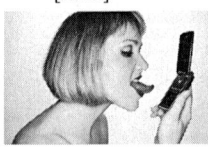

무례하게 행동하다 act ( )
무례하게 대답하다 reply **rudely**

강하게 아래로 눌러 통제하는 사물이나 사람 **(ruler)**

1486 ruler 자 / 지배자

[rúːlər]

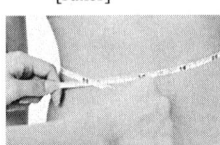

자를 대고 줄을 긋다 draw lines with a ( )
지배자와 피지배자 the **ruler** and the ruled

액체 등이 흘러 나오는 **(runny)**

1487 runny 액체등이 흘러나오는

[ráni]

콧물이 흐르는 코 a ( ) nose

순수하게 자신의 뭔가를 (sacri) + 바치거나 버리는 것 (fice)

1488 sacrifice 희생(하다)

[sǽkrəfàis]

희생타   a ( ) hit
부모는 자식을 위해 모든 것을 **희생한다**
Parents **sacrifice** everything for their children

마음이 (sa) + 아프고 괴로운 (d)

1489 sad 슬픈

[sæd]

슬픈 노래   a ( ) song
나는 그의 죽음을 들어서 **슬프다**   I am **sad** to hear his death

안전한 (sa) + 상태의 (fe)

1490 safe 안전한 / 금고

[seif]

안전한 곳에서 수영해야 한다
You should swim in a ( ) place
돈을 **금고**에 보관하다   keep the money in the **safe**

배를 타고 항해하는 사람 (sailor)

1491 sailor 선원

[séilər]

선원들이 배에 오르고 있다   The ( )s are boarding the ship
선원이 되다   become a **sailor**

돈을 받고 물건을 파는 것 (sale)

1492 sale 판매 / 염가 판매

[seil]

자동차 **판매**   car ( )s
세일 품목   **sale** items

315

35일 1493~1542

짠 맛이 나는 하얀 소금 (salt)

1493 salt
소금

[sɔːlt]

소금과 후추 　　(　　) and pepper
나에게 **소금**을 건네주다 　pass me the **salt**

서로 정확하게 일치하는 (same)

1494 same
똑같은

[séim]

같은 반 　　the (　　) class
똑같아 보이다 　look the **same**

전체와 같은 품질을 갖고 있는(sam) + 일부분 (ple)

1495 sample
견본, 샘플 / 시음하다

[sǽmpl]

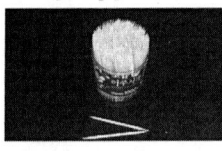

무료 **견본**　　a free (　　)
혈액 **샘플**　　a blood **sample**
포도주를 **시음하다**　**sample** wine

부드럽고 미세하게 부스러진 모래(sand)

1496 sand
모래

[sænd]

모래 한 알 　　a grain of (　　)
모래성을 쌓다 　build a **sand** castle

날카롭고 뾰족한 이빨들이 연결된 톱 (saw)

1497 saw
톱(질하다)

[sɔː]

전기 **톱** 　　a power (　　)
나무를 **톱질하여** 넘어 트리다 　**saw** a tree down

사람들이 흔히 사용하여 말하는 것 **(saying)**

1498 **saying** 격언, 속담

[séiiŋ]

속담에서 말하듯이   as the (   ) goes
내가 가장 좋아하는 속담   my favorite **saying**

새겨진 눈금 **(scale)**

1499 **scale** 저울 -> 규모 > 축소 비율

[skeil]

대규모   a large (   )
체중계   a weighing **scale**
일정한 비율로 축소된 모형   a **scale** model

상처가 아물고 남은 흉터 **(scar)**

1500 **scar** 흉터

[skaːr]

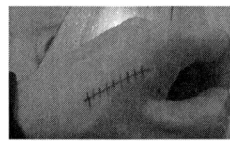

그의 뺨에 난 흉터   a (   ) on his cheek
흉터가 남다   leave a **scar**

어떤 일이 발생하거나 보이는 **(sce)** + 장소나 장면**(ne)**

1501 **scene** 장면, 현장, 풍경

[siːn]

사랑 장면   a love (   )
사고 현장   the **scene** of the accident
시골 풍경   a country **scene**

시간 순서에 따라 **(sche)** + 구체적인 활동계획을 짜놓은 것 **(dule)**

1502 **schedule** 일정표, 시간표

[ʃédjuːl]

수업 시간표   a class (   )
철도 운행 시간표   the railway **schedule**
일정을 확인하다   check the **schedule**

체계적이고 깊은 지식이 있는 학자 **(scholar)**

1503 scholar 학자

[skάlər]

역사 **학자**   a history **(**   **)**
유명한 **학자**   the famous **scholar**

함께 모여서**(schoo)** + 배우는 곳 **(l)**

1504 school 학교 / 무리, 떼

[sku:l]

중**학교**에 입학하다   enter middle **(**   **)**
물고기 한 **떼**   a **school** of fish

관찰,분석,검증을 통한 체계적인 지식 **(science)**

1505 science 과학

[sáiəns]

자연 **과학**   natural **(**   **)**
과학 선생님   a **science** teacher
과학 실험실   a **science** lab

새겨진 기록이나 표시 **(score)**

1506 score 점수, 득점하다

[skɔ́:r]

만**점**   a perfect **(**   **)**
좋은 **점수**를 받다   get a good **score**

연극,영화,방송 등의 대사가 쓰여진 대본 **(script)**

1507 script 대본

[skrípt]

영화 **대본**   a film **(**   **)**
대본을 만들다   make a **script**

새기고 깎아내면서 (sculp) + 어떤 형태를 만드는 조각가 (tor)

1508 sculptor　조각가

[skʌ́lptər]

그 **조각가**는 돌로 작업하고 있다
The ( ) is working with stone

새기고 깎아서 (sculp) + 만들어진 어떤 형태 (ture)

1509 sculpture　조각품, 조각상

[skʌ́lptʃər]

공원에 있는 **조각상**　　a ( ) in the park
비너스 대리석 **조각품**　a marble **sculpture** of Venus

지구 표면의 대부분을 덮고 있고 짠맛이 나는 바다 (sea)

1510 sea　바다

[síː]

육지와 **바다**　land and ( )
동해　　　　the East **Sea**

일정 기간의 (sea) + 활발한 움직임이나 변화 (son)

1511 season　계절 / 양념하다

[síːzn]

사**계절**　　　　　　　four ( )s
소금으로 생선을 **양념하다**　**season** a fish with salt

앉을 수 있도록 (sea) + 만들어진 자리 (t)

1512 seat　좌석 / 앉히다

[siːt]

좌석 벨트　　　　　a ( ) belt
어떤사람을 소파에 **앉히다**　**seat** a person in a sofa

319

2번째로 뒤를 따르는 것 (second)

1513 second
[sékənd]

(시계에서 시, 분 중 분을 뒤따르는) 초-) 잠시동안 -) 2번째의 -) 찬성하다, 후원하다

잠시 동안	for a ( )
제 2차 세계대전	the **Second** World War
중고의	**second** - hand
제안에 찬성하다	**second** a proposal

따로 (se) + 몇몇 사람만 아는 것 (cret)

1514 secret
[síːkrit]

| 비밀을 지키다 | keep a ( ) |
| 너와 나 사이에 비밀 | a **secret** between you and me |

중요한 사람에게 속하여 (secre) + 그 사람을 위하여 일을 하는 사람 (tary)

1515 secretary
[sékrətèri]

| 그를 비서로 고용하다 | employ him as a ( ) |
| 국방 장관 | the **Secretary** of Defense |

나눠진 것의(sec) + 한 부분 (tion)

1516 section
[sékʃən]

파이 한 쪽	a ( ) of pie
비행기의 머리 부분	the head **section** of the plane
신문의 스포츠 란	the sports **section** of the newspaper

어떤 것의 시작이 되는 작은 씨앗 (seed)

1517 seed
[siːd]

| 꽃씨 | a flower ( ) |
| 씨를 뿌리다 | cast **seed**s |

거의 ~ 않다 (seldom)

1518 seldom 좀처럼 ~ 않다

[séldəm]

짖는 개는 **좀처럼** 물지 **않는다**   Barking dogs (　　　) bite
충고는 **거의** 환영받지 **못한**다   Advice is **seldom** welcome

전체 공부기간을 반으로 나눴을때 (seme) + 나눠진 한 부분 (ster)

1519 semester 학기

[siméstər]

학기 말에   at the end of the (　　　)
2 **학기**   the second **semester**

나이가 더 많거나 지위가 더 높은 (seni) + 사람이나 상태의 (or)

1520 senior 손위의, 나이가 많은

[síːnjər]

그는 나보다 2살 **많다**   He is my (　　　) by 2 years
상급생   a **senior** student
노인들을 돕다   help the **seniors**

최소 한 개 이상의 동사를 포함하는 (sen) + 완결된 내용을 담고 있는 문장 (tence)

1521 sentence 문장

[séntəns]

문장을 읽다   read a (　　　)
문장을 완성하다   complete the **sentence**

같은 종류의 것이 연속적으로 진행되는 것 (series)

1522 series 연속, 시리즈

[síəriːz]

연속된 사고   a (　　　) of accidents
코리안 **시리즈**   the Korean **series**

상태나 정도가 **(se)** + 중요하고 심각한 **(rious)**

1523 serious   중요한, 심각한, 진지한

[síəriəs]

중요한 일	a ( ) matter
심각한 문제	a **serious** problem
진지한 표정	a **serious** look

봉사하고 섬기는 사람 **(servant)**

1524 servant   하인

[sə́:rvənt]

주인과 하인	the master and his ( )
충실한 하인	a faithful **servant**

어떤 곳에 정착하여 거기서 사는 사람 **(settler)**

1525 settler   정착민

[sétlər]

다른 나라에서 온 정착민들	( )s from different countries

2개 이상이나 많지는 않은 **(several)**

1526 several   몇몇의

[sévərəl]

몇몇 사람들	( ) people
몇 년 전에	**several** years ago
몇 번	**several** times

빛이 물체에 비춰지고 **(sha)** + 그 물체에 가리어져 생긴 어두운 공간 **(de)**

1527 shade   그늘

[ʃeid]

그늘에서 쉬다	take a rest in the ( )

322

빛이 비춰지고 **(sha)** + 그 뒷면에 드리워진 검은 형태 **(dow)**

1528 shadow 그림자

[ʃǽdou]

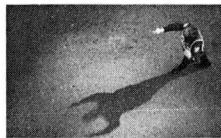

한 여자의 검은 **그림자**   a black (　　) of a woman
그늘 속에 서있는 한 사람   a person standing in the **shadows**

자신의 잘못이나 결점을 깨닫고 남을 대하기가 떳떳하지 못함 **(shame)**

1529 shame 부끄러움, 수치

[ʃeim]

부끄러워 그녀의 얼굴을 가리다   hide her face in a (　　)
그녀의 얼굴은 **수치심**으로 달아올랐다
　　　　　　　　　　　　　　　Her face burned with **shame**

겉으로 나타나 보이는 **(sha)** + 생김새**(pe)**

1530 shape 모양 -> 외모 -> 구체화하다

[ʃeip]

이탈리아의 **모양**은 장화같다   The (　　) of Italy is like a boot
외모가 좋은 (=건강이 좋은)   in good **shape**
계획을 **구체화하다**   **shape** one's plan

날카로운 끝 **(sharp)**

1531 sharp 날카로운 -> 급격한 -> 심한

[ʃeip]

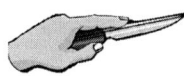

날카로운 칼   a (　　) knife
날카로운 눈을 갖고 있다   have **sharp** eyes
도로의 **급**커브   a **sharp** curve in the road
심한 통증을 느끼다   feel a **sharp** pain

부드러운 털로 빽빽하게 뒤덮인 양 **(sheep)**

1532 sheep 양

[ʃeip]

양의 털을 쓴 늑대   a wolf in (　　)'s clothing

얇고 평평한 사각형 모양의 천 이나 종이 **(sheet)**

1533 sheet   한 장 / 시트

[ʃiːt]

종이 한 **장** a **(　　)** of paper
깨끗한 **시트**를 침대에 깔다 put a clean **sheet** on the bed

겉을 감싸고 있는 단단한 껍질 **(shell)**

1534 shell   조개껍질, 껍질

[ʃel]

해변에서 **조개껍데기**를 모으다 collect **(　　)**s on the beach
달팽이 **껍질** snail **shell**s

사람,물건 등을 실어 나르는 아주 큰 배 **(ship)**

1535 ship   (큰) 배

[ʃíp]

거북**선** turtle **(　　)**
배에 타다 get on a **ship**

발을 보호해주고 신고 다니는 신발 **(shoe)**

1536 shoe   신발, 구두

[ʃúː]

신발 한 켤레 a pair of **(　　)**s
구두를 신다 wear **shoes**

생활에 필요한 물건을 살 수 있는 가게 **(shop)**

1537 shop   가게 / 물건을 사다

[ʃáp]

신발 **가게** shoes **(　　)**
가게에서 **물건을 사다** **shop** at a store

가게를 (shop) + 소유하고 운영하는 사람 (keeper)

1538 **shopkeeper** 가게 주인

[ʃɔːpkipər]

가게 주인은 지금 가게에 없다
The ( ) isn't in his shop now

바다 등의 가장 자리 (shore)

1539 **shore** 해안

[ʃɔːr]

북쪽 해안   a northern ( )
해안까지 헤엄쳐 가다   swim to the **shore**

보통 수준에 도달하지 못한 (shor) + 상태 (t)

1540 **short** 짧은 -〉 키가 작은 -〉 부족한

[ʃɔːrt]

짧은 바지   ( ) pants
키가 작고 뚱뚱한 남자   a **short** and fat man
그는 상식이 부족했다   He was **short** of common sense

세차게 쏟아지는 물 (shower)

1541 **shower** 소나기, 샤워

[ʃáuər]

샤워하다   take a ( )
우리는 심한 소나기를 만났다   We were caught in a heavy **shower**

몸 또는 마음이 (si) + 아프거나 괴로운 (ck)

1542 **sick** 병든, 싫증난

[sik]

병이 나다   get ( )
나는 똑같은 음식을 먹는것에 질린다   I am **sick** of eating same food
고향이 그립다   be **sick** for home

36일
1543~1592

옆쪽 면이나 그 근처 **(side)**

1543 **side** 쪽, 면, 옆

[said]

옆문	a ( ) door
거리의 우측	the right **side** of the street
밝은 면	a bright **side**
부업	a **side** job

보이는 것과 관련된 것 **(sight)**

1544 **sight** 시력 -> 장면 -> 광경

[sait]

시력을 잃다	lose my ( )
첫눈에 반하다	love at first **sight**
멋진 광경	a wonderful **sight**

보이는 것을 **(sight)** + 관심, 흥미를 갖고 보다 **(see)**

1545 **sightsee** 관광하다

[sáitsìː]

관광 여행   a ( ) tour

의미가 있는 **(si)** + 동작이나 표시 **(g n)**

1546 **sign** 표지판 -> 간판 -> 부호 -> 서명하다

[sain]

그림 표지판	the picture ( )
상점 간판	a store **sign**
플러스 부호(+)	plus **sign**
책에 서명하다	**sign** a book

어떤 의미나 메시지를 알려주는 **(sign)** + 일정한 신호 **(al)**

1547 **signal** 신호 / 신호하다

[sígnəl]

교통 신호들	traffic ( )s
경고 신호	a warning **signal**
그녀가 나에게 따라오라는 신호를 보냈다	She **signalled** me to follow

326

어떤 소리가 전혀 없는 상태 **(silent)**

1548 **silent**　　고요한, 침묵의

[sáilənt]

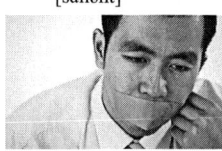

고요한 밤　　a **(　　　)** night
침묵을 유지하다　　keep **silent**

부드럽고 빛이 나는 비단 **(silk)**

1549 **silk**　　비단, 실크

[silk]

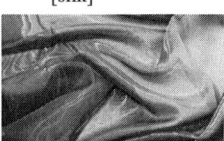

비단처럼 부드러운　　as smooth as **(　　　)**
실크 블라우스　　a **silk** blouse

진지함이 없이 유치하고 우스운 **(silly)**

1550 **silly**　　어리석은, 우스꽝스러운

[síli]

어리석은 생각　　a **(　　　)** idea
이 옷을 입으니 **우스꽝스러운** 느낌이 들어
　　I feel **silly** in these clothes

밝은 회백색의 금속으로, 금 다음으로 잘 늘어나고 펴지는 은 **(silver)**

1551 **silver**　　은

[sílvər]

은메달　　a **(　　　)** medal
은수저　　a **silver** spoon

서로 일치하는 점이 **(simil)** + 많은 **(ar)**

1552 **similar**　　비슷한

[símələr]

이 폰은 내것과 **비슷하다**　　This phone is **(　　　)** to mine
비슷한 관심들　　**similar** interests

하나의 구조나 내용으로 (sim) + 구성된 (ple)

1553 simple   간단한 / 검소한

[símpl]

간단한 디자인   a ( ) design
검소한 생활   a **simple** life

거짓이나 나쁜 의도 (sin) + 없이 (cerely)

1554 sincerely   진심으로

[sinsíərli]

진심으로 믿다   ( ) believe
진심으로 쾌차하시길 바랍니다   **Sincerely** I hope you feel better soon

단 하나로 구성된 (single)

1555 single   단 하나의, 홀로된, 독신의

[síŋgl]

홀로된 엄마   a ( ) mom
단 하룻밤   a **single** night

남자에 대한 존칭 (sir)

1556 sir   ~님

[sə́:r]

죄송합니다, 선생님   I'm sorry, ( )

여자 형제 (sister)

1557 sister   언니, 누나, 여동생

[sístər]

나의 언니/누나   my older ( )

어떤 일이나 활동이 실제 진행되는 곳 (site)

1558 site 장소, 위치, 부지

[sait]

건물 **부지** a building ( )
소풍 **장소** a picnic **site**

일이 되어가는 (situ) + 형편이나 모양 (ation)

1559 situation 상황

[sìtʃuéiʃən]

어려운 **상황** a difficult ( )
희망이 없는 **상황**에서 in a hopeless **situation**

충분한 훈련과 지식을 통해 얻게 된 능력 (skill)

1560 skill 기술, 숙련, 솜씨

[skil]

새로운 **기술**을 배우다 learn a new ( )
고도로 **숙련**된 노동자 a highly **skilled** worker

주변, 경계면을 둘러싸는 것 (skirt)

1561 skirt 스커트, 치마 / 둘러싸다

[skə́ːrt]

미니 **스커트** a mini ( )
나무들이 호수를 **둘러싼다** Trees **skirt** the lake

지평선이나 수평선위의 무한대의 넓은 공간 (sky)

1562 sky 하늘

[skə́ːrt]

흐린 **하늘** a cloudy ( )
태양이 **하늘**에서 빛난다 The sun shines in the **sky**

329

어떤 사람이나 뭔가의 아래에 묶여 있는 사람 **(slave)**

1563 slave 노예
[sleiv]

흑인 **노예**   a black **(　　)**
노예들를 해방하다   free **slaves**

스르륵 눈이 감기는 **(sleepy)**

1564 sleepy 졸린
[slíːpi]

졸리고 피곤한   **(　　)** and tired
점심 식사 후 **졸리다**   get **sleepy** after lunch

팔 아래에서 늘어져 **(slee)** + 팔을 감싸고 보호해주는 소매 **(ve)**

1565 sleeve 소매
[slíːv]

짧은 **소매**의 T 셔츠(반팔 셔츠)   short **(　　)** T-shirt

천천히 느리게 진행되는 **(slow)**

1566 slow 느린, 늦게
[slóu]

완행기차   a **(　　)** train
천천히 운전하다   drive **slow**

평균보다 아주 작거나 적은 **(small)**

1567 small 작은, 사소한
[smɔ́ːl]

작고 귀여운   **(　　)** and cute
사소한 실수   a **small** mistake

상태나 기능, 움직임이 **(sma)** + 빠르고 멋진 **(rt)**

1568 smart 멋진, 영리한 / 세련된
[smaːrt]

영리한 학생   a ( ) student
세련된 전화기 **smart** phone

상태나 움직임이 부드럽고 매끄러운 **(smooth)**

1569 smooth 매끄러운, 부드러운
[smuːð]

매끄러운 피부   ( ) skin
비단처럼 **부드러운**   as **smooth** as silk
그 비행기의 **부드러운** 착륙 the **smooth** landing of the airplane

부드럽고 긴 몸, 날카로운 이빨을 갖고 있는 뱀 **(snake)**

1570 snake 뱀
[sneik]

풀밭에 있는 **뱀**   a ( ) in the grass
뱀이 그 사냥꾼을 물었다 A **snake** bit the hunter

추운 날씨에 내리는 차갑고 하얀 눈 **(snow)**

1571 snow 눈 / 눈이 오다
[snóu]

하얀 **눈**   white ( )
지금 **눈이 내리고 있다** It is **snowing** now

눈이 내리는

1572 snowy 눈이 내리는
[snóui]

눈 내리는 겨울   a ( ) winter

표면이 미끄럽고, 비비면 거품이 나는 비누 **(soap)**

1573 soap 비누

[sóup]

비누로 내손을 씻다   wash my hands with (   )
비누 방울   **soap** bubbles

공을 발로 차서 골대에 넣는 축구 **(soccer)**

1574 soccer 축구

[sákər]

축구 경기   a (   ) game
축구하다   play **soccer**

기능적으로 나눠지고 **(so)** + 함께 사는 인간과 관련된 **(cial)**

1575 social 사회의

[sóuʃəl]

사회 문제들   (   ) problems
사회 과목   **social** studies

기능적으로 나눠지고**(so)** + 함께 사는 인간집단 **(ciety)**

1576 society 사회

[səsáiəti]

시민 사회   civil (   )
현대 사회   a modern **society**
변화하고 있는 사회   the changing **society**

발에 신는 짧은 양말 **(socks)**

1577 socks (짧은)양말

[sáks]

양말 한 켤레   a pair of (   )

매끄럽고 부드러운 **(soft)**

1578 **soft** 부드러운

[sɔ́:ft]

이 쿠션은 **부드럽**다　This cushion feels **(　　　)**
부드러운 피부　　**soft** skin

태양과 관련된 **(solar)**

1579 **solar** 태양의

[sóulər]

태양 에너지　**(　　　)** energy
태양계　　　the **solar** system

육군 이나 군대에 소속되어 **(sol)** + 싸우는 병사**(dier)**

1580 **soldier** 군인, 병사

[sóuldʒər]

용감한 **군인**　　a brave **(　　　)**
부상당한 **병사**들　the wounded **soldier**s

문제나 어려움 등을 풀어서 해결하는 것 **(solution)**

1581 **solution** 해결(책)

[səlúːʃən]

해결책을 찾다　　find a **(　　　)**
문제의 **해결책**　　a **solution** to the problem

어느 정도의 수량 **(some)**

1582 **some** 의미

[sʌm]

몇몇의 아이들　　**(　　　)** kids
차 **좀** 드시겠습니까?　Will you have **some** tea?
어떤 것들은 좋고, **어떤 것들**은 나쁘다
　　　　　　　Some are good, and some are bad

333

정해지지 않은 미래의 언젠가 **(sometime)**

1583 sometime   언젠가

[sʌ́mtàim]

다음 주 **언젠가** ( ) next week

어떤 사람의 남자 후손 **(son)**

1584 son   아들

[sʌ́n]

아들과 딸 a ( ) and a daughter
외동 **아들** an only **son**

의미와 리듬이 있는 노래 **(song)**

1585 song   노래

[sɔ́ːŋ]

새들의 **노래** the ( ) of birds
노래를 부르다 sing a **song**

아주 짧은 시간 후에 **(soon)**

1586 soon   곧, (예정보다) 일찍

[súːn]

곧 돌아올게요. I'll be back ( )
곧 회복되다 get well **soon**

신입생보다 조금 더 배운 2학년생 **(sophomore)**

1587 sophomore   2학년생

[sάfəmɔ̀ːr]

하버드 대학 **2학년**이다 be a ( ) at Harvard

닳거나 움직이면 쓰라리고 아픈 **(sore)**

| 1588 | **sore** | 쓰라린 |

[sɔːr]

목이 **아프**다   have a **(**   **)** throat

이미 진행된 것에 대해서 슬프거나 미안한 **(sorry)**

| 1589 | **sorry** | 미안한, 슬픈, 유감스러운 |

[sári]

늦어서 **미안**해   I'm **(**   **)** I'm late
당신이 아파서 우리는 **슬픕니**다   We are **sorry** that you are sick

어떤 기준에 따라 나눠진 것 **(sort)**

| 1590 | **sort** | 종류 / 분류하다 |

[sɔːrt]

온갖 **종류**의 사람들   all **(**   **)**s of people
책을 **분류하**다   **sort** books

육체에 깃들어져 생명을 주는 영혼 **(soul)**

| 1591 | **soul** | 영혼 |

[soul]

육체와 **영혼**   body and **(**   **)**
영혼이 없다   have no **soul**

청각을 통해 들려오는 소리 **(sound)**

| 1592 | **sound** | 소리 -〉 ~ 들리다 -〉 건전한 |

[saund]

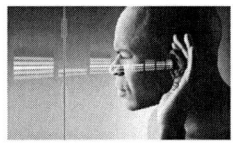

음악 **소리**   the **(**   **)** of music
이상하게 **들리**다   **sound** strange
건전한 마음   a **sound** mind

37일
1593~1642

뭔가를 존재하게 하는 근원 **(source)**

1593 source 원천, 출처
[sɔːrs]

강의 **원천** the ( ) of a river
뉴스 **출처** a news **source**

씨앗을 뿌리다 **(sow)**

1594 sow 씨를 뿌리다
[sou]

씨를 **뿌리다** ( ) seeds

아무 것도 들어있지 않은 빈 공간 **(space)**

1595 space 공간 / 우주
[speis]

주차 **공간** a parking ( )
우주 정거장 **space** station
우주에 떠다니다 float in **space**

끝이 뾰족하고 땅을 팔때 쓰는 삽 **(spade)**

1596 spade 삽 / 삽질하다
[speid]

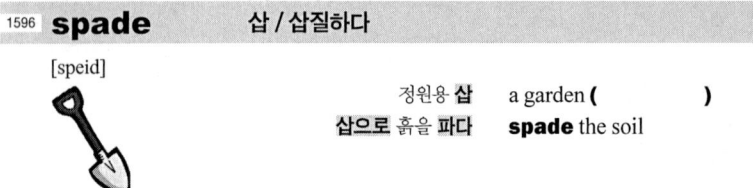

정원용 **삽** a garden ( )
삽으로 흙을 **파다** **spade** the soil

보통과 구별되어 아주 다른 **(special)**

1597 special 특별한
[spéʃəl]

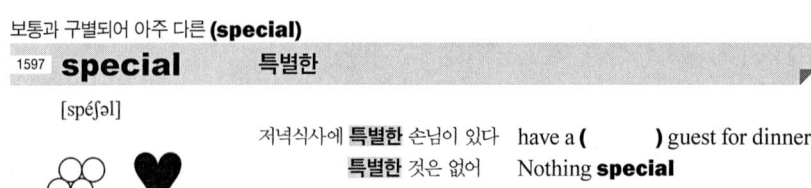

저녁식사에 **특별한** 손님이 있다 have a ( ) guest for dinner
특별한 것은 없어 Nothing **special**

많은 사람에게 자신의 의견, 주장을 말하는 것 **(speech)**

1598 speech   말하기 / 언론

[spiːtʃ]

말하기 대회   a (   ) contest
언론의 자유   freedom of **speech**

빠르기의 정도 **(speed)**

1599 speed   속도 / 속도를 내다

[spiːd]

빛의 **속도**, 광속   the (   ) of light
속도를 올리다   **speed** up

순서대로 글자를 말하거나 쓰다 **(spell)**

1600 spell   철자 / 철자를 말하다

[spél]

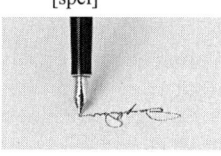

이름의 **철자를 말하다**   (   ) the name

활발한 정신 **(spirit)**

1601 spirit   정신

[spírit]

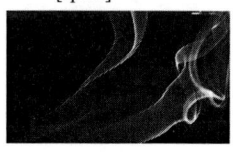

스포츠 **정신**   the (   ) of sports
페어 플레이 **정신**   the **spirit** of fair play

평평하고 음푹 들어간 숟가락 **(spoon)**

1602 spoon   숟가락

[spúːn]

숟가락과 젓가락   a (   ) and chopsticks
숟가락을 떨어트리다   drop the **spooon**

서로 겨루면서 즐기는 운동경기 **(sport)**

1603 sport 스포츠, 운동경기

[spɔ́:rt]

내가 가장 좋아하는 **스포츠**　my favorite (　　　)

주변과 구분되는 특정한 어떤 것이나 장소 **(spot)**

1604 spot 점 -〉 장소 -〉 현장

[spɔ́:rt]

흰 **점** 무늬가 있는 검정 스커트　a black skirt with white (　　　)s
마을에서 내가 가장 좋아하는 **곳**　my favorite **spot** in my town
즉석에서 그 질문에 답하다　answer the question on the **spot**

갑자기 솟아오르거나 나오는 것 **(spring)**

1605 spring 봄 -〉 용수철 -〉 샘 -〉 갑자기 ~ 나오다 -〉 튀어 오르다

[spriŋ]

봄꽃　(　　　) flower
용수철이 튕겨 나갔다　A **spring** jumped out
샘물　**spring** water
갑자기 눈물이 그녀의 눈에서 **나온다**　Tears **spring** to her eyes
벌떡 일어서다　**spring** to one's feet

4개의 변과 각도가 모두 같은 정사각형 **(square)**

1606 square 정사각형 -〉 광장 -〉 제곱

[skwɛər]

정사각형 탁자　a (　　　) table
시내 **광장**　town **square**
2의 **제곱**은 4다　The **square** of 2 is 4

작고 재빠르고 **(squi)** + 두툼하고 큰 꼬리가 있는 다람쥐 **(rrel)**

1607 squirrel 다람쥐

[skwə́:rəl]

작은 **다람쥐**　a little (　　　)
다람쥐가 나무에 오르고 있다　The **squirrel** is climbing the tree

계단식의 관람석으로 **(sta)** + 둘러싸인 운동 경기장 **(dium)**

1608 **stadium**   경기장

[stéidiəm]

야구 **경기장**　　a baseball **(　　　　)**
실내 **경기장**　　indoor **stadium**

약간 높게 설치되고 **(sta)** + 공연 등이 진행되는 곳 **(ge)**

1609 **stage**   무대 / 단계

[steidʒ]

무대에서 춤추다　　dance on the **(　　　　)**
마지막 **단계**　　　the final **stage**

수평면과 수직면으로 구성되고 **(stai)** + 그것을 통해 위,아래로 갈 수 있는 계단 **(r)**

1610 **stair**   계단

[stɛər]

계단으로 올라가다　　take the **(　　　　)**
계단을 내려가다　　　go down the **stairs**

위에서 아래로 누르는 것 **(stamp)**

1611 **stamp**   우표, 스탬프 -> 우표를 붙이다 -> 짓밟다

[stǽmp]

우표를 모으다　　　　collect **(　　　　)**s
편지에 **우표를 붙이다**　**stamp** a letter
꽃을 **짓밟다**　　　　　**stamp** a flower down

높은 곳에서 빛나는 별 **(star)**

1612 **star**   별 / 인기스타

[stάːr]

별들이 밤 하늘에서 빛난다　**(　　　　)**s shine in the night sky
유명한 **스타**　　　　　　　　a famous **star**

339

명확하게 구분되는 어떤 것 (state)

1613 state 　　상태 -> 말하다 -> 주

[steit]

쇼크 **상태**　　a ( ) of shock
사실들을 **말하다**　　**state** the facts
캘리포니아 **주**　　the **state** of California

일정한 어떤 일이 (sta) + 진행되거나 발생하는 장소(tion)

1614 station 　　역 / 서, 소, 국

[stéiʃən]

지하철 **역**　　subway ( )
소방**서**　　fire **station**
역에 도착하다　　arrive at the **station**

서 있는 큰 동물이나 사람모양의 조각상 (statue)

1615 statue 　　조각상, 상

[stǽtʃuː]

자유의 여신**상**　　The ( ) of Liberty

일정하게 뭔가가 지속되는 (steady)

1616 steady 　　꾸준한, 일정한, 확고한

[stédi]

꾸준한 경제 성장　　( ) economic growth
일정한 직업　　a **steady** job
확고한 신념　　**steady** belief

물이 끓을때 나오는 뜨거운 수증기(steam)

1617 steam 　　증기, 찌다

[stíːm]

증기 기관차　　a ( ) train
감자를 **찌다**　　**steam** potatoes

위로 자라고 그 옆에 잔가지가 붙어 자라는 줄기 (stem)

1618 stem 줄기

[stíːm]

두꺼운 **줄기**   a thick (   )
줄기는 뿌리부터 잎까지 뻗어 있다
                       Stems go from the roots to the leaves

발을 들어 (ste) + 내딛는 것 (p)

1619 step 걸음 / 밟다

[step]

발**걸음** 조심해   Watch your (   )
잔디를 **밟지** 마라   Don't **step** on the grass

길고 뾰족한 막대기 (stick)

1620 stick 막대기, 찌르다 -> 꽂다 -> 붙이다 -> 고수하다

[stík]

지팡이   a walking (   )
주사바늘을 팔에 **찌르다**   **stick** a needle into the arm
부서진 조각들을 **붙이다**   **stick** the broken pieces together
약속을 **고수하다**   **stick** to one's promise

큰 움직임, 변화가 없이 진행되는 (still)

1621 still 조용한 -> 거품이 나지 않는 -> 여전히, 아직도 -> 그럼에도 불구하고

[stíl]

잔잔한 물이 깊다   (   ) waters run deep
난 **아직도** 배가 고프다   I am **still** hungry
그녀는 아름답지 않다 **그럼에도 불구하고** 그녀는 미인대회에 나갔다
                   She is not beautiful **Still**, she went to the beauty contest

딱딱하고 작은 돌 (stone)

1622 stone 돌

[stoun]

돌을 던지다   throw a (   )
돌을 줍다   pick up a **stone**

물건을 보관,전시하고 **(sto)** + 파는 곳 **(re)**

1623 **store** 가게, 상점 / 보관하다

[stɔːr]

백화**점** department **(   )**
겨울을 위하여 음식을 **보관하다** **store** food for the winter

강한 바람과 함께 내리는 비 또는 눈 **(storm)**

1624 **storm** 폭풍(우)

[stɔ́ːrm]

심한 **폭풍우** a bad **(   )**
눈**보라** a snow **storm**

1625 **stormy** 폭풍의, 격렬한

[stɔ́ːrmi]

어둡고 **폭풍이 치는** 밤 a dark and **(   )** night
격렬한 회의 a **stormy** meeting

서로 **(sto)** + 쭉 연결된 다양한 사건이나 사물 **(ry)**

1626 **story** 이야기 / (건물의) 층

[stɔ́ːri]

이야기를 하다 tell a **(   )**
50**층** 짜리 건물 a fifty-**story** building

연료를 태워 **(sto)** + 열을 발생시키는 장치 **(ve)**

1627 **stove** 난로, 스토브

[stouv]

가스 **스토브**의 불을 켜다 turn on the gas **(   )**

쭉 앞으로 나가는 **(straight)**

1628 **straight** 똑바른 / 곧장

[streit]

직선 도로   a ( ) road
곧장 앞으로 가다   go **straight** ahead

익숙하거나 정상적인 상태를 **(st)** + 벗어난 **(range)**

1629 **strange** 낯선 / 이상한

[streindʒ]

낯선 얼굴   a ( ) face
이상하게 들린다   sound **strange**

각각의 줄기에 매달려 자라는 **(straw)** + 동그랗고 빨간 딸기 **(berry)**

1630 **strawberry** 딸기

[strɔ́:bèri]

딸기 아이스크림   ( ) ice cream

계속 이어지면서 움직이는 흐름 **(stream)**

1631 **stream** 시냇물, 개울, 물결

[stri:m]

좁은 **시냇물**   a narrow ( )
개울을 건너다   go across a **stream**
끊임없이 이어지는 자동차의 **물결**   an endless **stream** of cars

옆에 큰 건물이니 집들이 줄지어 서 있는 포장된 도로 **(street)**

1632 **street** 거리, 도로, 번화가

[strí:t]

번화한 **거리**   a busy ( )
가로등   a **street** light

343

위에서 강하게 누르는 것 **(stress)**

1633 stress 스트레스 / 강조하다

[stres]

도시 생활의 **스트레스** the ( ) of city life
스트레스를 받고 있다 be under **stress**
중요성을 **강조하다** **stress** the importance

주위의 색과 다른 하나의 색으로 길게 이어진 줄**(stripe)**

1634 stripe 줄무늬

[straip]

파란 **줄무늬들**이 있는 셔츠 a shirt with blue ( )s
흑백의 **줄무늬들** black and white **stripe**s

강하고 힘센 **(strong)**

1635 strong 강한

[strɔ́:ŋ]

튼튼해지다 become ( )
그는 약자에게 **강하**다 He is **strong** to the weak

열심히 공부하고 배우는 **(stud)** + 사람 **(ent)**

1636 student 학생

[stjú:dnt]

중**학생** a middle school ( )
가장 인기 있는 **학생** the most popular **student**

정상적인 생각이나 판단력에서 **(stu)** + 벗어나는 **(pid)**

1637 stupid 어리석은

[stjú:pid]

어리석은 생각 a ( ) idea
어리석은 행동을 하다 do a **stupid** action

아래로 (sub) + 던져진 것(ject)

1638 subject
[sʌ́bdʒikt]

주제(연구의 대상으로 아래로 던져진것) -) 과목, 학과 -) ~ 받기 쉬운

다양한 **주제**	various (	)s
내가 가장 좋아하는 **과목**	my favorite **subject**	
저는 감기에 **약합**니다	I'm **subject** to catching cold	

도시의 주변 지역 = 주변지역(sub) + 도시의(urb)

1639 suburb
[sʌ́bəːrb]

교외

런던 **교외**	a London (	)
LA의 **교외**에 살다	live in the **suburbs** of LA	

땅 밑에 있는(sub) + 길이나 철도(way)

1640 subway
[sʌ́bwèi]

지하도, 지하철

지하철 역   a (   ) station

원하거나 목적하는 바를 (suc) + 이루는 (cessful)

1641 successful
[səksésfəl]

성공한, 성공적인

사업에 **성공한**	( ) in business	
성공적인 행사	a **successful** event	

이미 언급하거나 곧 언급하려는 / 어떤 정도를 강조하는 (such)

1642 such
[sətʃ]

그러한 / 매우

그러한 것	( ) a thing	
매우 화창한 날	**such** a sunny day	

38일 1643~1692

순식간에 (su) + 뭔가가 발생하여 (ddenly)

1643 suddenly 갑자기
[sʌ́dnli]

갑자기 멈추다 stop (　　　　)
갑자기 비가 내렸다 **Suddenly** it rained

맛이 달고 (su) + 음료 등에 녹여 먹는 설탕 (gar)

1644 sugar 설탕
[ʃúgər]

설탕을 넣지 않은 (　　　)-free
버터와 설탕을 섞다 mix butter and **sugar**

서로 어울리는 것 (suit)

1645 suit 한벌, 정장 → 소송 → 어울리다
[súːt]

신사복 정장 a business (　　　)
푸른색은 당신에게 잘 어울린다 Blue **suits** you very well

옷 등을 담고 갖고 다니는 여행가방 (suitcase)

1646 suitcase 여행가방
[súːtkeis]

무거운 여행가방 a heavy (　　　　)
여행가방을 싸다 pack a **suitcase**

햇빛이 밝은

1647 sunny 햇빛이 밝은
[sʌ́ni]

따뜻하고 맑은 warm and (　　　)
햇빛이 밝게 비치는 방 a **sunny** room

태양이 **(sun)** + 떠오르는 것 **(rise)**

1648 **sunrise** 해돋이, 일출

[sʌnrai′z]

일출의 아름다운 장면　　The beautiful scene of the ( )
해가 뜨기 전에 출발하다　start before **sunrise**

태양에서 나오는 환한 빛 **(sunshine)**

1649 **sunshine** 햇빛

[sʌnʃai′n]

밝은 **햇빛**　　bright ( )
따뜻한 봄 **햇빛**　the warm spring **sunshine**

상식을 벗어나 **(super)** + 존재하는 것을 믿는 것 **(stition)**

1650 **superstition** 미신

[suːpərstíʃən]

고대의 어리석은 **미신**　an ancient foolish ( )
미신을 믿다　　believe in **superstitions**

해가 지고 밤이 되기전에 **(sup)** + 가족들끼리 먹는 저녁식사 **(per)**

1651 **supper** 저녁식사

[sʌ́pər]

가벼운 **저녁 식사**　a light ( )
저녁을 준비하다　　prepare **supper**

주관적, 직관적으로 확신하는 **(sure)**

1652 **sure** 확실한, 확신하는

[ʃúər]

나는 언젠가 네가 성공하리라 **확신한**다
I'm ( ) you'll succeed someday

주변 바깥으로(sur) + 드러나는 면 (face)

1653 **surface**　표면

[sə́ːrfis]

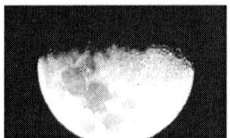

바다의 **표면**　　the ( ) of the sea
달의 **표면**　　　the lunar **surface**

예상을 벗어나 갑자기(sur) + 뭔가가 발생하여 놀란 (prised)

1654 **surprised**　놀란

[sərpráizd]

뉴스에 **놀라**다　　be ( ) at the news
놀란 표정　　　　a **surprised** look

피부에서 흘러나오는 찝찔한 땀 (sweat)

1655 **sweat**　땀 / 땀을 흘리다

[swet]

땀을 흘리며 일하다　　work in a ( )
땀을 닦다　　　　　　wipe the **sweat**
심하게 땀을 흘리다　　**sweat** heavily

기분을 편안하고 좋게하는 (sweet)

1656 **sweet**　달콤한

[swiːt]

달콤한 치즈 케이크　　　　a ( ) cheese cake
그것은 **달콤한** 냄새가 난다　It smells **sweet**

팔,다리를 사용하여 물속에서 움직이는 것 (swim)

1657 **swim**　수영(하다)

[swím]

호수에서 **수영하다**　　　　　( ) in the lake
안전한 곳에서 **수영해**야 한다　You should **swim** in a safe place

348

날카롭고 큰 전쟁용 칼 **(sword)**

1658 **sword** (전쟁용) 칼

[sɔːrd]

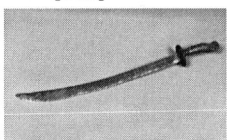

칼을 뽑다 draw a ( )
칼들을 갖고 싸움하다 fight with **sword**s

보이지 않는 추상적인 것을 **(sym)** + 구체적으로 연상시키는 물건이나 동작 **(bol)**

1659 **symbol** 상징

[símbəl]

평화의 **상징** a ( ) of peace
희망의 **상징** a **symbol** of hope

각 요소들이 **(sys)** + 어떤 목적에 맞게 서로 유기적으로 결합되어 있는 것 **(tem)**

1660 **system** 시스템, 체계, 제도

[sístəm]

교통 **시스템** transportation ( )
사회 **제도** the social **system**
태양**계** the solar **system**

뭔가를 놓는**(ta)** + 평평한 가구**(ble)**

1661 **table** 테이블, 식탁

[téibl]

식사 예절 ( ) manners
식탁을 차리다 set the **table**

뒤쪽 끝에 길게 나와 있는 꼬리 **(tail)**

1662 **tail** 꼬리

[téil]

개의 **꼬리** a dog's ( )
비행기의 **꼬리** 부분 the **tail** section of the plane
꼬리를 좌우로 흔들다 wag a **tail** from side to side

뭔가를 뛰어나게 잘하는 (ta) + 타고난 능력이나 재주 (lent)

1663 talent 재능, 재주

[tǽlənt]

수영에 **재능**이 있다   have a (   ) for swimming
재능이 많은 사람   a man of many **talent**s

1664 tall 키가 큰

[tɔ́ːl]

높은 건물   a (   ) building
키 크고 잘생긴   **tall** and handsome

정해진 시간안에 끝내야 하는 활동이나 일 (task)

1665 task 과업

[tǽsk]

힘든 **과업**을 시작하다   start a hard (   )
쉬운 **과업**   an easy **task**

법에 따라 강제로 부과하고 걷어들이는 세금 (tax)

1666 tax 세금 / 세금을 부과하다

[tæks]

높은 **세금**   a high (   )
세금을 내다   pay a **tax**
부자들에게 **세금을 부과하다**   **tax** the rich

뾰족한 찻잎을 우려서 만든 차 (tea)

1667 tea 차

[tíː]

녹**차**   green (   )
차를 물처럼 마시다   drink **tea** like water

13살 ~ 19살**(thirteen ~ nineteen)**의 **(teen)** +나이든 사람들 **(ager)**

1668 **teenager** 십대

[tíːnèidʒər]

십대를 위한 잡지   a magazine for ( )s
그 가수는 십대들의 우상이다   The singer is the idol of **teenagers**

멀리 **(tele)** + 목소리를 보내고 들을 수 있는 전화 **(phone)**

1669 **telephone** 전화기 / 전화하다

[téləfòun]

전화기가 울리고 있다   The ( ) is ringing
누군가에게 전화하다   **telephone** a person

얼마나 뜨겁고 차가운지 **(tempera)** + 나타내는 정도 **(ture)**

1670 **temperature** 온도

[témpərətʃər]

체온   body ( )
낮은 온도   low **temperature**
물은 일정 온도에서 끓는다   Water boils at a certain **temperature**

신과 같은 초월적 존재에게 **(te)** + 손을 맞대고 기도하는 **(m)** + 특정한 장소 **(ple)**

1671 **temple** 사찰, 절, 사원

[témpl]

오래된 사찰   an old ( )

어떤 것과 다른 것 사이에 있는 것 **(term)**

1672 **term** 기간 -〉 용어 -〉 조건 -〉 사이

[təːrm]

장기간   the long ( )
과학 용어   a scientific **term**
동등한 조건에서 경쟁하다   compete on equal **terms**
나는 그녀와 좋은 사이이다   I am on good **terms** with her

생명의 위협을 **(terri)** + 느낄 정도로 무서운 **(ble)**

1673 terrible   끔찍한, 무서운

[térəbl]

끔찍한 사고	a ( ) accident
오늘은 **끔찍한** 하루였다	Today was a **terrible** day
무서운 꿈	a **terrible** dream

확인하고 알아보는 것 **(test)**

1674 test   시험 / 테스트하다

[tést]

| **시험**에 합격하다 | pass the ( ) |
| 영어 실력을 **테스트하다** | **test** the English skills |

쓰여진 글자들 **(text)**

1675 text   문자 / 본문

[tékst]

| **문자** 메시지 | ( ) message |
| 전체 **본문** | a full **text** |

배울 내용이 쉽고 정확하게 쓰여진 교과서 **(textbook)**

1676 textbook   교과서

[tékstbùk]

| 역사 **교과서** | a history ( ) |
| 내 영어 **교과서**를 함께 쓰다 | share my English **textbook** |

앞에 이미 언급되거나 특정한 명사를 강조할때 **(the)**

1677 the   그 -〉 ~이라는 것 -〉 ~의 사람들

[ðə ;모음앞 ði]

| **그** 소녀는 내 친구의 여동생이다 | ( ) girl is a sister of my friend |
| 부자들과 가난한 사람들 | **the** rich and **the** poor |

영화나 연극 등이 상연되는 장소 **(theater)**

1678 **theater** 극장

[θíːətər]

영화**관**   a movie (   )
자동차 전용 **극장**   a drive - in **theater**

이미 언급했거나 그 다음으로 뭔가 나타나거나 진행될때 **(then)**

1679 **then**   그때 -〉 그 다음에, 그리고 나서 -〉 그러면

[ðén]

그때 봐   See you (   )
점심 먹고 **나서** 좀 잤다   I ate lunch and **then** got some sleep
과학 좋아하니? **그렇다면** 과학 동아리에 가입해라
     Do you like science? **then**, join the science club

이미 언급되거나 서로 어느 정도 아는 장소나 상황을 표현할때 **(there)**

1680 **there**   거기에, 그곳에 -〉 이봐, 저봐, 저런-〉 ~이 있다

[ðέər]

난 **거기에** 없었어   I wasn't (   )
저봐 우리 버스가 간다!   **There** goes our bus!
방에 아이가 한 명 **있다**   **There** is a kid in the room

얇은 유리관속의 수은이 **(ther)** + 온도에 따라 움직이며 **(mo)** + 온도를 나타내는 기구 **(meter)**

1681 **thermometer** 온도계

[θərmámətər]

온도계를 보다   read the (   )
온도계가 10도를 나타낸다   The **thermometer** shows 10 ºC

어떤 것들 사이에 아주 많은 양의 뭔가가 있는 **(thick)**

1682 **thick**   두꺼운 -〉 빽빽한 -〉 퍼붓는, 붐비는 -〉 탁한, 짙은, 음침한

[θík]

두꺼운 책   a (   ) book
빽빽한 숲   a **thick** forest
짙은 안개   a **thick** fog
걸쭉한 수프   **thick** soup

몰래 다른 사람의 것을 훔치는 도둑 **(thief)**

1683 **thief**　　도둑

[θíːk]

차 **도둑**　　a car ( )
도둑을 잡다　catch a **thief**

어떤 것들 사이에 **(thi)** + 아주 적은 양의 뭔가가 있는 **(n)**

1684 **thin**　　얇은 -〉 야윈 -〉 묽은 -〉 묽게 만들다

[θin]

얇은 옷　　　　( ) clothes
그녀는 키가 크고 야위었다　She was tall and **thin**
묽은 스프　　　**thin** soup
물을 넣어 페인트를 묽게 만들다　**thin** the paint with water

존재하는 어떤 사물이나 상황 **(thing)**

1685 **thing**　　물건, 상황

[θíŋ]

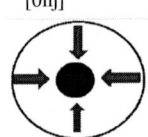

낡은 **물건**들　old ( )s
빛나는 **물체**　a bright **thing**

물을 마시고 싶은 **(thir)** + 상태의 **(sty)**

1686 **thirsty**　　목마른

[θə́ːrsti]

운동 후에 나는 **목마르다**　After exercise, I am ( )

머리를 사용하여 사물을 헤아리고 판단하는 것 **(thought)**

1687 **thought**　　생각, 사상

[θɔːt]

생각을 표현하다　express my ( )s
사상의 자유　　the freedom of **thought**

얇고 긴 실 **(thread)**

1688 **thread**　　실 / 실을 꿰다

[θréd]

실을 꿴 바늘　　a needle and (　　)
바늘에 **실을 꿰다**　　**thread** a needle

음식이나 공기가 통과되는 목구멍**(throat)**

1689 **throat**　　목, 목구멍

[θrout]

목이 아프다　　have a sore (　　)
목을 가다듬다　　clear a **throat**

이용료를 냈음을 증명하는 **(tic)** + 작은 종이**(ket)**

1690 **ticket**　　표, 입장권

[tíkit]

표를 예약하다　　book a (　　)
기차**표** 값을 지불하다　　pay for the train **ticket**

잡고 묶는것 **(tie)**

1691 **tie**　　묶음 / 묶다

[tái]

넥**타이**　　a neck (　　)
밧줄을 **묶다**　　**tie** a rope
그녀의 머리를 뒤로 **묶다**　　**tie** back her hair

날카로운 이빨의 **(ti)** + 크고 힘센 호랑이 **(ger)**

1692 **tiger**　　호랑이

[táigər]

호랑이는 큰 고양이처럼 보인다　　A (　　) looks like a large cat

355

39일 1693~1742

서로 강하게 밀고 당기는 **(tight)**

1693 tight
[táit]
꽉 끼는, 엄격한

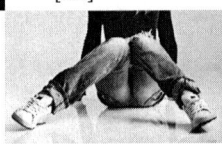

꽉 끼는 청바지 ( ) jeans
엄격한 통제 a **tight** control

서로 강하게 밀고 당기어 **(tightly)**

1694 tightly
[táitli]
아주 단단히

손발을 **단단히** 묶다 tie hand and foot ( )
그가 그녀를 꽉 껴안았다 He hugged her **tightly**

어떤 사건이나 일이 진행되는 기간 **(time)**

1695 time
[táim]
시간 -> 기간 -> 때, 시기 -> 시각, 시, 시점 -> 회, 곱, 배

취침 **시간** bed ( )
정시에 on **time**
고대 **시기**에는 in ancient **times**
세번 때리다 hit three **times**

크기가 아주 작은 **(tiny)**

1696 tiny
[táini]
아주 작은

아주 작은 강아지 a ( ) puppy
아주 작은 곤충들 **tiny** insects

뭔가에 도움이 되는 작은 어떤 것 **(tip)**

1697 tip
[típ]
비결, 팁

건강한 생활의 **비결** a ( ) for a healthy life
그 웨이터에게 **팁**을 주다 give a **tip** to the waiter

356

너무 오래 지속되어 피곤하거나 지겨운 **(tired)**

1698 **tired**   피곤한 -> 싫증난 -> 진부한

[táiərd]

졸리고 **피곤한**   sleepy and **(   )**
나는 이 게임에 **싫증난다**   I am **tired** of this game
진부한 농담   a **tired** joke

전체를 대표하여 맨 앞에 붙이는 제목 **(title)**

1699 **title**   제목

[táitl]

책 **제목**   the **(   )** of a book

지금 지나고 있는 이날 **(today)**

1700 **today**   오늘, 현재

[tədéi]

오늘은 무슨 요일이니?   What day is it **(   )**?
현재의 세계   the world of **today**

2개 이상의 뭔가가 **(to)** + 한데 모여 **(ge)** + 어울리거나 더불어 **(ther)**

1701 **together**   함께

[təgéðər]

함께 놀다   play **(   )**
함께 섞다   mix **together**

다리, 도로 등을 통과하고 내는 이용료 **(toll)**

1702 **toll**   통행료

[AAA]

통행료 징수소   a **(   )** gate
고속도로 **통행료**   a highway **toll**

357

비석,조각품 등이 있는 큰 무덤 **(tomb)**

1703 **tomb**　무덤, 묘

[tu:m]

무명용사의 **묘**　　the (　　　) of the Unknown Soldier
고대 **무덤**　　　an ancient **tomb**

오늘 바로 다음에 오는 날 **(tomorrow)**

1704 **tomorrow**　내일

[təmɔ́:rou]

내일 아침　(　　　　) morning
내일 봐　　See you **tomorrow**

끝이 뾰족하고 둥근 혀 **(tongue)**

1705 **tongue**　혀 -〉언어 -〉말씨

[tʌŋ]

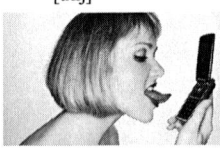

내 **혀**를 깨물다　　bite my (　　　)
나의 모국**어**　　　my mother **tongue**
신랄한 **말씨**　　　a sharp **tongue**

지금 지나고 있는 이밤 **(tonight)**

1706 **tonight**　오늘밤

[tənáit]

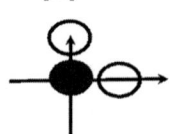

오늘밤 9시　9 p.m (　　　)

뭔가가 있고 추가적으로 뭔가가 있는 **(too)**

1707 **too**　~또한 / 너무 ~ 한

[tú:]

그의 딸은 매우 아름답다. 그녀는 **또한** 영리하다
　　　　　His daughter is beautiful. She is smart, (　　)
너무 높아. 손이 닿지 않아　　It's **too** high. I can't reach it

뭔가를 할때 갖고 사용하는 도구 **(tool)**

| 1708 | **tool** | 도구 |

[tu:l]

절단 **도구**   a cutting (   )
도구를 사용하다   use a **tool**

위쪽의 가장 높은 부분 **(top)**

| 1709 | **top** | 꼭대기, 윗면, 뚜껑 |

[táp]

산의 **정상**   the (   ) of a mountain
병**뚜껑**   a bottle **top**

위쪽으로 활활 타오르는 햇불 **(torch)**

| 1710 | **torch** | 햇불 |

[tɔːrtʃ]

타오르는 **햇불**   a flaming (   )
올림픽 **성화**   the Olympic **torch**

각각의 모든 부분을 합한 것 **(total)**

| 1711 | **total** | 총계의, 전체의 |

[tóutl]

학생의 **총수**   the (   ) number of students
전체 비용   the **total** cost

강하고 질긴 **(tough)**

| 1712 | **tough** | 질긴 -› 힘든 -› 튼튼한 |

[tʌf]

질긴 고기   (   ) meat
힘든 삶   a **tough** life
튼튼한 일꾼   a **tough** worker

어딘가에 가서 둘러보면서 구경하는 사람 **(tourist)**

1713 **tourist** 관광객, 여행자

[túərist]

외국인 **관광객**　　a foreign ( )
관광객들을 안내하다　guide **tourist**s

두툼하게 짠 천으로 물기를 닦을때 사용하는 수건 **(towel)**

1714 **towel** 수건, 타월

[táuəl]

목욕 **수건**　　　　a bath ( )
수건으로 내 손을 닦다　dry my hands on a **towel**

위쪽으로 **(to)** + 높게 솟아있는 탑 **(wer)**

1715 **tower** 탑

[táuər]

에펠 **탑**　　the Eiffel ( )
감시 **탑**　　a watch **tower**

마을보다 크고, 도시보다 작은 도시 **(town)**

1716 **town** 도시, 읍

[taun]

작은 **도시**에서 자라다　grow up in a small ( )
작은 **도시**에서 살다　　live in a small **town**

갖고 노는 장난감 **(toy)**

1717 **toy** 장난감

[tɔ́i]

장난감 차　　　　a ( ) car
장난감을 갖고 놀다　play with a **toy**

지나간 자국 (track)

1718 track 발자국 -> 선로 -> 지나가다

[træk]

눈속에 있는 곰의 **발자국**　the bear's (　　　)s in the snow
기차 **선로**를 따라 건다　walk along the train **track**
숲 오솔길을 **지나가다**　**track** a forest path

서로 물건 등을 주고 받는 것 (trade)

1719 trade 거래, 무역 / 주고 받다

[treid]

공정한 **거래**　fair (　　　)
국제 **무역**　international **trade**
농담을 **주고 받다**　**trade** jokes

과거로 부터 전해져 (tra) + 내려오는 행동양식이나 규범 (dition)

1720 tradition 전통

[trədíʃən]

문화적 **전통**　a cultural (　　　)
전통을 따르다　follow **tradition**

과거로부터 전해져 (tra) + 내려오는 방식의 (ditional)

1721 traditional 전통의

[trədíʃənl]

한국 **전통** 음악　(　　　) Korean music
전통적인 방식　a **traditional** style

한 곳에서 다른 곳 사이를 (tra) + 빠르게 오고 가는 것 (ffic)

1722 traffic 교통(량)

[trǽfik]

교통 표지　a (　　　) sign
교통 신호등　the **traffic** light
교통 사고　a **traffic** accident

가치나 쓸모가 없어 버려지는 쓰레기 **(trash)**

1723 trash   쓰레기

[træʃ]

쓰레기 통   a ( ) bin
쓰레기를 던지다   throw **trash**
쓰레기를 태우다   burn **trash**

매우 귀하고 **(trea)** + 가치가 있는 보물 **(sure)**

1724 treasure   보물

[tréʒər]

보물섬   ( ) island
보물을 발견하다   discover **treasure**

위로 자라고, 가지와 잎들이 둥그렇게 자라는 나무 **(tree)**

1725 tree   나무

[tríː]

사과 **나무**   an apple ( )
나무에서 떨어지다   fall from the **tree**

교묘한 속임수나 계략 **(trick)**

1726 trick   계략, 속임수, 장난

[trik]

마술   a magic ( )
더러운 **속임수**   a dirty **trick**
그에게 **장난**을 치다   play a **trick** on him

짧게 어떤 곳에 가는 것 **(trip)**

1727 trip   여행

[trip]

사업상 **여행**(=출장)   a business ( )
여행가다   take a **trip**

힘들게 노력하여 얻은 **(trium)** + 통쾌한 승리 **(ph)**

1728 triumph 승리 / 이기다

[tráiəmf]

승리의 함성 a shout of ( )
두려움을 **극복하다** **triumph** over fear

처리하기에 힘들거나 성가신 것 **(trouble)**

1729 trouble 근심, 말썽

[trʌbl]

말썽꾸러기 a ( ) maker
나는 여자친구와 **문제**가 있다 I have **trouble** with my girlfriend

허리 아래와 양다리를 덮는 바지 **(trousers)**

1730 trousers 바지

[tráuzərz]

작업**바지** work ( )
내 **바지**를 내리다 take down my **trousers**

사실에 근거하여 참되거나 진실한 **(true)**

1731 true 참된, 진실한, 맞는

[tru:]

참된 사랑 ( ) love
맞는가? 틀리는가? **True** or false ?

높고 명쾌한 음이 나오고**(trum)** + 입으로 불면서 소리를 내는 나팔 **(pet)**

1732 trumpet 트럼펫, 나팔

[trʌmpit]

트럼펫을 불다 blow a ( )

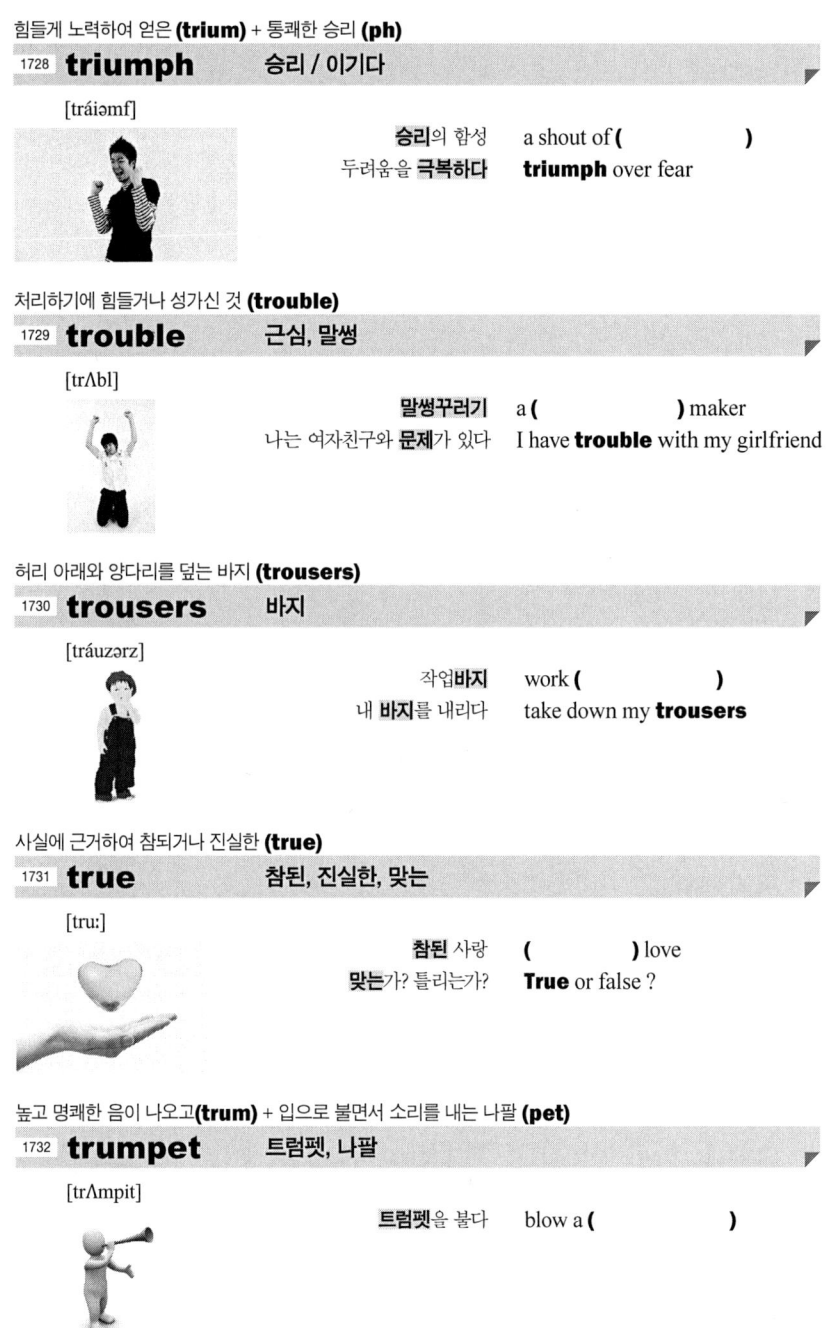

진심으로 믿고 의지하거나 맡기는 것 **(trust)**

1733 **trust** 신뢰(하다)

[trÁst]

그는 아무도 **믿지** 않는다   He doesn't ( ) anybody
맹목적인 **신뢰**   blind **trust**

목이 빨갛게 변하고 **(tur)** + 부채꼴 꼬리의 칠면조 **(key)**

1734 **turkey** 칠면조

[tə́:rki]

추수감사절에 **칠면조**를 먹다   eat a ( ) on Thanksgiving Day
칠면조 수컷처럼 얼굴이 빨갛게 되다   turn as red as a **turkey** cock

목이 들어갔다 나오고 **(tur)** + 몸위에 단단한 껍질로 덮여 있는 바다 거북 **(t l e)**

1735 **turtle** (바다)거북

[tə́:rtl]

거북선   ( ) ship
바다 **거북이**들은 발이 길고 넓다   **Turtles** have long and wide feet

같은 종류로 두 번 **(twice)**

1736 **twice** 두 번, 2배

[twais]

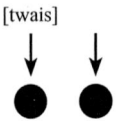

일주일에 **두 번**   ( ) a week
2의 **2배**는 4이다   **Twice** 2 is 4

서로 비슷하게 생긴 2개 중의**(twi)** + 그 하나**(n)**

1737 **twin** 쌍둥이의 한 사람

[twin]

쌍둥이는 대개 똑같이 보인다   ( ) usually look alike

특정한 성질이나 모양을 갖고 있는 사람이나 사물의 무리**(type)**

1738 **type** 유형 / (정해진 유형을) 입력하다
[taip]

나의 이상**형** my ideal ( )
비밀번호를 **입력하다** **type** in the password

비나 햇빛을 막기 위해 **(um)** + 둥그렇게 펼쳐서 쓰는 우산 **(brella)**

1739 **umbrella** 우산 / 포괄적인
[ʌmbrélə]

우산을 가지고 가라 Take an ( ) with you
우산을 펴다 open an umbrella

엄마나 아버지의 남자 형제 **(uncle)**

1740 **uncle** 아저씨, 삼촌
[ʌ́ŋkl]

삼촌과 숙모 ( ) and aunt

기대한 것이나 다른 사람보다 더 안 좋게 **(unfortunately)**

1741 **unfortunately** 불행하게도
[ʌnfɔ́ːrtʃənətli]

불행하게도 그는 젊어서 죽었다 ( ), he died young

하나로 **(uni)** + 만드는 것 **(fication)**

1742 **unification** 통일
[jùːnəfikéiʃən]

평화 **통일** peaceful ( )
통일을 준비하다 prepare for **unification**

40일 1743~1792

하나의 (uni) + 형태나 디자인으로 만들어진 옷 (form)

1743 uniform 유니폼, 교복, 제복
[júːnəfɔːrm]

교복 a school ( )
군복을 입고 있는 군인들 soldiers in **uniform**

하나의 나라로 통합된(united) + 각각의 주들로 구성된 미국 (states)

1744 United States 미합중국
[juːnáitid steits]

공통 목표, 목적으로 하나가 되는 것 (unity)

1745 unity 통합, 화합, 결속
[júːnəti]

유럽 통합 European ( )
가족 화합 family **unity**
국가의 결속 the **unity** of the country

각각의 모든 것을 (uni) + 포함하고 있는 (ver) + 무한한 공간 (se)

1746 universe 우주
[júːnəvəːrs]

우주에 있는 별 stars in the ( )
우주의 신비들 the mysteries of the **universe**

서로 비슷하거나 같지 않은 (unlike)

1747 unlike 같지 않은, ~과는 다른
[ʌnlaiˈk]

그와는 달리 나는 수영할 줄 안다 ( ) him, I can swim
그렇게 말하다니 그답지 않다 It's **unlike** him to say that

늘 발생하거나 진행되는 것이 아닌 **(unusual)**

1748 **unusual**   이상한, 색다른

[ʌnjúːʒuəl]

날씨가 점점 **이상해**져 간다   The weather is getting ( )
색다른 색깔   an **unusual** color

위쪽면이 아래에 있는

1749 **upside down**   거꾸로

[ʌpsaid daun]

그림을 **거꾸로** 달다   hang a picture ( )
그 소년이 **거꾸로 서서** 춤을 추고 있다
The boy is dancing **upside down**

위쪽으로 향하는 계단 -> 위층

1750 **upstairs**   위층

[ʌpstéərz]

위층으로 가다   go ( )
2층의 창   an **upstairs** window

쓸모나 가치가 없는 **(useless)**

1751 **useless**   쓸모없는, 소용없는

[júːslis]

쓸모 없는 물건들   ( ) things
그것에 대해 걱정해 봐야 **소용없다**   It's **useless** worrying about it

늘 발생하거나 진행되는 **(usual)**

1752 **usual**   일상적인, 평소의

[júːʒuəl]

평소보다 일찍   earlier than ( )
평소대로, 평소와 마찬가지로   as **usual**

보통, 대개

1753 **usually** 보통, 대개

[júːʒuəli]

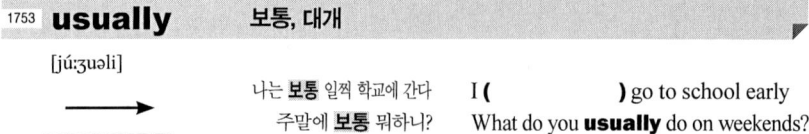

나는 **보통** 일찍 학교에 간다   I ( ) go to school early
주말에 **보통** 뭐하니?   What do you **usually** do on weekends?

일이나 공부를 하지 않고 쉬거나 노는 기간 (vacation)

1754 **vacation** 방학, 휴가

[veikéiʃən]

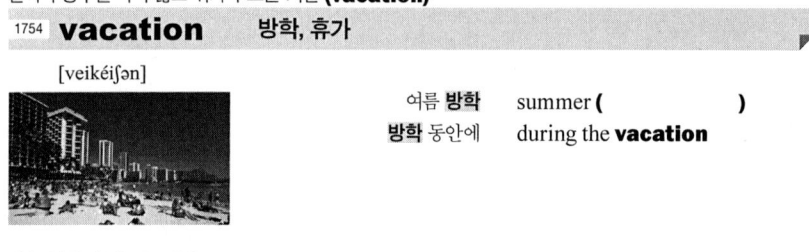

여름 **방학**   summer ( )
방학 동안에   during the **vacation**

실속, 보람이 없는 (vain)

1755 **vain** 헛된

[vein]

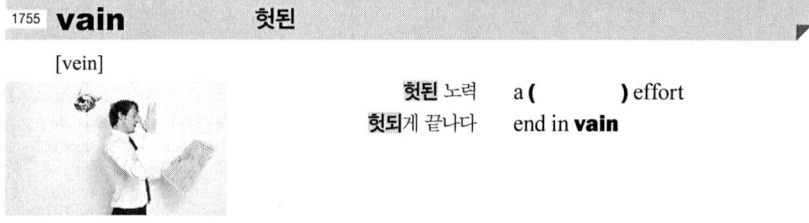

헛된 노력   a ( ) effort
헛되게 끝나다   end in **vain**

산이나 언덕 사이의 낮은 지역으로**(val)** + 물 등이 흐르는 곳 (**ley**)

1756 **valley** 골짜기

[væli]

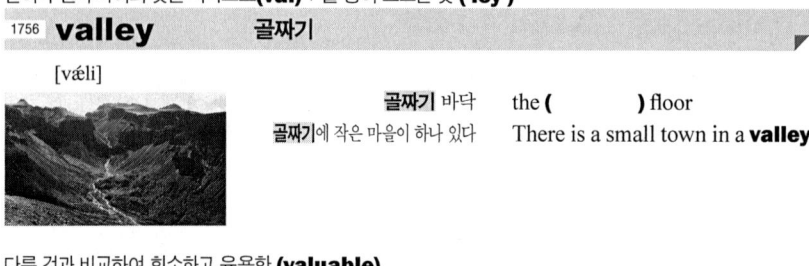

골짜기 바닥   the ( ) floor
골짜기에 작은 마을이 하나 있다   There is a small town in a **valley**

다른 것과 비교하여 희소하고 유용한 (valuable)

1757 **valuable** 가치있는, 귀중한

[væljuəbl]

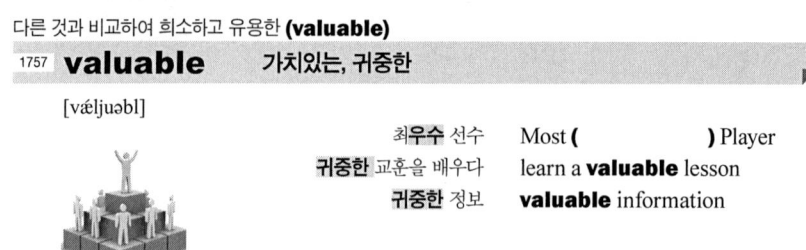

최우수 선수   Most ( ) Player
귀중한 교훈을 배우다   learn a **valuable** lesson
귀중한 정보   **valuable** information

다른 것들과 비교해 본 가치 **(value)**

1758 **value** 가치 / 소중하게 여기다

[vǽljuː]

화폐 **가치**　　the ( ) of money
가치 판단　　a **value** judgment
그를 친구로서 **소중하게 여긴다**　　**value** him as a friend

다른 여러가지의 **(various)**

1759 **various** 다양한, 여러가지의

[véəriəs]

다양한 요리들　　( ) dishes
여러가지 이유들　　**various** reasons

속이 비어 있어 꽃을 꽂을 수 있는 병 **(vase)**

1760 **vase** 꽃병

[véis]

꽃병에 몇 송이의 꽃들이 있다
There are some flowers in the ( )
꽃병을 깨다　　break a **vase**

식물 중에 **(veget)** + 먹을 수 있는 것**(able)**

1761 **vegetable** 채소, 야채

[védʒətəbl]

싱싱한 **채소**들　　fresh ( )s
채소를 기르다　　grow **vegetables**

보통 정도 보다 훨씬 더 **(very)**

1762 **very** 매우, 바로~

[véri]

아주 웃긴　　( ) funny
그것이 **바로** 내가 찾는 옷이다
That's the **very** clothes I am looking for

서로 겨루어 **(vic)** + 이기는 것 **(tory)**

1763 victory 승리

[víktəri]

승리를 거두다 win a ( )
그 목마가 그리스에 승리를 안겨 주었다
The wooden horse brought Greece **victory**

눈에 보이는 범위 **(view)**

1764 view 관점 -〉 시야 -〉 풍경

[vju:]

인생관 a ( ) of life
그 방에서 본 풍경 The **view** from the room
시야에 들어오다 come into **view**

시골 지역에 위치한 **(vil)** + 작은 마을 **(lage)**

1765 village 마을

[vílidʒ]

작은 시골 마을 a small country ( )
민속 마을 a folk **village**

거칠고 사나운 힘이 **(vio)** + 작용하는 **(lent)**

1766 violent 폭력적인 / 맹렬한, 극심한

[váiələnt]

폭력적인 영화를 보다 watch a ( ) movie
맹렬한 속도로 at a **violent** speed
극심한 두통 a **violent** headache

가치있고 좋은 것 **(virtue)**

1767 virtue 미덕, 장점

[və́:rtʃu:]

미덕과 악덕 ( ) and vice
인터넷의 장점들 the **virtues** of the Internet

입에서 나오는 소리 **(voice)**

1768 voice 목소리

[vɔis]

큰 **목소리**로 말하다   speak in a loud (   )
상냥한 **목소리**   a gentle **voice**

자발적으로 마음이 움직여 **(volun)** + 뭔가를 하는 것 **(teer)**

1769 volunteer 자원봉사 / 자진해서 ~하다

[vàləntíər]

자원 봉사 활동   (   ) work
자진해서 불쌍한 사람을 도와주다   **volunteer** to help poor people

손을 들거나 종이에 표시하여 뭔가를 결정하는 것 **(vote)**

1770 vote 투표(하다)

[vóut]

투표하다   take a (   )
법안에 반대 **투표하다**   **vote** against a bill

바다 등을 가로지르며 가는 **(vo)** + 길고 힘든 여행 **(yage)**

1771 voyage 항해, 우주여행

[vɔ́iidʒ]

컬럼버스의 첫 번째 **항해**   the first (   ) of Columbus
달에 가는 로켓 **여행**   a rocket **voyage** to the moon

주 단위로 육체 근로자가 받는 임금**(wage)**

1772 wage 임금

[weidʒ]

낮은 **임금**으로 일하다   work for low (   )s
임금을 인상하다   raise **wage**s
임금 삭감   **wage** cuts

4바퀴로 움직이는 강하고 큰 운송수단 (wagon)

1773 **wagon** 마차, 수레

[wǽgən]

마차가 지나간 자국   the track of a (　　)
수레를 밀다   push a **wagon**

어떤 공간주위에 빙 둘러 세워져 있는 벽 (wall)

1774 **wall** 벽, 담장

[wɔ́:l]

벽을 빨강색으로 칠하다   paint the (　　) red
집주위에 담장을 쌓다   build **wall**s around the house

서로 크게 싸우는 것 (war)

1775 **war** 전쟁

[wɔːr]

전쟁과 평화   (　　) and peace
한국 전쟁   the Korean **war**

기분이 좋을 정도로 따뜻한 (warm)

1776 **warm** 따뜻한

[wɔ́:rm]

따뜻하고 맑은   (　　) and sunny
따뜻한 미소   a **warm** smile

움직이는 것을 지켜 보는 것 (watch)

1777 **watch** 시계 / 지켜보다

[wátʃ]

시계를 잃어버리다   lose the (　　)
TV를 보다   **watch** TV

출렁거리는 투명한 물 (water)

1778 water 물 / 물을 주다

[wɔ́:tər]

그 물은 아주 시원하다   The ( ) is so cool
정원에 **물을 주다**   **water** the garden

부드럽고 크게 회전하는 것 (wave)

1779 wave 파도 / 흔들다

[wéiv]

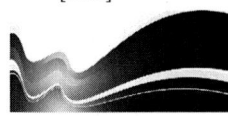

거대한 **파도**   a huge ( )
기를 **흔들다**   **wave** a flag
서로에게 **손을 흔들다**   **wave** to each other

어딘가로 갈 수 있는 일정 폭의 길 (way)

1780 way 길 -〉 진로 -〉 방향 -〉 수단, 방법

[wéi]

길을 찾다   find the ( )
어느 **방향**이 동쪽이니?   Which **way** is east ?
쉬운 **방법**   an easy **way**

힘 또는 능력이 (wea) + 없거나 약한 (k)

1781 weak 약한

[wi:k]

약한 심장   a ( ) heart
수학에 **약하**다   be **weak** in math

오랜기간 소유해온 많은 돈이나 재물 (wealth)

1782 wealth 부, 풍부함

[welθ]

부와 권력   ( ) and power
풍부한 경험   a **wealth** of experience

373

기온, 기압, 바람, 구름 등의 기상 **(wea)** + 상태 **(ther)**

1783 **weather** 날씨

[wéðər]

| 건조한 **날씨** | dry ( ) |
| 오늘 **날씨**는 어떠니? | How's the **weather** today? |

남녀가 서로 공식적으로 결합하는 것 **(wedding)**

1784 **wedding** 결혼식 / 결혼

[wédiŋ]

| **결혼식**에 참석하다 | attend the ( ) |
| **결혼** 반지 | a **wedding** ring |

월요일부터 일요일까지 쭉 이어진 7일 **(week)**

1785 **week** 1 주

[wíːk]

| 지난 / 이번 / 다음 **주** | (last/this/next) ( ) |

저울에 올려놓고 측정되는 무게 **(weight)**

1786 **weight** 무게, 체중, 중량

[weit]

| **체중**이 늘다 | gain ( ) |
| **체중**을 줄이다 | reduce **weight** |

충분히 만족스럽게 **(wel)** + 뭔가 진행되거나 나오는 것 **(l)**

1787 **well** 우물 -〉 잘 -〉 건강한

[wel]

우물에서 물을 길어올리다	raise water from a ( )
다음 번에 **잘** 할게요	I'll do **well** next time
곧 **회복되다**	get **well** soon

잘하거나 충분히 뭔가를 한 **(well - done)**

1788 well-done   잘 구워진, 잘한

[wel dʌn]

| 완전히 **익혀달라고** 주문하다 | order **(   )** |
| **잘했어**, 너 참 굉장하다 | **Well done**! You are so great |

물과 같은 액체가 **(we)** + 스며든 **(t)**

1789 wet   젖은

[wet]

| **젖은** 옷 | **(   )** clothes |
| 오, 네 머리가 **젖었**구나 | Oh, your hair is **wet** |

얼굴 양쪽 옆에서 자라는 **(whis)** + 길고 빳빳한 구레나룻 수염**(ker)**

1790 whisker   구레나룻

[wískər]

완전한 전체 **(whole)**

1791 whole   전체의

[houl]

전국	the **( )** country
전체의 일부	a part of the **whole**
전체 이야기를 하다	tell the **whole** story

폭이 매우 넓은 **(wide)**

1792 wide   넓은 / 널리

[waid]

| **넓은** 침대 | a **(   )** bed |
| 세상은 **넓**다 | The world is **wide** |

375

41일
1793~1819

결혼하여 한 남자에게 속한 여자 **(wife)**

1793 wife   부인, 아내

[wáif]

| 남편과 **부인** | husband and ( ) |
| **아내**를 얻다 | take a **wife** |

들과 산에서 자연 그대로 자라는 **(wild)**

1794 wild   야생의, 사나운, 거친

[waild]

야생 동물들	( ) animals
사나운 황소	a **wild** bull
거친 바다	a **wild** sea

공기가 회전하면서 생기는 바람 **(wind)**

1795 wind   바람 / 감다, 돌리다

[wínd] [wáind]

| 강한 **바람** | a strong ( ) |
| 테이프를 뒤로 **감다** | **wind** the tape back |

바람, 공기가 **(wind)** + 들어오고 나가는 창문 **(ow)**

1796 window   창문

[wíndou]

| 창가 쪽 자리 | a ( ) seat |
| 창 밖을 보다 | look out the **window** |

바람이 부는 **(windy)**

1797 windy   바람이 부는

[wíndi]

| 바람 부는 날에 | on a ( ) day |

376

회전하면서 하늘을 날 수 있게 하는 날개 **(wing)**

1798 **wing** 날개

[wíŋ]

새의 **날개**　　a (　　) of a bird
날개를 펴다　spread **wing**s

적절한 **(wis)** + 삶에 대한 깊은 이해 **(dom)**

1799 **wisdom** 지혜

[wízdəm]

생활의 **지혜**　　(　　　) of life
솔로몬의 **지혜**　the **wisdom** of Solomon

적절하게 생각하고 행동하는 **(wise)**

1800 **wise** 현명한

[waiz]

현명한 여성　　　　　　a (　　) woman
그렇게 말씀하시니 **현명하**시군요　It's **wise** of you to say so

야생에서 사냥하면서 살아가는 개의 조상 **(wolf)**

1801 **wolf** 늑대

[wulf]

양의 탈을 쓴 **늑대**　　a (　　) in sheep's clothing
늑대들이 떼지어 사냥한다　**Wolves** hunt in packs

물처럼 깨끗하고 우아한 성인 여성 **(woman)**

1802 **woman** (성인) 여자

[wúmən]

남자와 **여자**　a man and a (　　)
멋진 **여자**　　a wonderful **woman**

놀랍거나 감탄할 만한 (**wonderful**)

1803 **wonderful**   멋진, 굉장한, 훌륭한

[wʌ́ndərfəl]

멋진 여자	a ( ) woman
굉장한 경험	a **wonderful** experience
멋진 시간을 갖다	have a **wonderful** time

여러 용도로 쓰이는 나무로 된 재료 (**wood**)

1804 **wood**   나무, 숲(~s)

[wud]

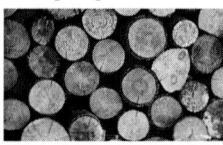

나무 바닥	a ( ) floor
불위로 **나무**를 던지다	throw some **wood** onto the fire

구불구불하게 서로 얽혀 있는 양털 (**wool**)

1805 **wool**   양털, 모직

[wul]

양털 스웨터	a ( ) sweater
모직 코트	a **wool** coat

말하거나 쓰는 언어의 한 단위 (**word**)

1806 **word**   단어, 낱말, 말

[wəːrd]

새로운 **단어**	a new ( )
말한 것을 지키다	keep one's **word**

사람,생물들이 사는 모든 공간 (**world**)

1807 **world**   세상, 세계

[wə́ːrld]

더 좋은 **세상**	a better ( )
세계 도처에	all over the **world**

378

마음이 안정이 안되고 계속 두렵고 불안한 (worried)

1808 worried   걱정하는

[wə́:rid]

기말 시험을 **걱정하다**   be ( ) about the final test

해보거나 쓸만한 어떤 가치가 있는 (worth)

1809 worth   가치 / ~의 가치가 있는

[wə:rθ]

그 책은 읽을 **가치가 있다**   The book is ( ) reading
금보다 더 **가치 있는**   **worth** more than gold

몸이나 마음에 입은 상처 (wound)

1810 wound   상처, 부상 / 다치게 하다

[wu:nd]

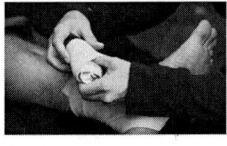

머리 **상처**   a head ( )
총상   a gunshot **wound**
부상당한 병사들   the **wounded** soldiers

빙 둘러 싸다 (wrap)

1811 wrap   포장하다, 싸다

[ræp]

생일 선물을 **포장하다**   ( ) a birthday present
아기를 담요로 **싸다**   **wrap** a baby in a blanket

일정한 규칙, 질서에서 벗어난 (wrong)

1812 wrong   나쁜 / 틀린, 고장난

[rɔ́:ŋ]

거짓말을 하는 것은 **나쁘다**   It is ( ) to tell lies
틀린 답   a **wrong** answer
내 시계가 **고장나다**   My watch is **wrong**

집앞이나 뒤에 평평하게 닦아놓은 마당 **(yard)**

1813 yard 마당 / 야드(거리의 단위)

[jáːrd]

마당에서 놀다   play in the **(　　)**
야드는 3피트와 같다   A **yard** is equal to three feet

지구가 태양을 한바퀴 돈 기간 **(year)**

1814 year 1년, 해 -〉 (복수) 나이, 연령 -〉 ~살

[jíər]

올해   this **(　　)**
13살짜리 소년   a 13-**year**-old boy
나는 14살이다   I am 14 **years** old

긍정이나 동의를 표현할때 **(yes)**

1815 yes 예

[jés]

예 / 아니오   **(　　)** / no
그렇다고 말하다   say **yes**

오늘 바로 전에 있는 **(yester)** + 날 **(day)**

1816 yesterday 어제

[jéstərdèi]

어제 아침   **(　　)** morning
그들은 어제 도착했다   They arrived **yesterday**

기대하거나 발생하기로 되어있는 것에서 벗어날때 **(yet)**

1817 yet (부정문)아직~않다-〉 (의문문)벌써 -〉 그럼에도 불구하고

[jét]

그녀는 아직 여기 오지 않았어   She is not here **(　　)**
수업이 벌써 시작되었니?   Did the class begin **yet**?
나는 피곤하다, 그렇치만 나는 잠 잘 수 없다   I'm tired, **yet** I can't sleep

아직 성숙하지 않은 **(young)**

1818 **young** 어린, 젊은

[jʌ́ŋ]

어린 아이	a (	) child
젊어서 죽다	die **young**	

많은 야생동물을 안전하게 볼 수 있는 동물원 **(zoo)**

1819 **zoo** 동물원

[zúː]

동물들이 **동물원**에 있다   The animals are in a (   )

기타주제별

1. 숫자

	기수(개수)	서수(순서,~째)		기수(개수)	서수(순서,~째)
0	zero		21	twenty-one	twenty-first
1	one	first	22	twenty-two	twenty-second
2	two	second	23	twenty-three	twenty-third
3	three	third	24	twenty-four	twenty-fourth
4	four	fourth	25	twenty-five	twenty-fifth
5	five	fifth	26	twenty-six	twenty-sixth
6	six	sixth	27	twenty-seven	twenty-seventh
7	seven	seventh	28	twenty-eight	twenty-eighth
8	eight	eighth	29	twenty-nine	twenty-ninth
9	nine	ninth	30	thirty	thirtieth
10	ten	tenth	40	forty	fortieth
11	eleven	eleventh	50	fifty	fiftieth
12	twelve	twelfth	60	sixty	sixtieth
13	thirteen	thirteenth	70	seventy	seventieth
14	fourteen	fourteenth	80	eighty	eightieth
15	fifteen	fifteenth	90	ninety	ninetieth
16	sixteen	sixteenth	100	hundred	hundredth
17	seventeen	seventeenth	1,000	thousand	thousandth
18	eighteen	eighteenth	10,000	ten thousand	ten thousandth
19	nineteen	nineteenth	100,000	hundred thousand	hundred thousandth
20	twenty	twentieth	1,000,000	million	millionth
			10억	billion	billionth

소수 3.14 three point one four
분수 1/2 a half, 1/3 a third, 2/3 two thirds,
1/4 a quarter(a fourth), 3/4 three quarters(three fourths)
연도 2009 two thousand nine, 2011 twenty eleven

 calendar

2-1. 계절 (The seasons)

봄	여름	가을	겨울
spring	summer	fall/autumn	winter

2-2 월 (The months)

1월	2월	3월	4월	5월	6월
January	February	March	April	May	June
7월	8월	9월	10월	11월	12월
July	August	September	October	November	December

2-3. 요일 (Days of the week)

월	화	수	목	금	토	일
Monday	Tuesday	Wednesday	Thursday	Friday	Saturday	Sunday

태양계의 행성

달	화성	수성	목성	금성
Moon	Mars	Mercury	Jupiter	Venus
토성	태양	천왕성	해왕성	명왕성
Saturn	Sun	Uranus	Neptune	Pluto

색깔

빨강	주황	노란색	초록색	파랑	남색	보라색
red	orange	yellow	green	blue	dark blue	violet
자주색	갈색	핑크색	흰색	검정색	회색	
purple	brown	pink	white	black	gray	

3. 방향 — Directions

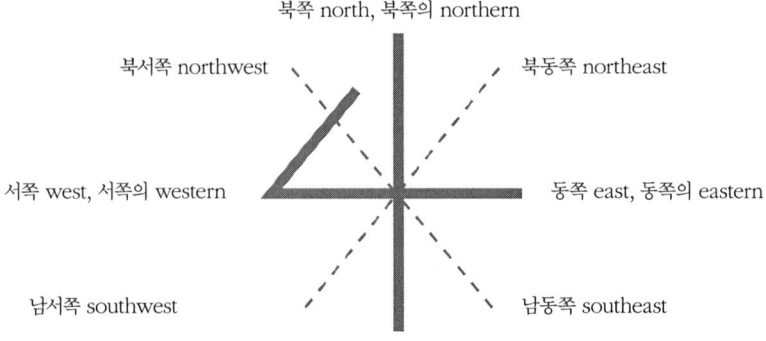

- 북쪽 north, 북쪽의 northern
- 북서쪽 northwest
- 북동쪽 northeast
- 서쪽 west, 서쪽의 western
- 동쪽 east, 동쪽의 eastern
- 남서쪽 southwest
- 남동쪽 southeast
- 남쪽 south, 남쪽의 southern

5대양 6대주 — 5 Oceans and 6 Continents

태평양	대서양	인도양	북극해	남극해
Pacific Ocean	Atlantic Ocean	Indian Ocean	Arctic Ocean	Antarctic Ocean

아시아	Asia	아시아의	Asian
아프리카	Africa	아프리카의	African
유럽	Europe	유럽의/유럽연합의	European/Euro
오스트레일리아	Australia	오스트레일리아의	Australian
북아메리카	North America	북아메리카의	North American
남아메리카	South America	남아메리카의	South American
		* 아랍 / 아랍의	Arab / Arabian

4. 나라와 국민, 언어 — Nations, People, Languages

	나라	형용사, 국민	언어
한국	Korea	Korean	Korean
미국	The United States	American	English
호주	Australia	Australian	English
브라질	Brazil	Brazilian	Portuguese
캐나다	Canada	Canadian	English
중국	China	Chinese	Chinese
체코슬로바키아	Czechoslovakia	Czech	Czech
덴마크	Denmark	Danish/Dane	Danish
영국	England/ The United Kingdom	Englishman	English
프랑스	France	French/Frenchman	French
핀란드	Finland	Finnish/Finn	Finnish/Swedish
독일	Germany	German	German
그리스	Greece	Greek	Greek
인도	India	Indian	English/Hindi
아일랜드	Ireland	Irish/Irishman	English/Irish
이스라엘	Israel	Israeli	Hebrew/Arabic
이탈리아	Italy	Italian	Italian
일본	Japan	Japanese	Japanese
멕시코	Mexico	Mexican	Spanish
네덜란드	Netherlands	Dutch/Dutchman	Dutch
페루	Peru	Peruvian	Spanish
포르투갈	Portugal	Portuguese	Portuguese
루마니아	Romania/Rumania	Romanian/Rumanian	Romanian/Rumanian
러시아	Russia	Russian	Russian
스페인	Spain	Spanish/Spaniard	Spanish
스웨덴	Sweden	Swedish/Swede	Swedish
베트남	Vietnam	Vietnamese	Vietnamese
잠비아	Zambia	Zambian	English

5. 몸의 부분 — Parts of the body

머리카락	hair	가슴	chest
머리	head	젖가슴	breast
이마	forehead	등	back
얼굴	face	허리	waist
귀	ear	엉덩이	hip
눈	eye	다리	leg
눈썹	eyebrow	무릎(허리~무릎사이)	lap
눈꺼풀	eyelid	무릎마디	knee
시력	eyesight	발	foot(복수: feet)
코	nose	발목	ankle
콧수염	moustache	뒤꿈치	heel
보조개	dimple	발가락	toe
뺨	cheek	발톱	toenail
입술	lip		
입	mouth		
이,치아	tooth(복수:teeth)		
턱	jaw		
아래턱	chin		
턱수염	beard	두개골	skull
목	neck	골격	skeleton
어깨	shoulder	뼈	bone
팔	arm	등뼈	backbone
팔꿈치	elbow	갈비뼈	rib
손	hand	관절	joint
손목관절	wrist	살	flesh
손가락	finger	근육	muscle
엄지손가락	thumb	피	blood
집게손가락	fore(index) finger	혈관	blood vessel
가운뎃손가락	middle finger	신경	nerve
약손가락	ring finger	폐	lung
새끼손가락	little finger	심장	heart
손바닥	palm	위(장)	stomach
주먹	fist	신장	kidney
손톱	nail	피부	skin

6. 외래어 Loanword

앨범	album	카세트 플레이어	cassette
알파벳	alphabet	센트(화폐단위)	cent
아나콘다	anaconda	센터	center
아파트	apartment	센티미터	centimeter
오디션	audition	챔피언	champion
배드민턴	badminton	챈트	chant
베이킹 파우더	baking powder	차트,도표	chart
발레리나	ballerina	치즈	cheese
발레	ballet	치즈버거	cheeseburger
바나나	banana	침팬지	chimpanzee
밴드	band	차이나타운	Chinatown
막대기,바	bar	초콜릿	chocolate
바베큐	barbecue	크리스마스	Christmas
배터리	battery	코트	coat
비보이	b-boy	커피	coffee
벨	bell	콜라	cola
벤치	bench	코미디	comedy
비키니	bikini	코미디언	comedian
블로그	blog	컴퓨터	computer
볼트,나사못	bolt	콘서트	concert
부스(칸막이 된 공간)	booth	카운터	counter
볼링	bowling	쿠폰	coupon
버팔로,물소,미국들소	buffalo	크레용	crayon
빌딩	building	크림	cream
버거	burger	크리켓(운동경기)	cricket
버스	bus	컵	cup
버터	butter	카레	curry
버튼	button	커튼	curtain
케이블,전선	cable	쿠션	cushion
케이크	cake	디자인	design
카메라	camera	디자이너	designer
캠핑	camping	디지털	digital
카드	card	딤섬(중국식 만두)	dimsum
카네이션	carnation	디스카운트,할인	discount

카니발,축제	carnival	다이빙	diving
캐롤	carol	다이버	diver
카페트	carpet	도넛	donut
도어벨,초인종	doorbell	호텔	hotel
도우,밀가루 반죽	dough	유머	humor
드라마,극	drama	아이스 스케이팅	ice skating
드레싱,뿌리는 소스	dressing	아이콘	icon
드럼	drum	인치	inch
엘리베이터	elevator	잉크	ink
이메일	e-mail	인라인	inline/in-line
이모티콘	emoticon	인터넷	internet
에너지	energy	아이템	item
엔진	engine	재킷	jacket
이브,전날,전야	eve	진	jean
팬,선풍기	fan	지프니 (10인용 합승버스)	jeepney
패스트푸드	fastfood	주스	juice
팩스	fax	캥거루	kangaroo
피겨 스케이팅	figure skating	케첩	ketchup
필름	film	킬로그램	kilogram
포커스,초점	focus	킬로미터	kilometer
포크	fork	키스	kiss
반칙(의),더러운	foul	키위	kiwi
게임	game	크릴(새우의 일종)	krill
곤돌라	gondola	램프	lamp
그램	gram	레벨	level
그래프	graph	리스트,목록	list
그룹	group	리터(단위)	liter
기타	guitar	로그인,접속하다	login
껌	gum	마그넷,자석	magnet
햄	ham	몰	mall
햄버거	hamburger	망고	mango
하모니카	harmonica	마라톤	marathon
하모니,조화	harmony	마사지	massage
햄스터	hamster	멜론	melon
핸드백	handbag	멤버	member
하이킹	hiking	메모	memo
하이파이브	hi-five	메뉴	menu
힌트	hint	메시지	message
힙합	hip-hop	미터	meter

홈페이지	homepage	마이너스	minus
후프,둥근테	hoop	모델	model
호스	hose	모자이크	mosaic
핫도그	hotdog	엠피 3	mp3
머그,받침 없는 큰잔	mug	리조또 (이탈리아 볶음밥)	risotto
뮤지컬	musical	로봇	robot
넥타이	necktie	로켓	rocket
올림픽	Olympic	롤러코스터	roller coaster
온라인	online	로맨틱한	romantic
오페라	opera	샐러드	salad
오렌지	orange	샌드위치	sandwich
오븐	oven	소스	sauce
페이지	page	소시지	sausage
파자마,잠옷	pajama	스카프	scarf
팬	pan	스케줄	schedule
팬케이크	pancake	스쿠터	scooter
팬더	panda	시소	seesaw
파트너,배우자	partner	센스,감각	sense
페달	pedal	시리즈	series
펜	pen	서비스	service
펜스(화폐단위)	pence	샴푸	shampoo
펭귄	penguin	셔츠	shirt
퍼센트	percent	쇼핑	shopping
피아노	piano	샤워	shower
파이	pie	사이즈,크기	size
핀	pin	스케이트	skate
피나타 (종이인형 과자항아리)	pinata	스케이트보드	skateboard
파이프,관	pipe	스케치북	sketchbook
포스터,벽보	poster	스키	ski
피자	pizza	슬로우푸드	slowfood
플라스틱	plastic	스노우보드	snowboard
플러스	plus	소다(음료수)	soda
피엠피	pmp	소파	sofa
푸우틴 (치즈 감자튀김)	poutine	소프트볼	softball
프리젠테이션	presentation	녹음부분,영화음악	soundtrack
프로그램	program	수프	soup
프로그래머	pro gramer	스파게티	spaghetti
퍼즐	puzzle	스피커	speaker

피라미드	pyramid	스테이크	steak
퀴즈,간단한 시험	quiz	스튜디오	studio
라디오	radio	선글라스	sunglass
랩	rap	슈퍼맨,초인	superman
리듬	rhythm	슈퍼마켓	supermarket
리본	ribbon	스시,초밥	sushi
스웨터	sweater	시스템	system
스위치	switch	타코(멕시코 쌈요리)	taco
심볼,상징	symbol	테이프	tape
테이프	tape	튤립	tulip
타란툴라(독거미종류)	tarantula	터널	tunnel
타겟,목표	target	유니폼,제복	uniform
택시	taxi	비디오	video
팀	team	비디오폰,화상전화기	videophone
팀워크	teamwork	바이올린	violin
텔레비전	television	웨이터	waiter
템포,박자,속도	tempo	웨이츄레스	waitress
테니스	tennis	왈츠	waltz
텐트,천막	tent	웹	web
티켓	ticket	웹사이트	website
토스트	toast	윈드서핑	windsurfing
토마토	tomato	레슬링	wrestling
톤(무게)	ton	엑스레이	x-ray
트럭	truck	요가	yoga

7. 불규칙 동사표

	현재	과거	과거분사/대과거
34	draw	drew	drawn
35	drink	drank	drunk
36	drive	drove	driven
37	dwell	~ed/dwelt	~ed/dwelt
38	eat	ate	eaten
39	fall	fell	fallen
40	feed	fed	fed
41	feel	felt	felt
42	fight	fought	fought
43	find	found	found
44	fit	fit/fitted	fit/fitted
45	flee	fled	fled
46	fling	flung	flung
47	fly	flew	flown
48	forbid	forbade	forbidden
49	forecast	forecast	forecast
50	foretell	foretold	foretold
51	forget	forgot	forgotten
52	forgive	forgave	forgiven
53	freeze	froze	frozen
54	get	got	gotten
55	give	gave	given
56	go	went	gone
57	grind	ground	ground
58	grow	grew	grown
59	hang	hung/hanged(교수형에처하다)	hung hanged(교수형에처하다)
60	have	had	had
61	hear	heard	heard
62	hide	hid	hidden
63	hit	hit	hit
64	hold	held	held
65	hurt	hurt	hurt
66	keep	kept	kept
67	kneel	knelt	knelt/~ed

	현재	과거	과거분사/대과거
68	know	knew	known
69	lay	laid	laid
70	lead	led	led
71	leap	~ed/leapt	~ed/leapt
72	leave	left	left
73	lend	lent	lent
74	let	let	let
75	lie	lay	lain
76	light	lit/~ed	lit/~ed
77	lose	lost	lost
78	make	made	made
79	mean	meant	meant
80	meet	met	met
81	overcome	overcame	overcome
82	overhear	overheard	overheard
83	pay	paid	paid
84	plead	~ed/pled	~ed/pled
85	prove	proved	proved/proven
86	put	put	put
87	quit	quit	quit
88	read	read	read
89	[ri:d]	[red]	[red]
90	ride	rode	ridden
91	ring	rang	rung
92	rise	rode	risen
93	run	ran	run
94	saw	sawed	sawed/sawn
95	say	said	said
96	see	saw	seen
97	seek	sought	sought
98	sell	sold	sold
99	send	sent	sent
100	set	set	set
101	sew	sewed	sewn/sewed
102	shake	shook	shaken
103	shed	shed	shed
104	shine	shone	shone
105	shoot	shot	shot

	현재	과거	과거분사/대과거
106	show	showed	shown
107	shrink	shrank/shrunk	shrunk
108	shut	shut	shut
109	sing	sang	sung
110	sink	sank/sunk	sunk
111	sit	sat	sat
112	slay	slew	slain
113	sleep	slept	slept
114	slide	slid	slid
115	sow	sowed	sowed/sown
116	speak	spoke	spoken
117	speed	sped/~ed	sped/~ed
118	spend	spent	spent
119	spill	~ed/spilt	~ed/spilt
120	spin	spun	spun
121	spit	spit/spat	spit / spat
122	split	split	split
123	spread	spread	spread
124	spring	sprang	sprung
125	stand	stood	stood
126	steal	stole	stolen
127	stick	stuck	stuck
128	sting	stung	stung
129	stink	stank	stunk
130	stride	strode	stridden
131	strike	struck	struck
132	string	strung	strung
133	strive	strove	striven
134	swear	swore	sworn
135	sweep	swept	swept
136	swell	swelled	swollen
137	swim	swam	swum
138	swing	swung	swung
139	take	took	taken
140	teach	taught	taught
141	tear	tore	torn
142	tell	told	told
143	think	thought	thought

	현재	과거	과거분사/대과거
144	thrive	thrived/throve	thrived
145	throw	threw	thrown
146	thrust	thrust	thrust
147	undergo	underwent	undergone
148	understand	understood	understood
149	undertake	undertook	undertaken
150	upset	upset	upset
151	wake	woke	woken
152	wear	wore	worn
153	weave	wove	woven
154	weep	wept	wept
155	win	won	won
156	wind[wainded]	wound	wound
157	withdraw	withdrew	withdrawn
158	withhold	withheld	withheld
159	wring	wrung	wrung
160	write	wrote	written

공부 진도표

순서	공부 내용	진행여부 (ox표시)	비고
1	전치사 몸동작 연습		
2	전치사 스토리 1~38번 소리 훈련		
3	전치사 story 1~17번 목표암기		
4	전치사 story 18~38번 목표암기		
5	전치사 story 1~38번 목표암기		
6	44 번 ~ 93 번까지 소리 훈련 및 확인		
7	**test**		
8	94 번 ~ 143 번까지 소리 훈련 및 확인		
9	**test**		
10	144 번 ~ 193 번까지 소리 훈련 및 확인		
11	**test**		
12	주간 **test** (44번 ~ 193번까지)		
13	194 번 ~ 243 번까지 소리 훈련 및 확인		
14	**test**		
15	244 번 ~ 293 번까지 소리 훈련 및 확인		
16	**test**		
17	294 번 ~ 343 번까지 소리 훈련 및 확인		
18	**test**		
19	주간 **test** (194번 ~ 343 번까지)		
20	344 번 ~ 395번 동사 끝까지 소리 훈련 및 확인		
21	**test**		
22	396 번 ~ 445 번까지 소리 훈련 및 확인		
23	**test**		
24	446 번 ~ 495 번까지 소리 훈련 및 확인		
25	**test**		
26	주간 **test** (344 번 ~ 495 번까지)		
27	496 번 ~ 542 번 끝까지 소리 훈련 및 확인		
28	**test**		
29	543 번 ~ 592 번까지 소리 훈련 및 확인		
30	**test**		

31	593 번 ~ 642 번까지 소리 훈련 및 확인		
32	*test*		
33	주간 *test* (496 번 ~ 642 번까지)		
34	643 번 ~ 692 번까지 소리 훈련 및 확인		
35	*test*		
36	693 번 ~ 742 번까지 소리 훈련 및 확인		
37	*test*		
38	743 번 ~ 792 번까지 소리 훈련 및 확인		
39	*test*		
40	주간 *test* (643 번 ~ 792 번까지)		
41	793 번 ~ 842 번까지 소리 훈련 및 확인		
42	*test*		
43	843 번 ~ 892 번까지 소리 훈련 및 확인		
44	*test*		
45	893 번 ~ 942 번까지 소리 훈련 및 확인		
46	*test*		
47	주간 *test* (793 번 ~ 942 번까지)		
48	943 번 ~ 992 번까지 소리 훈련 및 확인		
49	*test*		
50	993 번 ~ 1042 번까지 소리 훈련 및 확인		
51	*test*		
52	1043 번 ~ 1092 번까지 소리 훈련 및 확인		
53	*test*		
54	주간 *test* (943 번 ~ 1092 번까지)		
55	1093 번 ~ 1142 번까지 소리 훈련 및 확인		
56	*test*		
57	1143 번 ~ 1192 번까지 소리 훈련 및 확인		
58	*test*		
59	1193 번 ~ 1242 번까지 소리 훈련 및 확인		
60	*test*		
61	주간 *test* (1093 번 ~ 1242 번까지)		
62	1243 번 ~ 1292 번까지 소리 훈련 및 확인		

63	*test*		
64	1293 번 ~ 1342 번까지 소리 훈련 및 확인		
65	*test*		
66	1343 번 ~ 1392 번까지 소리 훈련 및 확인		
67	*test*		
68	**주간 *test* (1243 번 ~ 1392 번까지)**		
69	1393 번 ~ 1442 번까지 소리 훈련 및 확인		
70	*test*		
71	1443 번 ~ 1492 번까지 소리 훈련 및 확인		
72	*test*		
73	1493 번 ~ 1542 번까지 소리 훈련 및 확인		
74	*test*		
75	**주간 *test* (1393 번 ~ 1542 번까지)**		
76	1543 번 ~ 1592 번까지 소리 훈련 및 확인		
77	*test*		
78	1593 번 ~ 1642 번까지 소리 훈련 및 확인		
79	*test*		
80	1643 번 ~ 1692 번까지 소리 훈련 및 확인		
81	*test*		
82	**주간 *test* (1543 번 ~ 1692 번까지)**		
83	1693 번 ~ 1742 번까지 소리 훈련 및 확인		
84	*test*		
85	1743 번 ~ 1792 번까지 소리 훈련 및 확인		
86	*test*		
87	1793 번 ~ 1819 번 끝까지 소리 훈련 및 확인		
88	*test*		
89	**주간 *test* (1693 번 ~ 1819 번까지)**		
90	최종복습 처음 부터 ~ 끝까지 200 개씩		
91	최종복습 처음 부터 ~ 끝까지 400 개씩		
92	최종복습 처음 부터 ~ 끝까지 600 개씩		
93	최종복습 처음 부터 ~ 끝까지 900 개씩		
94	최종복습 처음 부터 ~ 끝까지